Mit Erfolg zu
telc C1 Hochschule

Testbuch

Melanie Förster
Hans-Jürgen Hantschel
Sandra Hohmann

Alles Digitale zu diesem Buch kann auf der Lernplattform
allango von Ernst Klett Sprachen abgerufen werden. So geht's:

QR-Code scannen
oder **www.allango.net**
aufrufen

Buchtitel oder ISBN in
der Suche eingeben und
auf das Buchcover klicken

Zum Inhalt navigieren,
direkt abrufen
oder speichern

Zu diesem Buch auf allango verfügbar: **Audios, Antwortbogen.**

Ernst Klett Sprachen
Stuttgart

Mit Erfolg zu telc C1 Hochschule
Testbuch

Melanie Förster
Hans-Jürgen Hantschel
Sandra Hohmann

Weitere Komponenten:
Übungsbuch   ISBN 978-3-12-676822-1

1. Auflage   10 | 2026

Beratung: Ulrike Schubert
Redaktion: Katrin Wilhelm; Katharina Theml, Büro Z, Wiesbaden,
Herstellung: Greta Gröttrup
Layout und Satz: Satzkasten, Stuttgart
Druck und Bindung: AZ Druck und Datentechnik GmbH, Kempten/Allgäu

Printed in Germany
ISBN 978-3-12-676821-4

Inhalt

Liebe Lernende!

Mit dem Testbuch *Mit Erfolg zu telc C1 Hochschule* können sich Deutschlernende sowohl im Kurs als auch im Selbststudium gezielt auf die Prüfung „telc C1 Hochschule" vorbereiten.

Dieses Testbuch enthält drei komplette Modelltests, die diesem Prüfungsformat entsprechen. Es unterstützt Sie dabei, sich in die Subtests/Prüfungsteile, Prüfungsthemen und -aufgabenstellungen einzuarbeiten, Ihre Lösungskompetenz mithilfe der Kommentare zu verbessern, Ihre Lösungen zu überprüfen und so routinierter mit dem Prüfungsformat „telc C1 Hochschule" umzugehen.
Alle Audios zu diesem Buch finden Sie auf allango.

Ergänzend zum Testbuch ist ein Übungsbuch „Mit Erfolg zu telc C1 Hochschule" erschienen (ISBN 978-3-12-676822-1). Es enthält ausführliche Informationen zu den einzelnen Prüfungsteilen, ein Schritt-für-Schritt-Trainingsprogramm, effiziente Übungen für die einzelnen Fertigkeiten sowie ein Kapitel zur Bedeutungserschließung von Wortschatz und zahlreiche Übungen zu prüfungsrelevanten Grammatikthemen.

Viel Erfolg bei der Arbeit mit diesem Buch und natürlich auch bei der Prüfung wünschen Ihnen die Autorinnen und der Autor sowie der gesamte Verlag!

telc C1 Hochschule – Kurzbeschreibung

Die Prüfung „telc C1 Hochschule" besteht aus einer schriftlichen Gruppenprüfung mit den Subtests

- Leseverstehen
- Sprachbausteine
- Hörverstehen
- Schriftlicher Ausdruck

und der Prüfung

- Mündlicher Ausdruck,
  die als Paarprüfung oder zu dritt durchgeführt wird.

Die Schriftliche Prüfung dauert 200 Minuten. Nach dem Subtest/Prüfungsteil „Sprachbausteine" gibt es eine Pause von 20 Minuten.

> **Wichtiger Hinweis**
>
> Während der gesamten Prüfung dürfen Sie keine Hilfsmittel (Wörterbücher, Smartphone o.Ä.) verwenden.

Übersicht über die Prüfungsteile

Leseverstehen	70 Minuten		Punkte
Leseverstehen 1	Textrekonstruktion	Sie sollen in einem Text sechs Sätze ergänzen, die sinnvoll in die vorgegebenen Lücken passen. Dabei haben Sie acht Sätze zur Auswahl, zwei sind also zu viel.	12
Leseverstehen 2	Selektives Verstehen	Sie sollen sechs Aussagen über den Text dem richtigen Textabschnitt (a–e) zuordnen. Ein Absatz kann Antworten auf mehrere Aussagen enthalten.	12
Leseverstehen 3	Detailverstehen	Sie sollen markieren, ob Aussagen über den Text richtig, falsch oder nicht im Text enthalten sind. Es gibt elf Aussagen.	22
	Globalverstehen	Sie sollen markieren, welche der vorgegebenen Überschriften am besten zum Text passt.	2
Sprachbausteine	**20 Minuten**		
Sprachbausteine	Grammatik, Lexik und Rechtschreibung	Sie sollen markieren, welche Lösung (a, b, c oder d) für die Textlücke die richtige ist. Es gibt 22 Aufgaben.	22
Pause	**20 Minuten**		
Hörverstehen	**ca. 40 Minuten**		
Hörverstehen 1	Globalverstehen	Sie sollen Meinungen verschiedener Personen den passenden Aussagen zuordnen. Zwei Aussagen passen nicht.	8
Hörverstehen 2	Detailverstehen	Sie sollen die richtigen Aussagen zu einem längeren Interview aus einer Multiple-Choice-Aufgabe auswählen.	20
Hörverstehen 3	Informationstransfer	Sie sollen Informationen aus einem Vortrag oder einer Vorlesung stichwortartig ergänzen.	20
Schriftlicher Ausdruck	**70 Minuten**		
Schriftlicher Ausdruck		Sie sollen eine Erörterung oder Stellungnahme schreiben.	48
Mündlicher Ausdruck	**20 Minuten Vorbereitungszeit**	**ca. 16 Minuten Prüfungszeit**	
Mündlicher Ausdruck 1a	Präsentation	Sie haben zwei Themen zur Auswahl und halten zu einem der Themen eine Präsentation.	
Mündlicher Ausdruck 1b	Zusammenfassung/ Anschlussfragen	Sie fassen die Präsentation Ihres Partners/Ihrer Partnerin kurz zusammen und stellen ihm/ihr Fragen zu seiner/ihrer Präsentation.	
Mündlicher Ausdruck 2	Diskussion	Sie diskutieren spontan über ein Zitat bzw. Thema.	48
Gesamtzahl der Punkte			**214**

Sie haben die Prüfung bestanden, wenn Sie mindestens 128 Punkte erreichen. Dabei ist zu beachten, dass sowohl in der Mündlichen Prüfung als auch in der Schriftlichen Prüfung 60 Prozent der jeweils möglichen Punktzahl erreicht werden müssen. In der Mündlichen Prüfung benötigen Sie somit 29, in der Schriftlichen Prüfung 99 Punkte.

Die gesamte Prüfung „telc C1 Hochschule" kann beliebig oft wiederholt werden. Falls nur ein Teil (Mündliche oder Schriftliche Prüfung) nicht bestanden wurde, kann der entsprechende Prüfungsteil bis zum Ablauf des Kalenderjahres wiederholt werden.

Modelltest 1: Üben

Lesen Sie bei jedem Subtest/Testteil die genaue Aufgabenstellung. Wenn Sie diese verstanden haben, schauen Sie sich den entsprechenden Testteil an. Lesen Sie dann die Lösungsstrategien. Bearbeiten Sie den Testteil mithilfe der Lösungsstrategien. Die Zeitvorgaben können Sie in dieser Phase vernachlässigen. Arbeiten Sie so wenig wie möglich mit Wörterbuch/WörterApp oder Grammatiknachschlagewerk. Punkte und Bewertungen interessieren beim Üben noch nicht.

Modelltest 2: Anforderungen steigern

Bearbeiten Sie nun die Prüfungsteile im Ganzen und versuchen Sie, die vorgegebenen Zeiten einzuhalten. Versuchen Sie, die Aufgaben jetzt ohne Hilfsmittel zu lösen. Wenn das noch nicht klappt, ist es nicht so schlimm. Sie haben ja noch Modelltest 3.
Wir empfehlen Ihnen bei größeren Lücken, mit dem Übungsbuch zu arbeiten. Es bietet neben einem Training der einzelnen Fertigkeiten einen großen Übungsteil zu Grammatik und Wortschatz.
Zählen Sie Ihre richtigen Lösungen und errechnen Sie Ihre Punktzahl. So erhalten Sie einen Hinweis darauf, wie Sie in der Prüfung abschneiden würden.

Modelltest 3: Prüfungssimulation

Simulieren Sie jetzt die Prüfung. Halten Sie sich dabei unbedingt an den Zeitrahmen.
Schlagen Sie nicht im Lösungsschlüssel nach. Benutzen Sie keine Hilfsmittel.
Am Ende addieren Sie Ihre erreichten Punkte. Dann wissen Sie, welche Chancen Sie für das Bestehen der Prüfung haben.

Arbeit mit dem Antwortbogen

Tragen Sie alle Lösungen der Teiltests wie in der Prüfung stets in den separaten Antwortbogen ein (Sie können ihn für jeden Test kopieren). Auf diese Weise gewöhnen Sie sich daran, dass Sie für diesen Schritt Zeit einplanen müssen. In der Prüfung wird nur gewertet, was auf dem Antwortbogen steht.

Hinweis

Die Prüfenden sammeln jeweils am Ende des Teils „Leseverstehen" sowie „Hörverstehen" die ausgefüllten Seiten des Antwortbogens ein. Dies geschieht, sobald die Zeit für den jeweiligen Prüfungsteil abgelaufen ist.

Einen Antwortbogen finden Sie auf allango.

Die Prüfungsteile im Einzelnen: Hinweise und Lösungsstrategien

Leseverstehen, Teil 1

Sie sollen einen längeren Text aus einem wissenschaftlichen Journal oder einer Zeitung lesen und verstehen. Dieser Text hat sechs Lücken, die durchnummeriert sind. Sie sollen die fehlenden Sätze ergänzen.
Es gibt acht Sätze zur Auswahl, die den Textlücken zugeordnet werden können. Zwei Sätze sind zu viel und haben keine Lösung.

Lösungsstrategie
So geht's

→ 1. Schritt: Lesen Sie die Überschrift. Überfliegen Sie den Text. Was ist das Thema?

→ 2. Schritt: Lesen Sie die acht Sätze, die ergänzt werden sollen.

→ 3. Schritt: Lesen Sie den Text bis zur ersten Lücke. Lesen Sie auch den ersten Satz des folgenden Abschnitts.

→ 4. Schritt: Überlegen Sie, welcher Satz in die Lücke passen könnte.

→ 5. Schritt: Achten Sie auf Verweiswörter (dies, daher, dadurch etc.) und auf Konnektoren (und, aber, denn, doch, nämlich, also etc.). Diese müssen nicht am Satzanfang stehen, sondern können z. B. auch erst hinter dem Verb auftauchen.

→ 6. Schritt: Lesen Sie den Text noch einmal mit den vorgeschlagenen Lösungen. Ergeben sie einen Sinn?

→ 7. Schritt: Markieren Sie die Lösungen auf dem Antwortbogen.

Wichtiger Hinweis

Bleiben Sie nicht an einzelnen unbekannten Wörtern hängen. Versuchen Sie, die Lösungen aus dem Kontext heraus zu finden.

Leseverstehen, Teil 2

Sie lesen einen längeren Text aus einem wissenschaftlichen Journal oder einer Zeitung und ordnen Aussagen über den Text den jeweiligen Abschnitten zu. Bei dieser Aufgabe geht es darum, die zentralen Aussagen des Textes zu verstehen. Beachten Sie, dass mehrere Aussagen zu demselben Abschnitt zugeordnet werden können.

Lösungsstrategie
So geht's

→ 1. Schritt: Lesen Sie zuerst die fünf Textteile. Dabei müssen Sie nicht Wort für Wort lesen. Sie müssen den Kontext erfassen, nicht Einzelinformationen.

→ 2. Schritt: Geben Sie jedem Textabschnitt ein Thema oder eine Überschrift, die den Inhalt zusammenfasst. Das hilft Ihnen, die Aussagen den Inhalten zuordnen zu können.

→ 3. Schritt: Lesen Sie die erste Aussage.

→ 4. Schritt: Gehen Sie die fünf Textteile durch und ordnen Sie die Aussage dem entsprechenden Textteil zu.

→ 5. Schritt: Gehen Sie genauso mit den folgenden Aussagen vor.

→ 6. Schritt: Markieren Sie die Lösungen auf dem Antwortbogen.

> **Wichtiger Hinweis**
>
> Markieren Sie die Lösungen immer auch auf dem Antwortbogen. In der Prüfung dürfen Sie zum Ausfüllen der ovalen Markierungsfelder nur einen Bleistift benutzen.

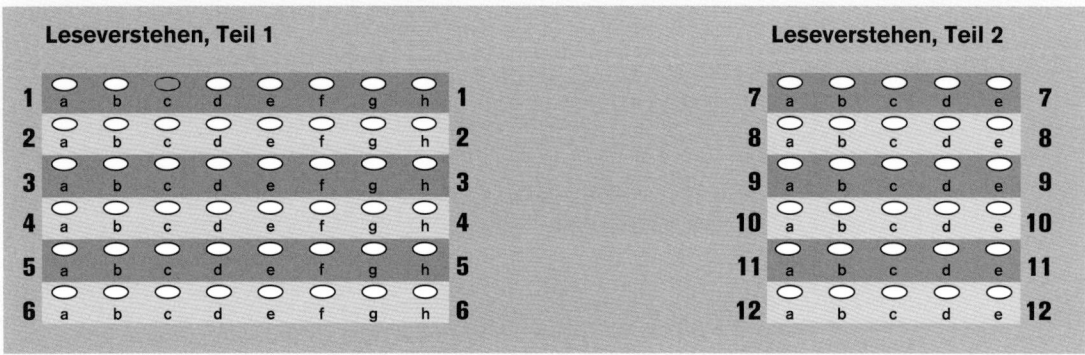

Leseverstehen, Teil 3

a) Sie lesen einen längeren Text und markieren, welche Aussagen richtig, falsch oder gar nicht im Text enthalten sind.

b) Sie wählen die passende Überschrift für den gesamten Text aus drei Möglichkeiten aus.

Lösungsstrategie
So geht's

→ 1. Schritt: Lesen Sie zuerst den ganzen Text, um sich einen Überblick über den Inhalt zu verschaffen.

→ 2. Schritt: Lesen Sie die erste Aufgabe.

→ 3. Schritt: Lesen Sie jetzt den Text bis zu der Stelle, in der es um die Lösung geht.

→ 4. Schritt: Entscheiden Sie: richtig oder falsch?

→ 5. Schritt: Wenn Sie nicht entscheiden können oder keine entsprechende Textstelle finden, markieren Sie: „steht nicht im Text".
„Steht nicht im Text" = darf nicht im Text zu finden sein.

→ 6. Schritt: Gehen Sie gleichermaßen bei allen Aufgaben vor.

→ 7. Schritt: Wenn Sie den Text fertig bearbeitet haben, markieren Sie zum Abschluss, welche Überschrift am besten zum Text passt.

→ 8. Schritt: Markieren Sie die Lösungen auf dem Antwortbogen.

Wichtiger Hinweis

Versuchen Sie, ohne Wörterbuch und andere Hilfsmittel zu arbeiten. So gewöhnen Sie sich daran. In der Prüfung sind Hilfsmittel nicht erlaubt.

Sprachbausteine

In diesem Teil werden Ihre Kenntnisse in Grammatik, Wortschatz und Rechtschreibung geprüft. Sie erhalten einen Lückentext und müssen jeweils aus vier Antwortmöglichkeiten die passende Antwort auswählen.

Lösungsstrategie
So geht's

→ 1. Schritt: Lesen Sie den Text bis zur ersten Lücke. Lesen Sie auch den Beginn des nächsten Satzes.

→ 2. Schritt: Entscheiden Sie, welche der vorgegebenen Lösungsmöglichkeiten a, b, c oder d korrekt ist. Manchmal hilft auch das Ausschlussverfahren. Welche sind auf jeden Fall falsch?

→ 3. Schritt: Gehen Sie mit allen Aufgaben genauso vor.

→ 4. Schritt: Markieren Sie die Lösungen auf dem Antwortbogen.

Wichtige Hinweise

Die Lösungen sind teilweise aus dem Bereich Grammatik, teilweise aber auch reine Wortschatzaufgaben. Bei einigen wenigen Aufgaben geht es um die korrekte Rechtschreibung.

Sollten sich bei den Sprachbausteinen große Probleme ergeben, empfehlen wir Ihnen dringend, mit dem Übungsbuch zu arbeiten.

Hörverstehen, Teil 1

Es werden acht unterschiedliche Meinungen zu einem Thema vorgetragen. Sie hören die Meinungen der acht Personen nur einmal. Ihnen werden jedoch zehn Aussagen und somit auch zehn Antwortmöglichkeiten präsentiert. Zwei passen nicht.

Lösungsstrategie
So geht's

→ 1. Schritt: Lesen Sie die zehn Aussagen und markieren Sie die Schlüsselwörter. Sie haben dafür eine Minute Zeit.

→ 2. Schritt: Sie hören nun nacheinander die acht Hörtexte. Sie hören die Texte nur einmal. Notieren Sie Schlüsselwörter zu den einzelnen Hörtexten auf dem Aufgabenblatt, markieren Sie eventuell schon Lösungen, die Ihnen ganz klar sind.

→ 3. Schritt: Schreiben Sie die Nummern der Hörtexte zu den passenden Aussagen, indem Sie auf die Schlüsselwörter achten. Überarbeiten Sie Ihre Lösungen nach dem Hören der acht Texte eventuell noch einmal.

→ 4. Schritt: Tragen Sie Ihre Lösungen auf dem Antwortbogen ein.

Wichtige Hinweise

Achten Sie auf die Meinungen der Personen zum Thema und markieren und notieren Sie Schlüsselwörter.

Die Kommentare können positive und negative Meinungen (zum Beispiel Zustimmung oder Ablehnung) ausdrücken. Machen Sie sich kurze Notizen an den Text, zum Beispiel ein „+" oder „Pro" für Zustimmung oder ein „–" oder „Contra" für Ablehnung.

Tragen Sie Ihre Antworten direkt in den Antwortbogen ein, Sie bekommen dafür keine zusätzliche Zeit am Ende.

Tipp: Denken Sie daran, dass zwei Aussagen nicht passen.

Tipp: Arbeiten Sie mit Abkürzungen und einfachen Symbolen (zum Beispiel „+" oder „–" oder „↑ ↓", „?" für noch mal anschauen, etc.).

Hörverstehen, Teil 2

Sie hören ein Gespräch zwischen zwei Personen, oft eine Radiosendung. Bei dieser Aufgabe geht es vor allem um Detailverstehen. Ziel ist es, die Haltungen eines Sprechers bzw. einer Sprecherin in einem Interview zu verstehen. Sie müssen von drei Antworten jeweils die richtige auswählen.

Lösungsstrategie
So geht's

→ 1. Schritt: Lesen Sie die Aufgabenstellung und die Aufgaben sowie die vorgegebenen Antwortmöglichkeiten. Markieren Sie dabei Schlüsselwörter. Sie haben dafür drei Minuten Zeit.

→ 2. Schritt: Hören Sie nun das Interview. Achten Sie auf Schlüsselwörter, um die richtigen Lösungen zu erkennen, und entscheiden Sie, welche Aussage Sie gehört haben.

→ 3. Schritt: Überarbeiten Sie Ihre Lösungen nach dem Hören des Interviews eventuell noch einmal.

→ 4. Schritt: Markieren Sie Ihre Lösungen auf dem Antwortbogen.

Wichtige Hinweise

Achten Sie auf die Schlüsselwörter in den Antwortmöglichkeiten. Sie müssen nicht jedes Wort im Interview verstehen, um die Aufgaben lösen zu können.

Die Aufgaben beziehen sich meist auf längere Abschnitte. Sie müssen die Inhalte verstehen und interpretieren können.

Achten Sie auf Umschreibungen und Synonyme, die zu den Begriffen in der Aufgabe passen.

Tipp: Halten Sie sich beim Hören nicht zu lange an einzelnen Aufgaben auf. Eventuell verpassen Sie sonst die nächste Aufgabe. Machen Sie sich eventuell kleine Symbole an die Aufgabe, wenn Sie unsicher sind, z.B. „?". So können Sie am Ende noch einmal kurz über die ungelösten Aufgaben nachdenken.

Tipp: Sie sollen die Haltung eines Sprechers zum Thema verstehen. Versuchen Sie, mit einfachen Symbolen wie „+" oder „–" zu markieren, welche Antwortmöglichkeiten zu welcher Haltung passen, und markieren Sie Schlüsselwörter.

Hörverstehen, Teil 3

Sie hören einen längeren monologischen Text, zum Beispiel einen Vortrag, und sollen die Notizen auf den Handzetteln/Folien stichwortartig ergänzen. Einzelne Stichpunkte/Anhaltspunkte werden Ihnen vorgegeben.

Lösungsstrategie
So geht's

→ 1. Schritt: Lesen Sie die Aufgabenstellung und die Stichworte auf den angedeuteten Folien/ Handzetteln. Versuchen Sie einen ersten Überblick über das Thema des Vortrags oder der Vorlesung zu bekommen. Sie haben dafür eine Minute Zeit.

→ 2. Schritt: Sie hören nun den Vortrag. Sie hören den Text nur einmal. Versuchen Sie, dem Vortrag anhand der Stichpunkte auf den Folien zu folgen, und ergänzen Sie die fehlenden Informationen stichpunktartig.

→ 3. Schritt: Überarbeiten Sie Ihre Lösungen eventuell noch einmal. Achten Sie dabei darauf, ob die Informationen, die Sie ergänzt haben, zu den Folien passen.

→ 4. Schritt: Sie haben fünf Minuten Zeit, Ihre Antworten auf den Antwortbogen zu übertragen.

Wichtige Hinweise

Schreiben Sie die Lösungen in kurzen Stichworten auf, ganze Sätze nehmen zu viel Zeit in Anspruch.

Sie müssen nicht jedes Wort verstehen, um die Aufgabe zu lösen.

Achten Sie darauf, dass Ihre Stichpunkte passen: Wird zum Beispiel nach einer Zahl/einem Namen gefragt?

Tipp: Halten Sie sich nicht zu lange an einer Aufgabe auf. Markieren Sie Schlüsselwörter und gehen Sie erst einmal zur nächsten Aufgabe weiter, wenn Sie etwas nicht verstehen.
Schauen Sie sich ganz am Ende jedes Teils die ungelösten Aufgaben noch einmal an. Vielleicht fällt Ihnen die Lösung noch ein.

Tipp: Arbeiten Sie, wenn möglich, mit Abkürzungen. Sie können damit während des Hörens schneller schreiben. Beim Übertragen der Stichworte auf den Antwortbogen können Sie die Wörter dann ganz ausschreiben.

Schriftlicher Ausdruck

Sie verfassen eine detaillierte und ausgewogene Stellungnahme, in der Sie auch Ihre eigene Meinung äußern. Sie können zwischen zwei Themen wählen und erhalten erste Ideen zu unterschiedlichen Positionen.

Lösungsstrategie
So geht's

→ 1. Schritt: Lesen Sie zuerst beide Aufgaben bzw. Themen und die dazugehörigen Zitate. Aktivieren Sie beim Lesen bereits Ihr Vorwissen: Was wissen Sie über diese Themen?

→ 2. Schritt: Entscheiden Sie möglichst schnell, welche der beiden Aufgaben Sie bearbeiten möchten: Zu welchem Thema fallen Ihnen spontan Argumente ein? Mit welchem Thema kennen Sie sich besser aus?

→ 3. Schritt: Machen Sie sich gegebenenfalls Notizen: Was sind positive bzw. negative Aspekte zu dem von Ihnen gewählten Thema? Mit welchen Beispielen können Sie einzelne Aspekte veranschaulichen? Welche persönlichen Erfahrungen können Sie einbringen?

→ 4. Schritt: Schreiben Sie eine detaillierte Erörterung, beginnen Sie mit einer Einleitung und gehen Sie dann auf unterschiedliche Aspekte und Argumente ein. Bringen Sie auch Beispiele und Erfahrungen ein. Zum Schluss ziehen Sie ein Fazit und äußern Ihre eigene Meinung.

→ 5. Schritt: Lesen Sie den Text erneut. Achten Sie vor allem auf eine schlüssige Argumentation, angemessene sprachliche Strukturen (Verknüpfungen, Wortschatz), aber auch auf Korrektheit (Grammatik, Rechtschreibung).

> **Wichtige Hinweise**
>
> Schreiben Sie den Text nicht auf Notizpapier vor, denn die Zeit ist knapp!
>
> Achten Sie auf einen logischen Aufbau und angemessene Verknüpfungen.
>
> Denken Sie daran, dass der Text mindestens 350 Wörter umfassen soll.

So werden die Punkte für den Schriftlichen Ausdruck vergeben:

	A = 12 Punkte	B = 8 Punkte	C = 4 Punkte	D = 0 Punkte
1. Aufgabengerechtheit				
Die Aufgabenstellung wird treffend und detailliert abgedeckt. Es findet eine kritische Auseinandersetzung statt. Der Text ist insgesamt logisch aufgebaut, verfügt über die typischen Textsortenmerkmale und hat einen „roten Faden".	Der Text entspricht durchgehend den genannten Anforderungen.	Der Text entspricht weitgehend den genannten Anforderungen.	Der Text entspricht den genannten Anforderungen nur teilweise oder die Textsorte/Situierung ist nicht ganz getroffen.	Der Text entspricht den genannten Anforderungen (fast) gar nicht oder die Textsorte/Situierung ist nicht getroffen.
2. Korrektheit				
Der Text enthält nur wenige Fehler in Grammatik, Rechtschreibung, Syntax u.a.	Der Text entspricht durchgehend den genannten Anforderungen.	Der Text enthält einige Fehler, jedoch keine systematischen Fehler und auch keine Fehler, die das Verständnis beeinträchtigen.	Der Text enthält zahlreiche Fehler oder systematische Fehler. Das Verständnis kann stellenweise beeinträchtigt sein.	Der Text enthält zahlreiche Fehler, die auch das Textverständnis beeinträchtigen.
3. Repertoire				
Wortschatz und Ausdruck sind variantenreich und werden abgewechselt.	Der Text entspricht durchgehend den genannten Anforderungen.	Der Wortschatz ist an wenigen Stellen eingeschränkt bzw. einfach.	Der Wortschatz ist an mehreren Stellen einfach bzw. wiederholt sich oft. Das Textverständnis kann durch Fehlgriffe in anspruchsvollerem Wortschatz beeinträchtigt sein.	Der Wortschatz ist durchgehend einfach, die Verwendung von anspruchsvollerem Wortschatz misslingt und führt auch zu unverständlichen Textstellen.
4. Kommunikative Gestaltung				
Es werden durchgehend passende Verknüpfungen verwendet und Anschlüsse bzw. Verweise innerhalb des Textes hergestellt. Der Text ist durchgehend – auch auf der Ebene der Absätze – kohärent.	Der Text entspricht durchgehend den genannten Anforderungen.	Der Text enthält an einzelnen Stellen einfachere Verknüpfungen oder kleine Unklarheiten in den Anschlüssen.	Der Text enthält an mehreren Stellen unklare Anschlüsse („Brüche") oder nur einfache Verknüpfungen.	Der Text enthält einige Brüche und/oder unklare Anschlüsse. Die Struktur des Textes bleibt auch auf der Ebene von Absätzen unklar.

Mündliche Prüfung

In der Mündlichen Prüfung werden in der Regel zwei Kandidaten/Kandidatinnen gleichzeitig geprüft (Paarprüfung). Es gibt eine Vorbereitungszeit von 20 Minuten. Die Prüfung besteht aus zwei Teilen: Teil 1 ist eine Präsentation (plus Zusammenfassung und Anschlussfragen), Teil 2 ist eine Diskussion.

Mündlicher Ausdruck, Teil 1

Für die Präsentation erhalten Sie zwei Themenvorschläge zur Auswahl. Ihr Partner/Ihre Partnerin hört aufmerksam zu, macht sich evtl. Notizen und fasst im Anschluss Ihre Präsentation zusammen. Dann stellt er/sie Ihnen noch Anschlussfragen zu Ihrem Vortrag, die Sie beantworten sollen.

Lösungsstrategie
So geht's

In der Vorbereitungszeit (20 Minuten)
→ 1. Schritt: Lesen Sie das Aufgabenblatt mit den beiden Themen.

→ 2. Schritt: Wählen Sie schnell eines der beiden Themen aus.

→ 3. Schritt: Notieren Sie sich in Stichworten Argumente und überlegen Sie sich eine Einleitung und einen Schluss.

In der Prüfung (ca. 10 Minuten)
Während Ihrer eigenen Präsentation
→ 1. Schritt: Nennen Sie zuerst das Thema Ihrer Präsentation und geben Sie in einem Satz einen Überblick über die Teile der Präsentation.

→ 2. Schritt: Sprechen Sie ca. drei Minuten.

→ 3. Schritt: Bedanken Sie sich bei den Zuhörern und stellen Sie sich für Fragen zur Verfügung.

→ 4. Schritt: Beantworten Sie die Fragen Ihres Partners/Ihrer Partnerin möglichst präzise und kurz.

Während der Präsentation Ihres Partners/Ihrer Partnerin:
→ 1. Schritt: Hören Sie der Präsentation Ihres Partners/Ihrer Partnerin genau zu.

→ 2. Schritt: Machen Sie sich ggf. Notizen: Was ist das Thema? Was sind wichtige Aspekte? Was ist ggf. das Fazit?

→ 3. Schritt: Fassen Sie die Präsentation Ihres Partners/Ihrer Partnerin kurz zusammen. Nennen Sie nur das Thema, die wichtigsten Aspekte und ggf. das Fazit.

→ 4. Schritt: Stellen Sie Ihrem Partner/Ihrer Partnerin mindestens eine Frage zu seiner/ihrer Präsentation. Das kann eine Verständnisfrage sein, aber auch eine weiterführende Frage zum Thema oder auch z.B. eine Frage nach den Erfahrungen Ihres Partners/Ihrer Partnerin bzgl. des Themas.

> ### Wichtige Hinweise
>
> Sie sollen in der Prüfung frei sprechen. Notieren Sie deshalb nur Stichpunkte und keine ganzen Sätze, die Sie ablesen.
>
> Achten Sie bei Ihrer Präsentation auf die Zeit: Die Präsentation soll nur ca. drei Minuten dauern.
>
> Fassen Sie die Präsentation Ihres Partners/Ihrer Partnerin möglichst kurz zusammen. Sie sollen nicht alle Aspekte noch einmal wiederholen, nur das Wichtigste. Zusammenfassung und Anschlussfragen sollen insgesamt ca. zwei Minuten in Anspruch nehmen.

Mündlicher Ausdruck, Teil 2

Für die Diskussion erhalten Sie in der Prüfung ein gemeinsames Thema, über das Sie spontan diskutieren sollen.

Lösungsstrategie
So geht's

Diskussion (ca. 6 Minuten):

→ 1. Schritt: Sie erhalten ein Zitat einer berühmten Person. Sie sollen über das Zitat bzw. das Thema diskutieren und dabei auch Ihre eigene Meinung zum Ausdruck bringen.

→ 2. Schritt: Lesen Sie das Zitat und die Aufgaben möglichst schnell und beginnen Sie die Diskussion.

→ 3. Schritt: Diskutieren Sie ca. sechs Minuten.

So werden die Punkte für den Mündlichen Ausdruck vergeben:

Inhaltliche Angemessenheit

	A	B	C	D
Teil 1a	**6 Punkte**	**4 Punkte**	**2 Punkte**	**0 Punkte**
Die Präsentation ist klar und detailliert sowie gut strukturiert. Fragen werden angemessen beantwortet.	Die Anforderungen werden (fast) durchgehend erfüllt.	Die Anforderungen werden weitgehend erfüllt.	Die Anforderungen werden in zentralen Punkten nicht erfüllt, z.B. ist die Präsentation unstrukturiert oder Fragen werden nicht beantwortet.	Die Anforderungen werden (fast) gar nicht erfüllt, z.B. wird das Thema der Präsentation nicht getroffen.
Teil 1b	**4 Punkte**	**2 Punkte**	**1 Punkt**	**0 Punkte**
Die Zusammenfassung nennt gut strukturiert die wichtigsten Aspekte der Präsentation. Es werden Fragen (Verständnisfragen, Anschlussfragen) gestellt.	Die Anforderungen werden (fast) durchgehend erfüllt.	Die Anforderungen werden weitgehend erfüllt.	Die Anforderungen werden in zentralen Punkten nicht erfüllt, z.B. wird keine Anschlussfrage gestellt.	Die Anforderungen werden (fast) gar nicht erfüllt, z.B. verfehlt eine Zusammenfassung das Thema der Präsentation.
Teil 2	**6 Punkte**	**4 Punkte**	**2 Punkte**	**0 Punkte**
Der Prüfungsteilnehmer/ die Teilnehmerin kann an einer Diskussion aktiv teilnehmen, zum Fortgang beitragen, Fragen stellen, Positionen vertreten, andere in die Diskussion einbinden.	Die Anforderungen werden (fast) durchgehend erfüllt.	Die Anforderungen werden weitgehend erfüllt.	Die Anforderungen werden in zentralen Punkten nicht erfüllt, z.B. geht der Prüfungsteilnehmer/ die Teilnehmerin nicht auf die Positionen des Partners/der Partnerin ein.	Die Anforderungen werden (fast) gar nicht erfüllt, z.B. beteiligt sich ein Prüfungsteilnehmer/eine Teilnehmerin (fast) gar nicht aktiv an der Diskussion.

Sprachliche Angemessenheit

	A = 8 Punkte	B = 5 Punkte	C = 2 Punkte	D = 0 Punkte
Flüssigkeit				
Sehr flüssig (nicht schnell, sondern gleichmäßiges bzw. natürliches Tempo), kein Suchen nach Worten.	Die Anforderungen werden (fast) durchgehend erfüllt.	Die Anforderungen werden überwiegend erfüllt, einzelne Pausen zur Suche nach Wörtern können vorhanden sein.	Die Anforderungen werden überwiegend nicht erfüllt, es sind einige Pausen vorhanden, um nach Wörtern zu suchen.	Die Anforderungen sind kaum erfüllt, es gibt zahlreiche Pausen bzw. Unterbrechungen, die auch das Verständnis beeinträchtigen können.
Repertoire				
Abwechslungsreiches Repertoire, keine Einschränkungen im Ausdruck, Umschreibungen sind problemlos möglich.	Die Anforderungen werden (fast) durchgehend erfüllt.	Die Anforderungen werden überwiegend erfüllt, manchmal wird einfacher Wortschatz verwendet oder der Ausdruck wiederholt sich.	Die Anforderungen werden überwiegend nicht erfüllt, der Wortschatz bzw. Ausdruck ist oft einfach und/oder wird wiederholt.	Die Anforderungen werden kaum erfüllt, es werden überwiegend einfacher Wortschatz und einfache Strukturen verwendet.
Grammatische Richtigkeit				
Durchgehend ein hohes Maß an grammatischer Korrektheit.	Die Anforderungen werden (fast) durchgehend erfüllt.	Die Anforderungen werden überwiegend erfüllt, es können in komplexen Strukturen aber einige Fehler auftreten.	Die Anforderungen werden überwiegend nicht erfüllt, es treten zahlreiche Fehler auf.	Es werden zahlreiche Fehler gemacht, die auch das Verständnis beeinträchtigen.
Aussprache und Intonation				
Die Aussprache sowie Betonung sind klar und natürlich, mittels der Betonung können auch Bedeutungsnuancen ausgedrückt werden.	Die Anforderungen werden (fast) durchgehend erfüllt.	Die Anforderungen werden weitgehend erfüllt, gelegentlich treten Fehler in Aussprache und Betonung auf.	Es treten Fehler in Aussprache und Betonung auf, die eine erhöhte Konzentration der Zuhörer erfordern.	Die Fehler in Aussprache und Betonung sind zahlreich, sodass das Verständnis beeinträchtigt wird.

Wichtiger Hinweis

Die Aufgaben unterhalb des Zitats sind immer gleich. Sie müssen diese Aufgaben aber nicht berücksichtigen, sie sollen Ihnen nur bei der Diskussion helfen. Wichtig ist, miteinander zu diskutieren, auf den anderen einzugehen und Argumente und Ideen auszutauschen.

Modelltest 1

Wenn Sie bereits mit dem Übungsbuch trainiert haben, mit dem Format der Prüfung vertraut sind und sich in Wortschatz, Grammatik u. a. sicher fühlen, können Sie alle Modelltests auch wie Echttests bearbeiten und auf die jeweiligen Zeitvorgaben achten.

Sollten Sie noch nicht mit dem Übungsbuch gearbeitet haben oder sich in Bezug auf das Format der Prüfung oder Ihrer sprachlichen Fähigkeiten etwas unsicher fühlen, können Sie die Modelltests auch mit ansteigendem Schwierigkeitsgrad bearbeiten und zunächst mit Modelltest 1 üben.

Modelltest 1: Üben

→ Lesen Sie zu jeder Aufgabe zunächst die Hinweise (Beschreibung des Testteils) sowie die Lösungsstrategien (S. 7ff.) Schauen Sie sich die jeweilige Aufgabe genau an. Sie brauchen hier noch nicht auf die Zeit zu achten. Konzentrieren Sie sich stattdessen auf die Lösungsstrategien.

→ Bearbeiten Sie dann mithilfe der Lösungsstrategien die Aufgaben. In Modelltest 1 finden Sie auch in jeder Aufgabe weitere Hinweise zur Bearbeitung bzw. Lösung. Lesen Sie sowohl diese Hinweise als auch die Aufgaben in Ruhe und lassen Sie sich dabei Zeit. Wenn Sie etwas nicht verstehen, können Sie jetzt auch noch ein Wörterbuch bzw. eine Grammatik benutzen. Fügen Sie neue Wörter oder Strukturen Ihrem Lernwortschatz hinzu und wiederholen Sie diese, ehe Sie zu Modelltest 2 gehen.

→ Falls Sie eine Aufgabe nicht lösen können, schlagen Sie im Lösungsschlüssel nach. Beachten Sie auch die Lösungshinweise im Lösungsschlüssel und versuchen Sie, diese nachzuvollziehen. Bei der Bearbeitung von Modelltest 1 achten Sie noch nicht auf die Punkteverteilung und Bewertung.

→ Tragen Sie dann alle Lösungen zur Übung in den Antwortbogen ein, denn in der Prüfung werden auch nur die Lösungen auf dem Antwortbogen bewertet. Sie können den Antwortbogen von S. 122 ff. für jeden Modelltest kopieren.

Leseverstehen, Teil 1

Dauer: ca. 20 Minuten

Lesen Sie den folgenden Text. Welche der Sätze a–h gehören in die Lücken 1–6?
Es gibt jeweils nur eine richtige Lösung. Zwei Sätze können nicht zugeordnet werden.
Markieren Sie Ihre Lösungen für die Aufgaben 1–6 auf dem Antwortbogen.
Lücke (0) ist ein Beispiel.

Im Forschungsbericht Ihrer Universität lesen Sie folgenden kurzen Artikel.

Risikoentscheidungen: Alter schützt nicht vor Kühnheit

Die menschliche Lebenserwartung steigt. ___0___ Es wird vermutet, dass es bis 2060 etwa 32 Prozent sein werden. Ältere Menschen und ihre Entscheidungen haben somit einen immer größer werdenden wirtschaftlichen und gesellschaftlichen Einfluss. ___1___ Dafür verglichen sie Ähnlichkeiten und Unterschiede bei Risikoentscheidungen von 60 jüngeren Erwachsenen im Alter zwischen 18 und 30 Jahren sowie 62 älteren Erwachsenen im Alter zwischen 63 und 88 Jahren.

Die Probanden machten einen Entscheidungstest, bei dem sie jeweils zwischen zwei Optionen wählen sollten. ___2___ Insgesamt galt es, 105 Aufgaben zu bearbeiten, wobei stets die Information vorlag, welcher Betrag gewonnen oder verloren werden konnte und wie hoch die Wahrscheinlichkeit eines Gewinns oder eines Verlusts war. Die älteren Menschen trafen in der Studie häufiger risikoreiche Entscheidungen als die jüngeren. Der Grund dafür ist, laut den Wissenschaftlern, die bessere Gemütslage der Älteren. ___3___

„Wer gut gestimmt ist, hat eher die positiven Möglichkeiten einer Entscheidung im Blick", sagt Thorsten Pachur, Erstautor der Studie und Wissenschaftlicher Mitarbeiter des Forschungsbereichs „Adaptive Rationalität" am Max-Planck-Institut für Bildungsforschung. „Die älteren Probanden waren optimistischer in der Bewertung möglicher Gewinne und wagten demnach mehr. Zudem bewerteten sie mögliche Gewinne und Verluste gleich, während die jüngeren Probanden stärker darauf fokussiert waren, mögliche Verluste zu vermeiden", so Pachur weiter.

Der Befund einer größeren Risikobereitschaft von älteren Menschen widerspricht den Ergebnissen vieler früherer Untersuchungen. ___4___ Während in früheren Studien den Probanden meist die Wahl zwischen einer sicheren und einer risikoreichen Option gegeben wurde, waren in dieser Studie beide Optionen risikoreich, aber in unterschiedlichem Maße. Somit mussten sie sich mit den Optionen genauer auseinandersetzen.

Zusätzlich zu den Unterschieden in der Risikobereitschaft zeigte sich jedoch, dass die älteren Probanden schlechtere Entscheidungen trafen als die jüngeren. ___5___ „Die Unterschiede in der Entscheidungsqualität sind auf die Abnahme der fluiden Intelligenz im Alter zurückzuführen, also auf die Abnahme der Fähigkeit, Informationen schnell zu verarbeiten und Probleme zu lösen", sagt Thorsten Pachur.

Die Ergebnisse deuten erstens darauf hin, dass die Ausprägung von Altersunterschieden im Risikoverhalten stark durch die Situation beeinflusst ist, in der das Risikoverhalten untersucht wird. ___6___ „Beides spielt dabei eine Rolle, jedoch mit unterschiedlichen Funktionen. Während Emotionen vor allem dafür verantwortlich sind, ob von zwei zur Auswahl stehenden Risiken das größere oder kleinere gewählt wird, hilft die Kognition, die objektiv bessere Option zu identifizieren", so Thorsten Pachur.

Tipp: Lesen Sie zuerst die acht Antwortoptionen unterhalb des Lesetexts. Markieren Sie Verknüpfungen oder Verweise wie „daher", „im Gegensatz dazu", „anschließend", „dies", „nämlich" usw. Diese sind für die Lösung wichtig.

Beispiel:

z   Schon heute liegt der Anteil der über 65-Jährigen in den industrialisierten Teilen der Welt bei etwa 21 Prozent.

a   Anschließend wurde der Versuchsaufbau verändert.

b   Bei jeder Option konnte mit gewisser Wahrscheinlichkeit Geld gewonnen oder verloren werden.

c   Das heißt, sie wählten seltener die objektiv bessere Option.

d   Wissenschaftler untersuchten deshalb, wie ältere Menschen im Vergleich zu jüngeren Risiko-Entscheidungen treffen.

e   Dies erklären die Wissenschaftler mit einem veränderten Studienaufbau.

f   Im Gegensatz dazu wurden in der aktuellen Studie auch ältere Probanden einbezogen.

g   Sie berichteten nämlich von mehr positiven und weniger negativen Emotionen als die Jüngeren.

h   Zudem verdeutlichen die Resultate das Zusammenwirken von Emotion und Kognition bei der Entscheidung für oder gegen ein Risiko.

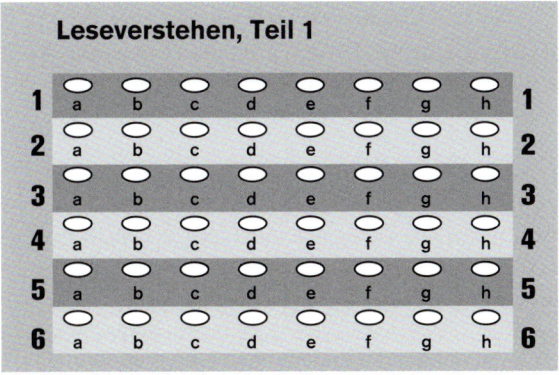

Leseverstehen, Teil 1

Tipp: Wenn Sie über eine Aufgabe länger nachdenken müssen, gehen Sie zunächst weiter zur nächsten Aufgabe, um möglichst wenig Zeit zu verlieren. Kehren Sie dann später nochmals zu den offenen Aufgaben zurück.

Leseverstehen, Teil 2

Dauer: ca. 20 Minuten

Lesen Sie den folgenden Text. In welchem Textabsatz a–e finden Sie die Antworten auf die Fragen 7–12? Es gibt jeweils nur eine richtige Lösung. Jeder Absatz kann Antworten auf mehrere Fragen enthalten.
Markieren Sie Ihre Lösungen für die Aufgaben 7–12 auf dem Antwortbogen.

Beispiel: In welchem Abschnitt …

0 greift der Autor Zukunftsvisionen aus Unterhaltungsmedien auf?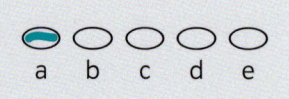
a b c d e

In welchem Abschnitt …

7 stellt der Autor Vermutungen darüber an, dass Pflanzen eine eigene Intelligenz entwickeln könnten?
a b c d e

8 schildert der Autor, dass sich eine bisherige Annahme über fleischfressende Pflanzen als falsch erwies?
a b c d e

9 weist der Autor darauf hin, dass ein Insekt durch ein bestimmtes Verhalten der Pflanze entkommen könnte?
a b c d e

10 wird beschrieben, wie die Pflanze mit schädlichen Stoffen aus den Beutetieren umgeht?
a b c d e

11 wird ein Vergleich der Rechenfähigkeit unterschiedlicher Spezies angestellt?
a b c d e

12 ziehen Forscher aus den Experimenten Schlüsse auf bestimmte Eigenschaften der fleischfressenden Pflanzen?
a b c d e

Auch fleischfressende Pflanzen können rechnen

a

1 Wer kennt die Horrorvisionen nicht aus Romanen oder Kinofilmen: In Zukunft werden irgendwann
Maschinen die Herrschaft über die Welt ergreifen, seien es Computer, die ein Eigenleben entwickeln,
Roboter, die nicht nur schneller denken können, sondern den Menschen auch physisch überlegen
sind, oder auch Verbindungen aus Mensch und Maschine – von außen Mensch, aber das Innenle-
5 ben besteht aus Blech und Elektronik. Nun gesellt sich eine weitere Möglichkeit zu diesen düste-
ren Visionen: Nicht Maschinen, sondern Pflanzen könnten die Weltherrschaft übernehmen, denn
– so haben Forscher herausgefunden – fleischfressende Pflanzen können sogar rechnen. Werden sie
also in Zukunft Intelligenz entwickeln und dann irgendwann nach größerer Beute Ausschau halten?
Diese Gefahr sieht Sönke Scherzer nicht: „Mit der Rechenfähigkeit eines Kindergartenkindes aber
10 könnte es die Venusfliegenfalle, eine der bekanntesten fleischfressenden Pflanzen, durchaus aufnehmen", glaubt der Postdoktorand am Institut für Molekulare Pflanzenphysiologie und Biophysik der
Uni Würzburg. Das kann Scherzer sogar wissenschaftlich belegen.

b

Mit einem internationalen Forscherteam um den Würzburger Biophysik-Professor Rainer Hedrich
hat Scherzer herausgefunden, dass die fleischfressende Pflanze nicht nur zählen, sondern sogar addie-
15   ren kann. So könnte die Venusfliegenfalle mindestens bis 100 zählen und durch Plusrechnungen ihre
Enzymproduktion sehr gezielt steuern.
Von Nutzen ist ihr diese Fähigkeit beim Fangen und Verdauen von Beutetieren. Je größer eine Fliege
ist, die sich verfängt, desto mehr Verdauungsenzyme braucht die Venusfliegenfalle, um ihre Beute zu
zerkleinern und schließlich die darin enthaltenen Nährstoffe aufzunehmen.
20   Um also abschätzen zu können, wie groß das Beutetier ist, zählt die Venusfliegenfalle die Berührungen, die das Tier nach dem Zuklappen der Falle verursacht. Würde die Fliege stillhalten und keine
weiteren Reize an den feinen Sinneshaaren der Falle auslösen, würde diese nach einem halben Tag
wieder aufklappen. Durch das Zappeln besiegelt die Beute jedoch ihr Schicksal – die Pflanze beginnt
zu zählen.

c

25   Schon länger ist bekannt, dass Venusfliegenfallen Berührungen wahrnehmen können. Außerdem
wussten die Forscher, dass zwei kurz aufeinanderfolgende Reize die Falle zuschnappen lassen. Bislang war man jedoch davon ausgegangen, dass die Venusfliegenfalle ihre Beute nach dem Zuschnappen zügig verdaut.
30   Im Labor zeigte sich jedoch, dass der Überlebenskampf eines gefangenen Insekts bis zu zwölf Stunden dauern kann, bevor der Verdauungsprozess in der Falle einsetzt. Das machte die Forscher stutzig.
Welchen Nutzen könnte die Pflanze daraus ziehen, ihr Beutetier so lange unverdaut in ihrem Innern
zappeln zu lassen? Sönke Scherzer beschloss, den Überlebenskampf einer Fliege im Innern der
Venusfliegenfalle zu simulieren. Dazu brauchte er nur ein feines Stäbchen. „Ich habe die Falle zwei-
35   mal angetippt, damit sie sich schließt, und habe mit dem Stäbchen dann im Innern weitere Reize
ausgelöst, wie es die Fliege machen würde“, sagt Scherzer.

d

Dabei stellte er fest, dass die Venusfliegenfalle ab der dritten Berührung beginnt, Verdauungsenzyme
zu bilden. Wie im menschlichen Magen sorgen diese Enzyme dafür, dass die Nahrung zerkleinert
und in ihre Einzelteile aufgespalten wird. Je mehr Reize folgen, desto mehr Enzyme stellt die Falle
40   für die anschließende Verdauung her.
Ab dem fünften Reiz beginnt die Falle, sogenannte Transport-Aufnahme-Mechanismen hochzufah-
ren, um die Nährstoffe des Beutetiers aufnehmen zu können. „Die Anzahl der Reize bestimmt also,
wie intensiv die Falle anschließend verdaut“, sagt Scherzer. „Große Insekten sind durchaus aktiv. Pro
Stunde erzeugen sie dabei bis zu hundert Reize.“ Daraus leitet der Forscher ab, dass die Venusfliegen-
45   falle auch mindestens bis 100 zählen und entsprechend darauf reagieren kann.
Die Pflanze tut also gut daran, ihre Beute erst einmal in der Falle zappeln zu lassen. Die Wartezeit
kann sie zum einen nutzen, um die nötigen Verdauungssäfte herzustellen. Zum anderen kann sie
anhand der Reize sehr genau ausrechnen, wie viele Enzyme sie zum Verdauen benötigt. Die Rechen-
leistung der Pflanze lässt sie also energieeffizient fressen.

e

50   An einer Pflanze befinden sich mehrere Fallen. Während eine Falle noch in der Endphase der Verdauung ist, kann eine weitere schon die ersten Berührungen eines gefangenen Insekts aufnehmen und
anfangen zu zählen. Jede Falle zählt und rechnet also individuell für sich. „Egoistisch sind die Fallen
aber nicht“, sagt Scherzer. „Wenn das Beutetier mehr Energie bereitstellt, als die Falle zum Verdauen
braucht, gibt sie den Überschuss der restlichen Pflanze weiter.“
55   Dabei fungiert die Falle auch als „Endlager“ für Giftstoffe, die das Beutetier mitbringt. Zu viel Natrium, also Salz, ist für eine Pflanze beispielsweise schädlich. Bei der Verdauung sortiert die Falle das
schädliche Natrium aus, damit es nicht die Pflanze als Ganzes schädigt.

Leseverstehen, Teil 3

Dauer: ca. 30 Minuten

Lesen Sie den folgenden Text und die Aussagen 13–23. Welche der Aussagen sind richtig (+), falsch (–) oder gar nicht im Text enthalten (x)? Es gibt jeweils nur eine richtige Lösung. Markieren Sie Ihre Lösungen für die Aufgaben 13–23 auf dem Antwortbogen.

Tipp: Lesen Sie am besten zuerst die Aufgaben 13–23 und auch die Überschriften in Aufgabe 24, dann wissen Sie bereits, worauf Sie achten müssen. Die Aufgaben sind in der gleichen Reihenfolge angeordnet wie die relevanten Stellen im Lesetext. Lesen Sie jeweils eine Aufgabe noch ein zweites Mal und dann den Lesetext bis zu der Stelle, an der Sie die Lösung finden.

1 Das sogenannte Waldsterben war eines der wichtigsten Themen in den Umwelt-
· debatten der 1980er-Jahre. Waren diese zu hysterisch? Zu dem damals befürch-
· teten großflächigen Tod der Bäume ist es nicht gekommen. Dafür steht der Wald
· nun aber vor neuen Herausforderungen.

5
· Das Schlagwort „Waldsterben" machte vor allem in den 1980er-Jahren die Runde.
· Damals fanden Wissenschaftler immer mehr Indizien dafür, dass Europas Bäume
· unter dem Einfluss von Luftschadstoffen wie Schwefeldioxid und Stickoxiden
· litten. Symptome wie lichte Kronen und Verfärbungen an den Nadeln wurden
10 zunächst an Weißtannen beobachtet, zum Beispiel im Bayerischen Wald oder im
· Schwarzwald. Dann fielen Fichten und Kiefern durch Nadelverluste auf, später
· verloren auch Buchen und Eichen Blätter. Die Schäden waren zum Teil so massiv,
· dass die betroffenen Bäume eingingen. In einigen Regionen wie im Harz oder im
· Erzgebirge kam es sogar zum Absterben größerer Bestände.

15
· Die Tatsache, dass manche Emissionen von Industrieanlagen und Kraftwerken
· nicht gut für die Gesundheit des Waldes sind, war dabei keineswegs neu. Schon
· im 19. Jahrhundert fanden sich im Umfeld von luftverschmutzenden Betrieben
· immer wieder kranke und abgestorbene Bäume. Nun aber schien es sich nicht
20 mehr um solche klassischen Rauchgasschäden zu handeln, sondern um ein groß-
· flächiges Phänomen: Selbst weit entfernt von möglichen Schadstoffquellen küm-
· merten Bäume vor sich hin. Wissenschaftler sprachen deshalb von „neuartigen
· Waldschäden".

25 Alarmierende Erkenntnisse hatte der Forstwissenschaftler Bernhard Ulrich
· von der Universität Göttingen gewonnen. Das niedersächsische Mittelgebirge
· „Solling", dessen Ausläufer bis nach Hessen und Nordrhein-Westfalen reichen,
· galt als relativ unbelastet. Doch die Messungen zeigten, dass es in Wirklichkeit
· reichlich Schwefeldioxid und Stickoxide abbekam. Diese Verbindungen steckten
30 mutmaßlich hinter den Waldschäden.

Die Verbindung, die bei der Verbrennung schwefelhaltiger fossiler Brennstoffe frei wird, kann einen Baum zum einen direkt über seine Blätter oder Nadeln schädigen. Bei hohen Konzentrationen wird das Laub dann gelb. Zum anderen reagiert Schwefeldioxid mit Wasser zu Schwefelsäure und führt so zur Entstehung von sogenanntem „sauren Regen" – ebenfalls ein Schlagwort der 1980er-Jahre. Über den Boden können die Schadstoffe im Regen zu weiteren Schäden an den Bäumen führen.

Angesichts solcher Zusammenhänge schien es naheliegend, dass die Probleme um sich greifen würden. Anfang der 1980er-Jahre warnten viele Forscher davor, dass innerhalb weniger Jahre große Flächen der deutschen Wälder absterben könnten. Medien und Umweltschützer fanden griffige Formulierungen; am bekanntesten ist vielleicht diese: „Erst stirbt der Wald, dann stirbt der Mensch." Zwar verwendeten Wissenschaftler den Begriff „Waldsterben" gar nicht, aber in der öffentlichen Diskussion blieb er in Deutschland über Jahre hinweg präsent.

Die Befürchtung, dass die Bäume innerhalb weniger Jahrzehnte großflächig absterben würden, ist aber – glücklicherweise – nicht Realität geworden. Die Zahlen sprechen eine deutliche Sprache: Etwa ein Drittel Deutschlands ist bewaldet, und von einem großflächigen Absterben seit den 1980er-Jahren kann keine Rede sein.

Deshalb werfen Kritiker den Warnern und Mahnern der 1980er-Jahre heute vor, sie hätten damals grundlos die Apokalypse prophezeit und Panik geschürt, ohne eine wissenschaftliche Basis dafür zu haben.

Allerdings muss man sagen, dass die Diskussion um und die Furcht vor dem Waldsterben rasch zu deutlichen Fortschritten bei der Luftreinhaltung geführt hat. 1983 trat in Deutschland eine Verordnung in Kraft, die beispielsweise den Betreibern von Kohlekraftwerken bestimmte Anlagen zur Reinigung der Abgase vorschrieb. Nicht viel später folgten weitere Maßnahmen zur Luftreinhaltung, darunter Vorschriften für die Abgaswerte von Autos, die Entschwefelung von Kraftstoffen und die Einführung von Katalysatoren. Vor allem die Belastung mit Schwefeldioxid hat seither drastisch abgenommen. Wie der deutsche Wald heute ohne diese massive Verbesserung der Luftqualität aussähe, bleibt Spekulation. Zumal es ja tatsächlich reichlich kranke Bäume gab und gibt. Mittlerweile ist allerdings klar, dass hinter den Nadel- und Blattverlusten nicht nur eine Ursache steckt. Vielmehr macht den Bäumen eine ganze Palette an Stressfaktoren zu schaffen, die je nach Region eine unterschiedlich große Rolle spielen. Wenn Bäume Blätter oder Nadeln verlieren, kann das alle möglichen Ursachen haben – von Schädlingsbefall bis hin zu extremer Hitze und Trockenheit. Das Alter der Bäume und ihr Ernährungszustand können ebenfalls eine Rolle spielen.

Auch der Einfluss von saurem Regen und sauren Böden macht sich regional unterschiedlich stark bemerkbar. Einige Böden können Säure besser verkraften als andere. Bei anderen Böden dagegen führt Säure zu deutlichen Veränderungen – zum Nachteil der Bäume. Die Folgen sind Probleme bei der Aufnahme von wichtigen Nährstoffen, aber auch direkte Schädigungen der Wurzeln. Das alles muss nicht in jedem Fall dramatische Folgen haben. Viele Bäume sind mit der Säurebelastung offenbar besser zurechtgekommen als zunächst befürchtet. So hat eine Studie in der Schweiz gezeigt, dass die Wurzeln der dortigen Buchen durch die stark versauerten Böden kaum geschädigt wurden.

Baumgesundheit ist in jedem Fall eine komplexe Angelegenheit, bei der sich die Symptome manchmal nur schwer auf eine bestimmte Ursache zurückführen lassen. Vieles bleibt auf diesem Gebiet noch zu erforschen, um wirklich verlässliche Aussagen über einzelne Aspekte machen zu können.

Heißt das nun, dass wir uns beruhigt zurücklehnen können und uns keine Gedanken über den Zustand der Wälder machen müssen? Wie steht es heute um den deutschen Wald?

Die Waldschäden werden jedes Jahr für ganz Deutschland systematisch und nach einheitlichen Kriterien erfasst. Zwischen Mitte Juli und Ende August schicken die Forstlichen Versuchsanstalten der einzelnen Bundesländer dazu speziell geschultes Personal in den Wald, um den Zustand von dauerhaft markierten Bäumen zu erfassen. Je nachdem, wie viele Blätter oder Nadeln im Vergleich zu einem gesunden Exemplar fehlen, wird der Baum dann in eine von fünf Schadstufen eingeordnet. Zusätzlich werden auch Verfärbungen und leicht erkennbare „Schadensursachen" wie Insektenfraß oder Pilzbefall registriert.

In den letzten Jahren hat sich dabei jeweils gegenüber dem Vorjahr wenig verändert. Interessanter sind die langfristigen Trends, die sich seit Beginn der jährlichen Gesundheitschecks abzeichnen. Und die verheißen vor allem für Laubbäume nichts Gutes. So standen 1984 nur auf 13 Prozent der untersuchten Waldfläche deutlich geschädigte Buchen, 2015 waren es 33 Prozent. Die Fläche mit völlig gesunden Exemplaren ist im gleichen Zeitraum von 50 auf 22 Prozent zurückgegangen. Ähnlich, teils sogar noch deutlich schlechter, sieht es im gleichen Zeitraum für weitere Laubbaumarten aus.

Wie wird es nun weitergehen? Die gute Nachricht ist: Etliche Studien legen nahe, dass sich Wälder durchaus wieder erholen können, wenn die Schadstoffbelastung sinkt. Es gilt aber zu bedenken, dass ein Wald nicht von heute auf morgen entsteht und sich Veränderungen – sei es zum Positiven oder Negativen – auch selten kurzfristig messen bzw. evaluieren lassen. Die Schadstoffbelastung muss dauerhaft möglichst gering bleiben, um den Fortbestand der Wälder und die Erholung der kranken Bäume zu gewährleisten.

Welche der Aussagen sind richtig (+), falsch (–) oder nicht im Text enthalten (x)?

13 In den 1980er-Jahren konnte erstmals ein Zusammenhang zwischen bestimmten Schadstoffen und Waldschäden hergestellt werden.

○ ○ ○
+ – x

14 Es gibt verschiedene Wege, auf denen Schwefeldioxid Bäume schädigen kann.

○ ○ ○
+ – x

15 Umweltschutzorganisationen etablierten den Begriff „saurer Regen".

○ ○ ○
+ f x

16 Wissenschaftler vermieden es, von Waldsterben zu sprechen.

○ ○ ○
+ – x

17 Die Waldfläche in Deutschland hat sich seit den 1980ern um über 30 Prozent reduziert.

○ ○ ○
+ – x

18 Die Debatte um ein mögliches Waldsterben hat Maßnahmen zur Reduzierung von Schadstoffemissionen nach sich gezogen.

○ ○ ○
+ – x

19 Neben Schadstoffen und Schädlingsbefall führen auch Schäden durch Wildtiere dazu, dass die Bäume krank werden.

○ ○ ○
+ – x

20 Ob saurer Regen tatsächlich zu Waldschäden führt, hängt auch von der Beschaffenheit des Waldbodens ab.

○ ○ ○
+ – x

21 Um die Entwicklung von Waldschäden zu erfassen, werden jedes Jahr im Rahmen der Datenerfassung weitere Bäume gekennzeichnet.

○ ○ ○
+ – x

22 Die jährliche Erfassung von Waldschäden konzentriert sich nicht nur auf Schäden, die durch Schadstoffe verursacht werden.

○ ○ ○
+ – x

23 Aktuelle Zahlen zeigen, dass bei einigen Laubbaumarten etwa die Hälfte des Bestands keinerlei Schäden aufweist.

○ ○ ○
+ – x

Welche der Überschriften a, b oder c trifft die Aussage des Textes am besten? Markieren Sie Ihre Lösung für die Aufgabe 24 auf dem Antwortbogen.

24 **a** Aktuelle Forschungsergebnisse zum Waldsterben
     b Waldsterben – ein Problem der 1980er
     c Was wurde aus dem Waldsterben?

○ ○ ○
a b c

Tipp: Denken Sie daran: Es geht nicht darum, ob eine Aussage für sich genommen „richtig" oder „falsch" ist, sondern ob sie im Text bestätigt (= richtig) oder ihr klar widersprochen (= falsch) wird.

Tipp: Achten Sie bei den Überschriften genau darauf, ob diese nur einen Teilaspekt des Textes abdecken oder wirklich den Text insgesamt.

Sprachbausteine

Dauer: ca. 20 Minuten

Lesen Sie den folgenden Text. Welche Lösung (a, b, c oder d) ist jeweils richtig?
Markieren Sie Ihre Lösungen für die Aufgaben 25–46 auf dem Antwortbogen.
Lücke (0) ist ein Beispiel.

Warum Bäume Abstand ____0____

1 Viele Baumarten stehen auch im dichten Blätterdach des Waldes in einer respektvollen Distanz zu
. ihren Nachbarn. Warum machen sie das – und wie?
.
. Bäume stehen einfach nur in der Gegend ___25___ und verlieren im Herbst ihre Blätter? Weit
5 gefehlt! Dass die Pflanzen verblüffend komplexe und agile Lebewesen sind, dass sie ___26___ kom-
. munizieren und sich ___27___ gegen Fressfeinde zur Wehr setzen – das wissen wir spätestens seit
. Bestsellern wie „Das geheime Leben der Bäume", ___28___ von dem Förster Peter Wohlleben.
.
. Etwas länger, ___29___ schon seit den 1920er-Jahren, beschäftigen sich Wissenschaftler mit
10 einem ganz bestimmten Merkmal der Bäume, ___30___ die Kronen der Bäume betrifft. Bäume
. bestehen allgemein aus Wurzeln, dem Baumstamm und der Baumkrone – das ist derjenige Teil
. eines Baums, der aus den Ästen ___31___ wird. Und eben diese Baumkronen halten im Blät-
. terdach höflich Abstand. Je nach Art breiten sie ihr Blätterdach nur so weit aus, dass sie sich mit
. ihren Nachbarn nicht ins Gehege kommen, sich ___32___ nicht berühren.
15
. Von unten kann das Ergebnis dieser vorsichtigen Annäherung aussehen wie ein weitverzweig-
. tes ___33___ oder wie Zellwände unter dem Mikroskop. Das Phänomen wird als „Kro-
. nen-Schüchternheit" ___34___.
.
20 Ob allerdings tatsächlich Schüchternheit der Grund ___35___ das faszinierende Phänomen ist,
. kann bezweifelt werden. Manche Forscher vermuten, dass der Baum an den Enden der Zweige
. sein Wachstum ___36___, sobald er den äußeren Blättern seiner Nachbarn zu nah kommt.
. Das ___37___, eine Verschattung zu verhindern. Andere glauben, bei dem luftigen Grenzstrei-
. fen könne es sich um eine Abwehrmaßnahme gegen fressende ___38___ handeln.
25
. Weitaus plausibler scheint ___39___ die Theorie, dass der gleichmäßige Abstand zwischen
. den einzelnen Baumkronen auf Berührungen bei Wind zurückzuführen ist. Demnach ___40___
. Bäume, um größere Schäden an ihren äußeren Zweigen zu vermeiden, ihr Wachstum einstel-
. len, ___41___ sie bei stärkerem Wind mit ihrem Nachbarn auf Tuchfühlung gehen.
30
. Um diese These zu ___42___, haben Forscher Untersuchungen durchgeführt und dabei vor
. allem das Verhalten von Rotbuchen, Hainbuchen, Linden und Eschen ___43___. Hierbei konnte
. beobachtet werden, dass die Arten sehr unterschiedliche Sympathien füreinander hegen ___44___
. auf Berührung reagieren: So halten Buchen und Eschen im Bereich der Krone einen respektvollen
35 Abstand ___45___, während sich Buchen und Linden ___46___ aneinanderschmiegen.

> **Tipp:** Lesen Sie den Text jeweils bis zur nächsten
> Lücke und überlegen Sie, ob Sie spontan die
> Lösung ergänzen können. Schauen Sie erst dann
> die Antwortoptionen an. Falls Sie die Lösung zu
> einer Aufgabe auch dann nicht wissen, gehen Sie
> zur nächsten Aufgabe bzw. Lücke weiter.

0	**⊠ a**	halten
	b	nehmen
	c	suchen
	d	zeigen

25
a herbei
b herein
c herüber
d herum

26
a gemeinsam
b insgesamt
c miteinander
d zusammen

27
a geraffelt
b gerafft
c raffgierig
d raffiniert

28
a aufgezeichnet
b formuliert
c notiert
d verfasst

29
a allerdings
b beispielsweise
c nämlich
d sozusagen

30
a welche
b welchem
c welcher
d welches

31
a bewirkt
b erzeugt
c gebildet
d hervorgerufen

32
a aber
b also
c eigentlich
d etwa

33
a Flußsystem
b Flussystem
c Flusssystem
d Flusssysthem

34
a anerkannt
b bezeichnet
c genannt
d gerufen

35
a als
b für
c in
d über

36
a anstellt
b ausstellt
c einstellt
d verstellt

37
a diene dazu
b diente dazu
c hätte dazu gedient
d würde dazu gedient haben

38
a Insecktenlarfen
b Insecktenlarven
c Insektenlarven
d Insektenlarwen

39
a dennoch
b immerhin
c jedoch
d schließlich

40
a dürften
b möchten
c sollten
d würden

41
a bevor
b ehe
c nachdem
d sobald

42
a bescheinigen
b beschreiben
c erhärten
d untermalen

43
a in Betracht gezogen
b unter Beobachtung gestellt
c unter die Lupe genommen
d unter Kontrolle gebracht

44
a beziehungsweise empfindlich unterschiedlich
b beziehungsweise unterschiedlich empfindlich
c empfindlich beziehungsweise unterschiedlich
d unterschiedlich beziehungsweise empfindlich

45
a mindestens eines Meters
b mindestens von einem Meter
c von im Mindesten einen Meter
d von mindestens einem Meter

46
a geradezu
b richtig
c total
d voll und ganz

Tipp: Markieren Sie bei der Bearbeitung der Aufgabe alle Aufgaben, die Sie schwierig finden. Machen Sie eine Liste mit schwierigen Wörtern, grammatikalischen Phänomen etc., die Sie täglich üben bzw. wiederholen.

Hörverstehen, Teil 1

Dauer: ca. 10 Minuten

🎧 1 Sie hören die Meinungen von acht Personen. Sie hören die Meinungen nur einmal. Entscheiden Sie beim Hören, welche Aussage (a–j) zu welcher Person passt. Zwei Aussagen passen nicht. Markieren Sie Ihre Lösungen für die Aufgaben 47–54 auf dem Antwortbogen.
Lesen Sie jetzt die Aussagen a–j. Sie haben dazu eine Minute Zeit.

> **Tipp:** Markieren Sie beim Lesen wichtige Wörter in jeder Aussage. Denken Sie auch daran: Zwei Aussagen passen zu keiner Sprecherin bzw. keinem Sprecher.

Müllvermeidung an der Universität

Sprecher/in

a   An Universitäten in anderen Ländern wird dem Thema eine ebenso große Bedeutung beigemessen wie in Deutschland. _____

b   Auch bei der Anschaffung von technischen Geräten und Büroausstattungen spielt Müllvermeidung heute eine Rolle. _____

c   Auch unpopuläre Maßnahmen sind notwendig und nachvollziehbar. _____

d   Als Mitarbeiterin habe ich früher erlebt, wie viel Müll in der Cafeteria und in der Mensa produziert wurde. _____

e   Die Bestimmungen verfehlen ihren Zweck, wenn sich Vorbilder nicht daran halten. _____

f   Einige Maßnahmen sind übertrieben. _____

g   Umfrageergebnisse belegen, dass viele die Verantwortung eher bei anderen sehen. _____

h   Wenn man technische Geräte einfach länger benutzt, vermeidet man auch Müll. _____

i   Professoren sind überwiegend umweltbewusst. _____

j   Müllvermeidung ist für Studierende aus anderen Ländern teilweise ungewohnt. _____

So sieht der Antwortbogen in der Prüfung aus. Tragen Sie hier ein, welcher Sprecher/welche Sprecherin was sagt.

47	a	b	c	d	e	f	g	h	i	j	47	**Sprecher/in 1**
48	a	b	c	d	e	f	g	h	i	j	48	**Sprecher/in 2**
49	a	b	c	d	e	f	g	h	i	j	49	**Sprecher/in 3**
50	a	b	c	d	e	f	g	h	i	j	50	**Sprecher/in 4**

> **Tipp:** Wichtig ist vor allen Dingen das Thema, das hier genannt wird. Alle Sprecherinnen bzw. Sprecher äußern ihre Meinung zu dem hier genannten Thema.

Dauer: ca. 10 Minuten

🎧 2   Sie hören eine Radiosendung. Sie hören die Sendung nur einmal. Entscheiden Sie beim Hören, welche Aussage (a, b oder c) am besten passt. Markieren Sie Ihre Lösungen für die Aufgaben 55–64 auf dem Antwortbogen.
Lesen Sie jetzt die Aufgaben 55–64. Sie haben dazu drei Minuten Zeit.

> **Hinweis:** Die Ovale bei den Antwortoptionen sollen Ihnen den Umgang mit dem Antwortbogen erleichtern. In den Modelltests 2 und 3 sowie in der Prüfung sind die Ovale nicht vorhanden. Üben Sie hier das Markieren der Ovale, denken Sie aber daran, die Lösungen dennoch auf den Antwortbogen zu übertragen.

55 Am Gymnasium „Petar Bogdan"
- **a** kann man Deutsch als erste Fremdsprache lernen.
- **b** kann man Deutsch auch als zweite Fremdsprache lernen.
- **c** muss man neben Deutsch auch Englisch als Fremdsprache lernen.

56 Frau Dimitrova
- **a** findet nicht, dass Deutsch eine schwierige Sprache ist.
- **b** hält Fremdsprachen generell für schwierig zu lernen.
- **c** hat schon gehört, dass auch Deutsche ihre Sprache schwierig finden.

57 Die Initiative PASCH
- **a** richtet sich an Schülerinnen und Schüler.
- **b** stellt Mittel für einen Aufenthalt in Deutschland zur Verfügung.
- **c** unterstützt Studierende, die nach Deutschland möchten.

58 Frau Dimitrova
- **a** berichtet, dass sie neben Sprachunterricht auch spezielle Kurse zur deutschen Kultur besucht hat.
- **b** betont, dass sie von PASCH auch in Deutschland profitiert hat.
- **c** erzählt, dass sie bis zu ihrem Schulabschluss von PASCH profitiert hat.

59 Als Alumna von PASCH
- **a** betreut Frau Dimitrova auch Schülerinnen und Schüler in anderen Familien.
- **b** schätzt Frau Dimitrova die enge Vernetzung mit anderen.
- **c** unterstützt Frau Dimitrova Schulen in Deutschland.

Tipp: Die Arbeitsanweisung wird zu Beginn dieser Aufgabe auch noch einmal von der CD abgespielt. Da sie aber immer gleich ist, können Sie auch schon damit beginnen, die Aufgaben 55–64 zu lesen. Sie sollten alle Aufgaben mindestens einmal gelesen haben, bevor das Interview beginnt.

Tipp: Falls Sie beim Lesen ein Wort nicht verstehen, gehen Sie zunächst weiter zu den anderen Aufgaben bzw. Antwortoptionen, sonst verlieren Sie wertvolle Zeit.

60 Der Kontakt zwischen Ehemaligen
- ⬭ **a** findet vor allem über soziale Netzwerke statt.
- ⬭ **b** wird auch regelmäßig bei Veranstaltungen ermöglicht.
- ⬭ **c** wird vornehmlich von PASCH-Mitarbeitern vermittelt.

61 Die meisten Ehemaligen des PASCH-Netzwerks
- ⬭ **a** besuchen eine Universität in Deutschland.
- ⬭ **b** haben ähnliche Erfahrungen bezüglich des Lebens in Deutschland gemacht.
- ⬭ **c** sind nach dem Studium wieder in ihr Heimatland zurückgegangen.

62 Frau Dimitrova
- ⬭ **a** hat die Initiative „Couchsurfing für PASCH-Alumni" ins Leben gerufen.
- ⬭ **b** kritisiert, dass man überwiegend Alumni von derselben Schule kennt.
- ⬭ **c** trifft sich oft mit Studierenden aus anderen Studiengängen.

63 Für ihre Abschlussarbeit hat Frau Dimitrova
- ⬭ **a** Ehemalige von ihren Erfahrungen erzählen lassen.
- ⬭ **b** Schülerinnen und Schüler befragt, was sie an Deutschland besonders interessiert.
- ⬭ **c** Videos über deutsche Universitäten gedreht.

64 Während der „Deutschland-Woche"
- ⬭ **a** haben Schülerinnen und Schüler ihre Kenntnisse über Deutschland präsentiert.
- ⬭ **b** konnten Schülerinnen und Schüler fünf Tage am Unterricht an einer deutschen Schule teilnehmen.
- ⬭ **c** wurden Schülerinnen und Schüler auch bei der Vorbereitung auf ihre Bewerbung unterstützt.

Tipp: Falls Sie in einer Antwortoption ein Wort nicht kennen und die Bedeutung auch aus dem Kontext gar nicht erschließen können, konzentrieren Sie sich auf die anderen beiden Antwortmöglichkeiten. Wenn Sie beim Hören beide sicher ausschließen können, ist die Lösung wahrscheinlich die Antwortoption, die das unbekannte Wort enthält.

Hörverstehen, Teil 3

Dauer: ca. 20 Minuten

🎧 3 Sie hören einen Vortrag. Sie hören den Vortrag nur einmal. Sie haben Handzettel mit den Folien der Präsentation erhalten. Schreiben Sie die fehlenden Informationen **stichwortartig** in die freien Zeilen 65–74 in der rechten Spalte. Die Lösung 0 ist ein Beispiel.
Lesen Sie jetzt die Stichworte.
Sie haben dazu eine Minute Zeit.

Präsentation	Ihre Lösungen

Präsentation

Ihre Lösungen

Vortrag

Wissenschaftsgeschichte
„Wo die

(0) ▓▓▓▓▓▓▓▓▓▓▓▓▓▓▓ "

Prof. Engel

0 *Geister der Wissenschaft hausen*

Forschungsstation
„East Base" in der Antarktis
1939: gebaut
1941: evakuiert
1947:

(65) ▓▓▓▓▓▓▓▓

(blieb nur ein Jahr dort)
heute für Touristen

(66) ▓▓▓▓▓▓▓▓▓▓▓

65 _____

66 _____

Forschungsstation
„Deception Island"
in der Antarktis
Insel ist eigentlich

(67) ▓▓▓▓▓▓▓▓▓▓

erste Hälfte des 20. Jh. wurden
Forschungsstationen gebaut
bis in die 60er-Jahre genutzt
heute eine Attraktion für:

(68) ▓▓▓▓▓▓▓▓▓▓

67 _____

68 _____

Tipp: Die Arbeitsanweisung wird auch während der Prüfung von der CD abgespielt und ist immer gleich. Sie können deshalb auch sofort damit beginnen, den Text auf den „Folien" zu lesen, um sich auf den Vortrag und die Notizen vorzubereiten.

Präsentation	Ihre Lösungen

„Insel der Wiedergeburt"
früher Testgelände für Waffen
früher mitten im Aralsee, heute
aber

(69)

Boden ist angeblich

(70)

69 _____

_____

_____

70 _____

_____

_____

ATLAS
(= Simulator der US-Luftwaffe)
gebaut: 1972 bis 1980
markant: 40 Meter hohes

(71)

getestet wurden Auswirkungen
von EMP auf Bordelektronik
seit den 1980ern nicht mehr in
Betrieb, Grund:

(72)

71 _____

_____

_____

72 _____

_____

_____

Schneckenturm der Maya
Schneckenturm ähnelt

(73)

Turm diente als Ausblick in den
Himmel
Himmelsbeobachtung auch zur
Bestimmung der Zeit
15. Jahrhundert: Maya verließen die
Stadt
19. Jahrhundert:

(74)

73 _____

_____

_____

74 _____

_____

_____

Sie haben jetzt fünf Minuten Zeit, Ihre Antworten zu den
Aufgaben 65–74 auf den Antwortbogen zu übertragen.

Tipp: Machen Sie sich möglichst
kurze Notizen, damit Sie dem Vortrag
gleichzeitig gut folgen können. Pro
Folie sollten ca. drei bis sechs Wörter
notiert werden, bei manchen Aufgaben müssen aber auch nur ein oder
zwei Wörter ergänzt werden.

Schriftlicher Ausdruck

Dauer: ca. 70 Minuten

Wählen Sie eines der folgenden zwei Themen. Schreiben Sie einen Text, in dem Sie Ihren eigenen Standpunkt dazu erarbeiten und argumentativ darlegen. Ihr Text soll etwa 350 Wörter umfassen. Sie haben 70 Minuten Zeit.

Thema 1

In einem Seminar zur Zukunft der Verkehrspolitik sollen Sie sich mit der Frage auseinandersetzen, ob es sinnvoll wäre, dass ältere Menschen ihren Führerschein abgeben. Greifen Sie die unten genannten Zitate auf, berücksichtigen Sie auch Ihre eigenen Erfahrungen und legen Sie Vor- und Nachteile verschiedener Positionen dar. Fassen Sie Ihre Ergebnisse zusammen.

> „Für ältere Verkehrsteilnehmer bedeutet der eigene Führerschein vor allem Unabhängigkeit, die man ihnen nicht nehmen darf."
>
> „Ältere Autofahrer sind einfach nicht mehr so fit. Zum Beispiel kann ihr nachlassendes Seh- und Hörvermögen andere Verkehrsteilnehmer gefährden."

oder

Thema 2

In einem pädagogischen Seminar sollen Sie sich mit der Frage befassen, ob zukünftig Online-Universitäten die Präsenzveranstaltungen ablösen werden. Greifen Sie die unten genannten Zitate auf, berücksichtigen Sie auch Ihre eigenen Erfahrungen und legen Sie Vor- und Nachteile verschiedener Positionen dar. Fassen Sie Ihre Ergebnisse zusammen.

> „In einer internationalen Lern- und Arbeitswelt wollen und müssen immer mehr Studierende ihren Abschluss ohne Präsenzveranstaltungen erwerben."
>
> „Nur in Präsenzveranstaltungen lassen sich wichtige Inhalte gut vermitteln und die Leistungen der Studierenden fair bewerten."

Tipp: Nehmen Sie sich bei diesem Modelltest ruhig etwas mehr Zeit, um sich für ein Thema zu entscheiden. Achten Sie lieber darauf, sich für das „richtige" Thema zu entscheiden, also für das Thema, zu dem Sie mehr und/oder überzeugendere Argumente notieren können, mit dem Sie selbst (mehr) Erfahrungen haben und zu dem Ihnen gute Beispiele einfallen.

Mündlicher Ausdruck, Teil 1

Teilnehmer/in A

Teil 1A Präsentation (3 Minuten)

Aufgabe

In einer Informationsveranstaltung für Studieninteressierte sollen Sie ein Kurzreferat (ca. 3 Minuten) halten. Wählen Sie eines der Themen aus. Sie können sich Notizen machen (Stichworte, keinen zusammenhängenden Text). Denken Sie auch an eine Einleitung (Beispiel, eigene Erfahrung, …) und an einen Schluss bzw. ein Fazit. Ihr Vortrag soll gut gegliedert sein und das Thema klar und detailliert darstellen. Im Anschluss werden Ihnen Fragen gestellt.

Tipp: Verwenden Sie das erste Aufgabenblatt (Teilnehmer/in A), um die Präsentation zunächst alleine zu üben. Zeichnen Sie Ihre Präsentationen z.B. mit dem Smartphone auf und üben Sie anschließend auch die Zusammenfassung und die Anschlussfragen. Üben Sie am besten mit beiden Themen.

Themen

- Beschreiben Sie ein Studienfach, das Sie gut kennen (Zugangsvoraussetzungen, Studienaufbau/-inhalte etc.). Für wen ist das Fach geeignet und welche Berufsaussichten gibt es?

- Beschreiben Sie für ein Land Ihrer Wahl, welche Möglichkeiten der Unterstützung (finanziell, Beratung, …) es für Studierende gibt.

Teil 1B Zusammenfassung und Anschlussfragen (2 Minuten)

Aufgabe

- Machen Sie sich Notizen, während Ihre Partnerin oder Ihr Partner ihre bzw. seine Präsentation vorträgt. Im Anschluss an die Präsentation sagen Sie dann zusammenfassend, was Ihre Partnerin oder Ihr Partner vorgetragen hat.

....

....

....

....

- Stellen Sie dann Ihrer Partnerin oder Ihrem Partner Anschlussfragen.

Tipp: Üben Sie die Zusammenfassung Ihrer eigenen Präsentation und achten Sie von Anfang an auf die Zeit: Länger als höchstens eine Minute sollten Sie nicht brauchen. Ist Ihre erste Zusammenfassung länger, überlegen Sie, wo Sie kürzen können, und wiederholen Sie dies, bis die Zusammenfassung maximal eine Minute (noch besser: maximal 40 Sekunden) lang ist. Überlegen Sie auch, welche Anschlussfragen Sie selbst zu beiden Themen stellen würden. Bereiten Sie sich vor, indem Sie selbst sowohl Fragen als auch Antworten formulieren.

Teilnehmer/in B

Teil 1A Präsentation (3 Minuten)

Aufgabe

In einem Seminar zu Medientheorie und -praxis sollen Sie ein Kurzreferat (ca. 3 Minuten) halten. Wählen Sie eines der Themen aus. Sie können sich Notizen machen (Stichworte, keinen zusammenhängenden Text). Denken Sie auch an eine Einleitung (Beispiel, eigene Erfahrung, …) und an einen Schluss bzw. ein Fazit. Ihr Vortrag soll gut gegliedert sein und das Thema klar und detailliert darstellen. Im Anschluss werden Ihnen Fragen gestellt.

> **Tipp:** Üben Sie nun am besten mit einem Partner und verwenden Sie die Aufgabenblätter für Teilnehmer/in B und C. Wählen Sie zunächst das Thema, das Sie lieber präsentieren möchten bzw. besser kennen. Um den Umgang mit „schwierigen" Themen zu üben, machen Sie anschließend am besten auch eine Präsentation für das andere Thema.

Themen

- Hat das Kino im Zeitalter von DVDs und Internet noch eine Zukunft? Welche Vorzüge bzw. Nachteile haben Kinobesuche gegenüber anderen Möglichkeiten, Filme zu sehen?

- Welche Bedeutung hatte und hat das Schreiben von Hand (z.B. mit Füller, Kugelschreiber, …)? Wird das Erlernen dieser Fertigkeit in Zukunft an Bedeutung verlieren oder sogar ganz unwichtig werden?

Teil 1B Zusammenfassung und Anschlussfragen (2 Minuten)

Aufgabe

- Machen Sie sich Notizen, während Ihre Partnerin oder Ihr Partner ihre bzw. seine Präsentation vorträgt. Im Anschluss an die Präsentation sagen Sie dann zusammenfassend, was Ihre Partnerin oder Ihr Partner vorgetragen hat.

....

....

....

....

- Stellen Sie dann Ihrer Partnerin oder Ihrem Partner Anschlussfragen.

> **Tipp:** Machen Sie sich auch Notizen zu möglichen Anschlussfragen, zum Beispiel, wenn Sie etwas nicht verstehen, zusätzliche Beispiele wissen möchten oder eine andere Meinung zum Thema haben.

Teilnehmer/in C

Teil 1A Präsentation (3 Minuten)

Aufgabe

In einem gesellschaftswissenschaftlichen Seminar sollen Sie ein Kurzreferat (ca. 3 Minuten) halten. Wählen Sie eines der Themen aus. Sie können sich Notizen machen (Stichworte, keinen zusammenhängenden Text). Denken Sie auch an eine Einleitung (Beispiel, eigene Erfahrung, …) und an einen Schluss bzw. ein Fazit. Ihr Vortrag soll gut gegliedert sein und das Thema klar und detailliert darstellen. Im Anschluss werden Ihnen Fragen gestellt.

> **Tipp:** Nutzen Sie die Vorbereitungszeit, um sich sowohl eine Struktur zu überlegen als auch inhaltliche Aspekte zu sammeln. Schreiben Sie sich nur Stichpunkte auf, keine ganzen Sätze, denn Sie sollen Ihre Präsentation in der Prüfung auf keinen Fall ablesen.

Themen

- Beschreiben Sie für ein Land Ihrer Wahl, welche Nachrichtenmedien es gibt und wie sie genutzt werden.

- Welche Bedeutung haben Bibliotheken im Zeitalter der neuen Medien? Sollten sie geschlossen und das Geld anderweitig investiert werden? Warum (nicht)?

Teil 1B Zusammenfassung und Anschlussfragen (2 Minuten)

Aufgabe

- Machen Sie sich Notizen, während Ihre Partnerin oder Ihr Partner ihre bzw. seine Präsentation vorträgt. Im Anschluss an die Präsentation sagen Sie dann zusammenfassend, was Ihre Partnerin oder Ihr Partner vorgetragen hat.

....
....
....
....

- Stellen Sie dann Ihrer Partnerin oder Ihrem Partner Anschlussfragen.

> **Tipp:** Machen Sie sich auch Notizen zu möglichen Anschlussfragen, indem Sie bspw. unklare Begriffe oder Passagen notieren und mit einem Fragezeichen markieren.

Mündlicher Ausdruck, Teil 2

Diskussion (6 Minuten)

Diskutieren Sie mit Ihrem/r Partner/in das folgende Thema:

Teilnehmer/in A

„In Deutschland ist die höchste Form der Anerkennung der Neid."

Arthur Schopenhauer, 1788–1860

Teilnehmer/in B

„Gedanken wollen oft – wie Kinder und Hunde –, dass man mit ihnen im Freien spazieren geht."

Christian Morgenstern, 1871–1914

Teilnehmer/in C

„Die Bildung kommt nicht vom Lesen, sondern vom Nachdenken über das Gelesene."

Carl Hilty, 1833–1909

Aufgabe

- Wie verstehen Sie diese Aussage?

- Sagen Sie, inwieweit Sie mit der Aussage übereinstimmen oder sie ablehnen.

- Geben Sie dazu Gründe und Beispiele an.

- Gehen Sie auch auf die Argumente Ihres Partners oder Ihrer Partnerin ein.

Tipp: Sie erhalten immer ein Zitat, das relativ kurz ist, aber sprachlich komplex sein kann. Lesen Sie das Zitat sofort, wenn Sie das Aufgabenblatt erhalten. Üben Sie diesen Prüfungsteil unbedingt mit einem Partner/einer Partnerin. Nehmen Sie sich zur Übung beim ersten Zitat ca. 30 Sekunden Zeit, um Notizen zu machen. Diskutieren Sie dann aber möglichst spontan.

Tipp: Die oben genannten Aufgaben sind immer gleich und Hilfestellungen für Sie. Sie müssen diese Aufgaben nicht „abarbeiten". Wichtig ist, dass Sie zum o. g. Zitat diskutieren. Merken Sie sich diese Hilfestellungen am besten vor der Prüfung, dann müssen Sie sie nicht mehr in der Prüfung lesen und haben stattdessen kurz Zeit, über das Zitat nachzudenken.

Lösungen und Kommentare

Leseverstehen, Teil 1
Antwortbogen

	a	b	c	d	e	f	g	h
1				X				
2		X						
3							X	
4					X			
5			X					
6								X

Die Antwortoptionen a und f konnten nicht zugeordnet werden.

In diesem Prüfungsteilen müssen Sie vor allem auf Verknüpfungen und Verweiswörter innerhalb des Textes achten, um die Lücken mit den richtigen Sätzen schließen zu können. Lesen Sie deshalb am besten nicht nur die Sätze vor einer Lücke, sondern auch den darauffolgenden Satz, um Zusammenhänge besser herstellen zu können.

Kommentare

1 d *Wissenschaftler untersuchten deshalb, wie ältere Menschen im Vergleich zu jüngeren Risiko-Entscheidungen treffen.*

→ Um den Satz zu finden, der in diese Lücke passt, achten Sie vor allem auf das Wort, das sich an die Lücke anschließt: „Dafür …" Es wird also auf etwas Bezug genommen, das im vorangegangenen Satz genannt wurde. Darüber hinaus wird in dem Satz, der sich an Lücke eins anschließt, ein Versuchsaufbau dargelegt. Es ist also wahrscheinlich, dass in dem fehlenden Satz von einem Versuch bzw. einer Studie die Rede ist. Dies ist in mehreren Antwortoptionen der Fall. In Option a geht es jedoch darum, dass ein bereits bekannter Versuchsaufbau geändert wird. Das ist in Lücke eins offenkundig nicht der Fall, denn wir kennen ja noch gar keinen Versuch bzw. Versuchsaufbau. In Option e geht es ebenfalls um eine veränderte Versuchsanordnung und die Schlussfolgerungen, die daraus gezogen werden. Auch das ist nicht passend für Lücke eins. In Option d wird ein Zweck bzw. Ziel einer Studie bzw. Untersuchung genannt. Außerdem gibt es in Option d ein Bezugswort: „deshalb". Dieses bezieht sich auf die Vermutung, die Lücke eins vorangestellt ist. Sowohl inhaltlich als auch im Hinblick auf Verweise bzw. Verknüpfungen ist daher Option d die passende Lösung für Lücke eins.

2 b *Bei jeder Option konnte mit gewisser Wahrscheinlichkeit Geld gewonnen oder verloren werden.*

→ In dem Satz, der Lücke zwei vorangeht, geht es um zwei Möglichkeiten, zwischen denen die Versuchsteilnehmer wählen sollten. Wahrscheinlich passt daher in Lücke zwei ein Satz, in dem diese zwei Möglichkeiten näher dargelegt werden. Das ist bei Antwort b der Fall. Zwar geht es auch in anderen Antwortoptionen um Gegensätze bzw. unterschiedliche Möglichkeiten, allerdings ist der Fokus immer auf etwas anderes gerichtet, als hier in Lücke zwei erforderlich ist: In Antwortoption g geht es beispielsweise um Ergebnisse aus einer Untersuchung, in Antwortoption c

werden bestimmte Ergebnisse näher erläutert, d. h., es wird Bezug auf zuvor genannte Ergebnisse genommen. Dies ist in Lücke zwei nicht der Fall, daher ist Antwort b die richtige Lösung.

3 g *Sie berichteten nämlich von mehr positiven und weniger negativen Emotionen als die Jüngeren.*

→ Auch bei dieser Lücke ist der Satz, der der Lücke vorangeht, wichtig: Hier wird ein Grund dafür genannt, warum sich ältere Versuchsteilnehmer auf eine bestimmte Art und Weise entschieden haben. Dies wird auch im Anschluss an die Lücke nochmals aufgegriffen und mit anderen Worten formuliert: „Wer gut gestimmt ist …", d.h. Ältere sind besser gelaunt. Der fehlende Satz muss hier also sowohl inhaltlich als auch sprachlich passen; es muss dementsprechend auch um die Stimmung bzw. „Gemütslage" von Älteren gehen. Ältere Versuchsteilnehmer werden in den Antwortoptionen d, e und f ausdrücklich erwähnt. Jedoch ist in keiner Antwortoption auch von deren Stimmung oder Laune die Rede. Achten Sie daher in den anderen Antwortoptionen darauf, ob das Alter der Versuchsteilnehmer implizit oder mit anderen Worten eine Rolle spielt. Das ist bei Antwortoption g der Fall. Explizit werden zwar nur die „Jüngeren" genannt, aber zu Beginn des Satzes wird mit „sie" Bezug auf eine andere Gruppe von Versuchsteilnehmern genommen, nämlich die Älteren. Daher ist Antwortoption g sowohl inhaltlich als auch sprachlich die passende Lösung.

4 e *Dies erklären die Wissenschaftler mit einem veränderten Studienaufbau.*

→ Bei dieser Lücke sind wieder die Sätze vor und nach der Lücke wichtig. Es wird sowohl das zentrale Ergebnis der aktuellen Studie benannt, als auch Bezug auf frühere Studien genommen. In dem Satz, der sich an die Lücke anschließt, wird außerdem der Versuchsaufbau detailliert dargelegt. Es fehlt also in der Lücke ein entsprechender Übergang. In Antwortoption e wird sowohl ein Studienaufbau, der sich geändert hat, genannt, als auch Bezug auf Ergebnisse genommen, und zwar mit dem Verweiswort „Dies" zu Beginn des Satzes. Bei Antwortoption a ist zwar auch von einer Veränderung des Versuchsaufbaus die Rede, jedoch ist hier der Anschluss („Anschließend") falsch. Daher ist Antwortoption e die passende Lösung.

5 c *Das heißt, sie wählten seltener die objektiv bessere Option.*

→ Hier wird im vorangehenden Satz Bezug auf Entscheidungen genommen, die die Versuchsteilnehmer getroffen haben. In Antwortoption b (die auch schon für eine andere Lücke verwendet wurde) werden zwar Entscheidungsmöglichkeiten genannt, allerdings wird hiermit der Versuchsaufbau illustriert. Das ist inhaltlich nicht passend für Lücke fünf. Auch in Antwortoption c werden unterschiedliche Antwortmöglichkeiten thematisiert. Der Satz beginnt mit „Das heißt", es wird also etwas zuvor Gesagtes näher erläutert. Das passt gut in Lücke fünf, denn zuvor wurde ein Ergebnis genannt, das nun mit diesem Satz näher erläutert wird. Im Anschluss an Lücke fünf wird eine Begründung für diese Ergebnisse genannt, auch hier stimmt der Anschluss. Daher ist Option c die richtige Lösung.

6 h *Zudem verdeutlichen die Resultate das Zusammenwirken von Emotion und Kognition bei der Entscheidung für oder gegen ein Risiko.*

→ Achten Sie hier auf die Wörter in dem vorangehenden Satz, mit denen ein Text strukturiert wird: „erstens" – es muss also nun noch eine zweite Option genannt werden, denn diese zweite Option wird weder vor noch nach der Lücke erläutert. Dementsprechend müssen Sie in dem fehlenden Satz ein passendes Wort finden, das eine weitere Option ausdrückt. Dies ist bei Option h der Fall: „Zudem". auch inhaltlich passt dieser Satz, denn es werden weitere Schlussfolgerungen aus den Ergebnissen erläutert. Daher ist Option h die richtige Lösung.

Leseverstehen, Teil 2
Antwortbogen

	a	b	c	d	e
7	X				
8			X		
9		X			
10					X
11	X				
12				X	

In diesem Prüfungsteil müssen Sie auf die inhaltlichen bzw. begrifflichen Entsprechungen zwischen den Aufgaben und dem Lesetext achten. Sie haben in den Aufgaben zentrale Begriffe markiert und suchen nun den Absatz, der einer Aufgabe zugeordnet werden kann.

Kommentare

7 a *… stellt der Autor Vermutungen darüber an, dass Pflanzen eine eigene Intelligenz entwickeln könnten?*

→ In dieser Aufgabe ist „Vermutungen" ein zentraler Begriff im Hinblick darauf, was der Autor macht und welche sprachlichen Mittel er dafür verwenden könnte. Inhaltlich geht es darum, dass Pflanzen „eine eigene Intelligenz entwickeln". Sie finden in Absatz a eine entsprechende Formulierung, hier sogar mit denselben Worten: „Werden sie also in Zukunft Intelligenz entwickeln …" Das Thema passt also zur Aufgabe. Auch stellt der Autor Vermutungen an, denn er formuliert dies als Frage, ein typisches Mittel, um eine Vermutung anzustellen. Daher ist Absatz a die passende Lösung.

8 c *… schildert der Autor, dass sich eine bisherige Annahme über fleischfressende Pflanzen als falsch erwies?*

→ Hier geht es darum, dass der Autor eine bisherige Annahme als falsch darlegt, und Sie müssen dementsprechend auf Wörter achten, die einen Widerspruch oder einen Gegensatz ausdrücken. Inhaltlich müssen Sie außerdem darauf achten, dass von früheren oder bisherigen Annahmen die Rede ist, die nun als falsch dargelegt werden. Dies ist in Absatz c der Fall. Hier lesen Sie: „Bislang war man jedoch davon ausgegangen …" Damit wird eine bisherige Vermutung bzw. Annahme eingeführt. Im folgenden Satz wird ihr dann widersprochen bzw. es wird dargelegt, dass diese Annahme falsch gewesen ist: „… zeigte sich jedoch …" Daher ist Absatz c die richtige Lösung.

9 b *… weist der Autor darauf hin, dass ein Insekt durch ein bestimmtes Verhalten der Pflanze entkommen könnte?*

→ Der zentrale Begriff in dieser Aussage ist „Insekt". Hier müssen Sie im Text auf die Bezeichnungen für verschiedene Insektenarten achten, da das Wort „Insekt" ggf. nicht auftaucht. Weiterhin geht es um „ein bestimmtes Verhalten" dieser Insekten und dass sie „entkommen", also fliehen, können. In Absatz b finden Sie die Lösung bzw. die semantische Entsprechung: „stillhalten" ist eine bestimmte Verhaltensweise (im Gegensatz zum „Zappeln", das kurz darauf genannt wird). Bei dieser Verhaltensweise würde sich die Falle wieder öffnen und die Fliege (= Insekt) könnte entkommen. Daher ist Absatz b die richtige Lösung.

10 e *… wird beschrieben, wie die Pflanze mit schädlichen Stoffen aus den Beutetieren umgeht?*

→ Hier ist „schädliche Stoffe" ein zentraler Begriff, dessen Entsprechung Sie im Text suchen müssen. Wichtig ist zudem, dass der Begriff im Zusammenhang mit „Beutetieren", also den Tieren, die die Pflanzen fangen, verwendet wird. Von schädlichen Stoffen ist im Text nur ganz am Ende die Rede, wenn auch nicht wörtlich, sondern in semantischer Entsprechung: „Giftstoffe". In demselben Satz werden die Giftstoffe zudem auf die Beutetiere bezogen, sodass beide Bereiche aus der Aussage abgedeckt sind. Daher ist Absatz e die richtige Lösung.

11 a *… wird ein Vergleich der Rechenfähigkeit unterschiedlicher Spezies angestellt?*

→ Wichtig ist in der Aussage neben der „Rechenfähigkeit" der Begriff der „unterschiedlichen Spezies", also unterschiedlicher Arten. Damit können verschiedene Tiere, aber auch Pflanzen oder Menschen gemeint sein. Wichtig ist, dass Sie sich diese semantische Entsprechung bewusstmachen und dann nach passenden Textstellen suchen. Der Begriff „Rechenfähigkeit" taucht in Absatz a auf – und hier werden auch unterschiedliche „Spezies" verglichen, nämlich Pflanzen und Kindergartenkinder. Daher ist Absatz a die richtige Lösung.

12 d *… ziehen Forscher aus den Experimenten Schlüsse auf bestimmte Eigenschaften der fleischfressenden Pflanzen?*

→ Wichtig ist hier, dass Schlussfolgerungen gezogen werden, das heißt, im Text geht es um Ergebnisse aus einer Untersuchung, Studie o. Ä.; hieraus werden „Schlüsse" gezogen. Die Ergebnisse des Versuchs werden zu Beginn von Absatz d dargelegt – im Anschluss daran „leitet der Forscher" etwas ab, er zieht also Schlussfolgerungen. Daher ist Absatz d die richtige Lösung.

Leseverstehen, Teil 3
Antwortbogen

	+	–	x
13	X		
14	X		
15			X
16	X		
17		X	
18	X		

	+	–	x
19			X
20	X		
21			X
22	X		
23		X	

	a	b	c
24			X

Modelltest 1

In diesem Prüfungsteil müssen Sie den Text genau lesen, um die Aufgaben 13 bis 23 zu lösen; jedes Detail kann wichtig sein, vor allem für die Frage, ob zu einer Aussage evtl. gar nichts im Text steht (was ja eine der Antwortoptionen ist). Um Aufgabe 24 zu lösen, müssen Sie aber zugleich auch den Text als Ganzes im Blick behalten, denn hier müssen Sie eine passende Überschrift auswählen (die natürlich für den Text insgesamt passend sein muss und nicht nur für Teilaspekte bzw. Ausschnitte).

Kommentare

13 richtig *In den 1980er-Jahren konnte erstmals ein Zusammenhang zwischen bestimmten Schadstoffen und Waldschäden hergestellt werden.*

→ Um diese Aufgabe zu lösen, müssen Sie zum einen auf die richtige Zeitangabe achten („1980er-Jahre"), zum anderen aber auch darauf, zwischen welchen Dingen ein Zusammenhang hergestellt wurde. „Schadstoffe" muss nicht unbedingt als Wort im Lesetext auftauchen, wichtig ist die inhaltliche Entsprechung. Denken Sie deshalb beim Lösen auch an mögliche Abwandlungen, Synonyme oder Umschreibungen. Im Text finden Sie schnell die Stelle, an der auf die 1980er-Jahre Bezug genommen wird. Dort ist von „Luftschadstoffen" die Rede, und der Zusammenhang wird schließlich über die Formulierung hergestellt, dass die Bäume „darunter (= unter den Schadstoffen) litten". Diese Aussage ist also richtig.

14 richtig *Es gibt verschiedene Wege, auf denen Schwefeldioxid Bäume schädigen kann.*

→ Denken Sie beim Lesen dieser Aufgabe bereits daran, was mit „verschiedenen Wegen" gemeint sein kann. Da es um die Aufnahme von Schadstoffen bei Bäumen geht, könnten z. B. Luft oder Erde gemeint sein. Im Text werden im Zusammenhang mit Schwefeloxiden verschiedene Wege konkret aufgezählt: „direkt über seine Blätter oder Nadeln", „‚saurer Regen'" und über „den Boden". Daher ist diese Aussage richtig.

15 – *Umweltschutzorganisationen etablierten den Begriff „saurer Regen".*

→ Der Begriff „saurer Regen" wird an mehreren Stellen aufgegriffen, wichtig ist für diese Aufgabe, wer den Begriff geprägt bzw. eingeführt hat. Hierzu findet man im Text keine Informationen, daher ist „nicht im Text" richtig.

16 richtig *Wissenschaftler vermieden es, von Waldsterben zu sprechen.*

→ Der Kern der Aussage ist, dass Wissenschaftler den Begriff „Waldsterben" nicht verwendet haben. Im Text heißt es zu der Verwendung von Begrifflichkeiten: „Wissenschaftler sprachen … von ‚neuartigen Waldschäden'." Daher ist diese Aussage richtig.

17 falsch *Die Waldfläche in Deutschland hat sich seit den 1980ern um über 30 Prozent reduziert.*

→ Hier geht es um konkrete Zahlen. Wichtig ist, welcher Zeitraum gemeint ist und was in diesem Zeitraum konkret passiert sein soll. Sie finden aufgrund der Jahresangabe schnell die Textstelle, an der es um die mutmaßliche Verkleinerung der Waldfläche geht: „Die Zahlen sprechen eine deutliche Sprache: Etwa ein Drittel Deutschlands ist bewaldet, und von einem großflächigen Absterben seit den

1980er-Jahren kann keine Rede sein." Hier tauchen zwar ähnliche Zahlen auf wie in der Aufgabe (neben der Jahreszahl auch „etwa ein Drittel", was auch „über 30 %" sein könnte), aber der Zusammenhang ist ein anderer als in der Aufgabe: Ein Drittel bezieht sich auf die Fläche Deutschlands und nicht darauf, wie viel größer oder kleiner die Waldfläche geworden ist. Zu der konkreten Verringerung der Waldfläche wird hingegen gesagt, dass „davon keine Rede sein kann", dass dies also nicht stimmt. Daher ist die Aussage falsch.

18 richtig *Die Debatte um ein mögliches Waldsterben hat Maßnahmen zur Reduzierung von Schadstoffemissionen nach sich gezogen.*

→ Denken Sie bei dieser Aussage an Synonyme oder Umschreibungen für den Kern der Aussage: Wie könnte man „Maßnahmen zur Reduzierung von Schadstoffemissionen" anders umschreiben oder benennen? Im Text lesen Sie u. a., dass die „Diskussion um und die Furcht vor dem Waldsterben … zu Fortschritten bei der Luftreinhaltung geführt" hat – anschließend werden konkrete „Verordnungen" und Maßnahmen zur Luftreinhaltung genannt. Die Aussage ist also richtig.

19 – *Neben Schadstoffen und Schädlingsbefall führen auch Schäden durch Wildtiere dazu, dass die Bäume krank werden.*

→ Bei dieser Aussage steht im Mittelpunkt, dass Bäume auch durch Wildtiere geschädigt werden können. Daneben werden weitere Ursachen für Schäden genannt, nämlich Schadstoffe und Schädlingsbefall. Von Schadstoffen war im Text ja schon mehrfach die Rede, nun findet sich zudem ein Hinweis auf andere Ursachen, u. a. Schädlinge: „Wenn Bäume Blätter oder Nadeln verlieren, kann das alle möglichen Ursachen haben – von Schädlingsbefall bis hin zu extremer Hitze und Trockenheit." Zwar werden hier konkret Schädlinge genannt (wie in der Aufgabe auch), und es wird auch darauf verwiesen, dass es viele Ursachen für Schäden an Bäumen geben kann, jedoch wird zu Schäden durch Wildtiere nichts gesagt (weder werden sie als Ursache genannt noch ausgeschlossen). Daher ist „nicht im Text" richtig.

20 richtig *Ob saurer Regen tatsächlich zu Waldschäden führt, hängt auch von der Beschaffenheit des Waldbodens ab.*

→ Denken Sie wieder an Synonyme oder Umschreibungen, um den Kern dieser Aussage zu verstehen: Hier geht es darum, dass der Waldboden unterschiedlich „aufgebaut" bzw. zusammengesetzt sein kann (= Beschaffenheit des Bodens). Im Text wird ausführlich auf Böden Bezug genommen, und es wird dargelegt, dass manche Böden den sauren Regen „besser verkraften als andere" – dass also von der Beschaffenheit des Bodens abhängt, ob der saure Regen zu Schäden führt. Also ist die Aussage richtig.

21 – *Um die Entwicklung von Waldschäden zu erfassen, werden jedes Jahr im Rahmen der Datenerfassung weitere Bäume gekennzeichnet.*

→ Achten Sie hier auf die Details und formulieren Sie die Aussage evtl. in eigenen Worten, um den Kern zu verstehen: Es geht darum, dass Waldschäden dokumentiert werden. Für diese Dokumentation werden jedes Jahr weitere Bäume gekennzeichnet/markiert. Im Text wird ausführlich beschrieben, wie die Erfassung von Waldschäden abläuft; eingeleitet wird dies durch den Satz: „Die Waldschäden werden jedes Jahr für ganz Deutschland systematisch und nach einheitlichen Kriterien erfasst." Hinsichtlich einer Kennzeichnung/Markierung von Bäumen heißt es: „… um den Zustand von dauerhaft markierten Bäumen zu erfassen." Das heißt, die Bäume sind bereits markiert worden – ob aber auch neue Bäume markiert werden, erfährt man jedoch nicht. Daher ist „nicht im Text" richtig.

22 richtig *Die jährliche Erfassung von Waldschäden konzentriert sich nicht nur auf Schäden, die durch Schadstoffe verursacht werden.*

→ Denken Sie daran, was mit „nicht nur" gemeint ist – damit diese Aussage richtig ist, müssen neben Schäden durch Schadstoffe auch weitere Ursachen erfasst werden. Sie haben bereits einige mögliche Ursachen im Text kennengelernt, tauchen diese nun auch wieder im Zusammenhang mit der Erfassung von Waldschäden auf? Im Text heißt es: „Zusätzlich werden auch Verfärbungen und leicht erkennbare ‚Schadensursachen' wie Insektenfraß oder Pilzbefall registriert." Die Aussage ist also richtig.

23 falsch *Aktuelle Zahlen zeigen, dass bei einigen Laubbaumarten etwa die Hälfte des Bestands keinerlei Schäden aufweist.*

→ Diese Aufgabe bezieht sich auf konkrete Zahlen („die Hälfte"). Denken Sie an Synonyme oder Umschreibungen dafür (z.B. 50 %) und achten Sie auch auf den Bezug: Es geht darum, dass die Hälfte der Laubbäume keine Schäden aufweist, also gesund ist. Im Text finden Sie: „Und die verheißen vor allem für Laubbäume nichts Gutes." Ab hier geht es also um Laubbäume. Dann heißt es: „Die Fläche mit völlig gesunden Exemplaren ist im gleichen Zeitraum von 50 auf 22 Prozent zurückgegangen." Das heißt, es war zwar einmal die Hälfte der Laubbäume gesund, das ist jetzt jedoch nicht mehr der Fall; aktuell sind es nur 22 %. Daher ist die Aussage falsch.

24 c *Was wurde aus dem Waldsterben?*

→ In dieser Aufgabe müssen Sie von drei möglichen Überschriften diejenige wählen, die am besten zum Text passt. Option a legt den Fokus auf aktuelle Forschungsergebnisse – diese werden zwar am Ende des Textes auch genannt, aber weite Teile des Textes befassen sich mit anderen Aspekten, daher passt Option a nicht. Option b hingegen bezieht sich auf die 1980er-Jahre – auf diese wird zwar im Text ausführlich Bezug genommen, aber ähnlich wie bei Option a wird damit nicht der ganze Text abgedeckt. Nach dem Ausschlussverfahren müsste also Option c richtig sein, überprüfen Sie dies aber trotzdem: Option c ist „offen", hier wird nicht ausschließlich auf Vergangenheit oder Gegenwart Bezug genommen, sondern beides abgedeckt: Die Frage „Was wurde aus dem Waldsterben?" zeigt, dass die Entwicklung des sogenannten Waldsterbens dargelegt wird – was im Text der Fall ist. Also ist Option c richtig.

Sprachbausteine
Antwortbogen

	a	b	c	d			a	b	c	d
25				X		36			X	
26			X			37	X			
27				X		38			X	
28				X		39			X	
29			X			40				X
30				X		41				X
31			X			42			X	
32		X				43			X	
33			X			44		X		
34		X				45				X
35		X				46	X			

Kommentare

25 d *herum*
→ Hier ist das umgangssprachliche Verb „herumstehen" bzw. dessen Vorsilbe gesucht. Die anderen Vorsilben ergeben zusammen mit „stehen" kein sinnvolles Verb.

26 c *miteinander*
→ Hier müssen Sie überlegen, was inhaltlich gemeint ist: Ein Baum kommuniziert mit einem anderen, sendet also gewisse Signale/Informationen aus und „empfängt" diese umgekehrt von einem anderen Baum. Nur „miteinander" ergibt daher in diesem Kontext Sinn (alle anderen Antwortoptionen wären zwar sprachlich und grammatikalisch möglich, würden aber keine sinnvolle Aussage ergeben).

27 d *raffiniert*
→ Auch hier müssen Sie Ihre Wortschatzkenntnisse unter Beweis stellen und die einzige Antwortoption finden, die im Kontext sinnvoll ist. Gesucht wird ein Wort, das den Ausdruck „zur Wehr setzt" näher bestimmt, also ein Adjektiv oder adjektivisch verwendetes Wort. Optionen a und b sind Partizipien der Verben „raffeln" (= auf eine bestimmte Art schneiden/zerkleinern) bzw. „raffen" (= zusammenziehen). Option c („raffgierig") ist ein Adjektiv; es bedeutet „gierig", was in diesem Kontext keinen Sinn ergibt. Antwort d („raffiniert") bedeutet „geschickt" und passt hier gut („sich geschickt zur Wehr setzen").

28 d *verfasst*
→ Hier sind sowohl Wortschatzkenntnisse als auch das korrekte Register gefragt: Da es um einen Bestseller geht, also ein Buch, sind Optionen b und c nicht angemessen, „aufgezeichnet" ist nicht angemessen, da es sich nicht um eine Mitschrift oder Ähnliches handelt. Folglich ist Option d die richtige Lösung.

29 c *nämlich*
→ Der Beginn des Satzes wird in dem Einschub näher erläutert, daher ist das Verweis Wort „nämlich" richtig. Mit Option a („allerdings") würde man einen Gegensatz bzw. Einwand einleiten, mit Option b („beispielsweise") ein Beispiel und mit Option d („sozusagen") eine Erläuterung bzw. andere Formulierung für das zuvor Gesagte.

30 d *welches*

→ Hier sind Ihre Grammatikkenntnisse gefragt: Worauf bezieht sich der Relativsatz? Es wird Bezug genommen auf „Merkmal" (das), daher ist Lösung d richtig.

31 c *gebildet*

→ Grammatikalisch sind alle Lösungen richtig, Sie müssen also den Wortschatz genau kennen, um hier die richtige Lösung zu finden („gebildet sein aus").

32 b *also*

→ Dieser Satzteil ist eine nähere Erläuterung des zuvor genannten „ins Gehege kommen", daher ist „also" zur Einleitung der näheren Erläuterung richtig (mit den anderen Wörtern würde man das zuvor Gesagte einschränken, relativieren oder widersprechen).

33 c *Flusssystem*

→ Hier sind Ihre Rechtschreibkenntnisse gefordert: Nur Option c ist korrekt geschrieben (wiederholen Sie ggf. die allgemeinen Regeln der Rechtschreibung, vor allem von s-Lauten und bei Zusammensetzungen; hier doppeltes „s" nach kurzem Konsonant bei „Fluss", das dritte „s" ist der Anfangsbuchstabe von „System").

34 b *bezeichnet*

→ Neben Ihren Wortschatzkenntnissen gibt auch die Struktur einen Hinweis auf die Lösung, denn zu „als" passt von den Antwortoptionen nur b („bezeichnet").

35 b *für*

→ Sie müssen die feststehende Nomen-Präposition-Verbindung „Grund für" kennen, um diese Aufgabe zu lösen.

36 c *einstellt*

→ Etwas „einstellen" ist ein Synonym für „beenden" und wird vor allem im fachsprachlichen Kontext (Biologie, Medizin) in Verbindungen wie hier (das Wachstum einstellen) verwendet.

37 a *diene dazu*

→ Achten Sie darauf, wer etwas sagt bzw. gesagt hat. Es handelt sich nicht um direkte Rede, jedoch wird die Aussage von anderen aufgegriffen. Da die Meinung der Forscher indirekt zitiert wird, ist hier Antwort a (Konjunktiv I) richtig.

38 c *Insektenlarven*

→ Eine Rechtschreibaufgabe: Der erste Teil der Zusammensetzung („Insekt") ist eine Bezeichnung für eine Klasse von Tieren; das Wort ist ein aus dem Lateinischen entlehnter Eigenname, sodass Sie die richtige Schreibweise („k" und nicht „ck") lernen müssen. Bei der richtigen Schreibweise des zweiten Teils („Larve") können Sie Ihre Phonetikkenntnisse hinzuziehen, um die Schreibweise mit „w" auszuschließen.

39 c *jedoch*

→ Achten Sie auf den Zusammenhang: Es wird Bezug genommen auf die vorher genannte Vermutung, und hier wird nun eine andere, wahrscheinlichere Erklärung präsentiert, sodass ein Gegensatz formuliert wird.

40 d *würden*

→ Die Theorie wird als Hypothese (irreal, Vermutung) formuliert, daher ist der Konjunktiv II hier richtig, allerdings ohne Modalverb.

41 d *sobald*

→ Hier geht es darum, den Inhalt bzw. zeitlichen Ablauf richtig zu erfassen: Was ist sinnvoll? Dass die Bäume ihr Wachstum beenden, noch bevor sie andere Bäume berühren, ergibt keinen Sinn; „nachdem" ist grammatikalisch nicht möglich, da ein anderes Tempus benötigt würde; die Gleichzeitigkeit („sobald") ist inhaltlich und grammatikalisch passend.

42 c *erhärten*

→ Sie müssen das Wortfeld zum Begriff „These" beherrschen – aus den Antwortoptionen wird nur Möglichkeit c im Zusammenhang mit „These" verwendet.

43 c *unter die Lupe genommen*

→ Hier sind Ihre Kenntnisse in festen Redewendungen gefragt. Option c ist von der Bedeutung her die einzig sinnvolle in diesem Kontext („unter die Lupe nehmen" = etwas genau betrachten/untersuchen).

44 b *beziehungsweise unterschiedlich empfindlich*

→ Zur Lösung dieser Aufgabe ist wichtig, dass Sie sich genau anschauen, was inhaltlich ausgedrückt werden soll: Der Satz beginnt damit, dass Pflanzen unterschiedlich „reagieren", die fehlenden Begriffe müssen korrekt an das folgende „auf Berührung reagieren" anschließen. Option d drückt inhaltlich etwas anderes aus als hier gefordert und ist daher nicht richtig, ebenso Option c. Option a ergibt keinen Sinn, denn „empfindlich" kann das folgende „unterschiedlich" nicht modifizieren – umgekehrt ist es aber möglich („unterschiedlich empfindlich") und drückt auch inhaltlich das aus, was hier gefordert ist. Daher ist Option b richtig.

45 d *von mindestens einem Meter*

→ Die feste Wendung ist „Abstand von", sodass Optionen a und b ausgeschlossen werden können. Der Ausdruck „im Mindesten" ergibt hier (mit Bezug auf eine Maßangabe) keinen Sinn, sodass Option d richtig ist.

46 a *geradezu*

→ Hier sind Ihre Kenntnisse im Hinblick darauf gefragt, welche Wörter in dieser Textsorte und in dieser Situation angemessen sind (= Register) – denn grammatikalisch passen alle Optionen. Dabei sind auch Bedeutungsnuancen wichtig: Meinen alle Begriffe wirklich genau dasselbe? Die Begriffe können zwar alle dasselbe meinen, jedoch ist bei „geradezu" auch die Bedeutung „fast" möglich – was dann etwas anderes ist als „richtig", „total", „voll und ganz". Darüber hinaus sind die Optionen b, c und d in (populär)wissenschaftlichen Texten nicht angemessen, sie sind alltags- oder sogar umgangssprachlich. Daher ist Option a richtig.

Hörverstehen, Teil 1
Antwortbogen

	a	b	c	d	e	f	g	h	i	j
47 (Sprecher 1)			X							
48 (Sprecher 2)					X					
49 (Sprecher 3)							X			
50 (Sprecher 4)			X							
51 (Sprecher 5)										X
52 (Sprecher 6)				X						

	a	b	c	d	e	f	g	h	i	j
53 (Sprecher 7)								X		
54 (Sprecher 8)	X									

Sie haben in den Aufgaben Schlüsselwörter markiert. Manche der Schlüsselwörter werden Sie auch in den Aussagen der acht Personen hören. Dann ist es wichtig, darauf zu achten, ob sie in demselben Zusammenhang und in derselben Bedeutung wie in der Aufgabe verwendet werden. Vor allem geht es aber darum, die zentralen Inhalte der Aussagen mit den Aufgaben in Verbindung zu bringen. Wo hören Sie Synonyme, inhaltliche Entsprechungen zu den Wörtern in den Aufgaben?

Kommentare

47 c *Auch unpopuläre Maßnahmen sind notwendig und nachvollziehbar.*
Sie hören:
„Ja, also ich finde, dass es in der heutigen Zeit sehr wichtig ist, umweltbewusst zu leben. Und dazu gehört natürlich auch, so wenig Müll wie möglich zu produzieren. Einige Studierende finden die Bemühungen der Universität zwar übertrieben, beispielsweise wenn es um Pfand auf Kaffeebecher oder Gläser in der Cafeteria geht, aber ehrlich gesagt, kann ich den Gedanken dahinter verstehen. Es entspricht einfach auch meiner Erfahrung, dass solche Regeln dazu beitragen, Müll zu vermeiden. Für viele wäre es vielleicht bequemer, den Kaffee in einem Pappbecher mitzunehmen und den dann später wegzuwerfen, anstatt irgendwann die Tasse wieder zurückbringen zu müssen, aber das finde ich doch ein eher egoistisches Denken."
→ Das Wort „übertrieben", was zu hören ist, finden Sie auch in Aussage f wieder. Achten Sie aber darauf: In Aussage f geht es nur darum, dass Umweltschutzmaßnahmen für übertrieben gehalten werden, das ist also der zentrale Punkt. Dies ist bei dieser Sprecherin aber nicht der Fall, denn sie differenziert ihre Argumente. Die Sprecherin äußert zwar, dass einige Studierende Umweltschutzmaßnahmen übertrieben finden bzw. dass diese unbequem sind, auf der anderen Seite äußert sie aber auch Verständnis für diese Maßnahmen und findet sie letztlich richtig.
In Aussage c lesen Sie „unpopuläre Maßnahmen", inhaltlich geht es also um Maßnahmen, die nicht beliebt sind, evtl. auch auf Unverständnis stoßen. Das entspricht inhaltlich dem, was die Sprecherin sagt. Im zweiten Teil von Aussage c lesen Sie zudem, dass die Maßnahmen notwendig seien. Auch dieser Teil der Aufgabe entspricht inhaltlich dem, was die Sprecherin äußert. Daher ist c die richtige Lösung.

48 f *Einige Maßnahmen sind übertrieben.*
Sie hören:
„Müllvermeidung, ja … Was soll ich davon halten? Klar, wir können unsere Erde nicht einfach zumüllen, und das gilt natürlich auch hier für die Uni. Wir können ja nicht so tun, als wären wir kein Teil dieses Planeten. Aber ich muss sagen, in der Praxis ist das doch relativ mühsam. Überall wird man neuerdings angehalten, eigenes Besteck und Geschirr mitzubringen; das kann ich doch nicht ständig mit mir herumschleppen. Demnächst kommt es vielleicht noch so weit, dass es in der Mensa nicht einmal mehr Servietten gibt und ich mir die von zu Hause mitbringen soll. Oder noch schlimmer, dass Papierservietten generell verboten werden und ich mir von zu Hause ein Handtuch mitbringen muss. Also, Umweltbewusstsein in allen Ehren, aber ich finde, es sollte den Alltag nicht beeinträchtigen."
→ Die Sprecherin äußert sich ausführlich über die Mühen, die mit Umweltschutzmaßnahmen verbunden sind. Dabei verwendet sie auch Ironie („Demnächst kommt es …") und hier konkret als Stilmittel ironische Übertreibung. Damit wird sowohl auf der expliziten Ebene (durch die zahlreichen Beispiele, die sie gibt) als auch implizit (durch die Ironie) deutlich, dass sie die Maßnahmen für übertrieben hält. Daher ist Lösung f richtig.

49 g *Umfrageergebnisse belegen, dass viele die Verantwortung eher bei anderen sehen.*
Sie hören:
„Wir haben das Thema in unserem Seminar neulich mal von einer ganz anderen Seite beleuchtet: Und zwar haben wir einen Fragebogen entworfen, den wir dann an Studierende verteilt haben. Darin haben wir unterschiedliche Aussagen aufgeführt, allesamt zum Umweltschutz und zur Müllvermeidung. Die Studierenden konnten den Aussagen zustimmen oder sie ablehnen, auf einer Skala abgestuft. Das Ergebnis war wirklich interessant: Viele sind zwar für Umweltschutz, wollen dann selbst aber konkret nicht allzu viel dazu beitragen. Wichtiger ist ihnen dann doch, im Alltag möglichst bequem hier an der Uni durchzukommen. Das ist natürlich mal wieder typisch: Sobald es unangenehm wird, sollen vor allen Dingen die anderen etwas machen, nicht man selbst. Ich bin gespannt, wie die Reaktionen ausfallen, wenn wir diese Ergebnisse veröffentlichen werden."
→ Die Sprecherin nennt einen „Fragebogen", den u. a. sie in einem Seminar entworfen und dann an Studierende verteilt hat. Das deutet darauf hin, dass sie über eine Umfrage und deren Ergebnisse berichtet. Das entspricht dem Begriff „Umfrageergebnisse" in Aussage g. Gleichzeitig müssen Sie darauf achten, ob auch die weiteren Inhalte aus Aussage g im Hörtext zu finden sind. Die zentralen Stellen, an denen die Umfrageergebnisse zusammengefasst werden, sind oben markiert. Achten Sie hier auf den Gegensatz: Viele befürworten Umweltschutzmaßnahmen, wollen aber selbst nichts beitragen (d. h. im Umkehrschluss, dass andere etwas machen, also die Verantwortung übernehmen sollen). Dies wird auch konkret im vorletzten Satz noch einmal so geäußert. Damit ist Lösung g richtig.

50 d *Als Mitarbeiterin habe ich früher erlebt, wie viel Müll in der Cafeteria und in der Mensa produziert wurde.*
Sie hören:
„Natürlich ist es wichtig, dass man sich so verhält, dass man in seinem Alltag möglichst wenig Müll verursacht. Das gilt natürlich auch und ganz besonders für die Uni. Wenn ich daran denke, was früher so alles an Müll angefallen ist: nicht nur das ganze Einweggeschirr, vor allem die Pappbecher in der Cafeteria, sondern auch der Müll, den die Studierenden auf dem Campus zurückgelassen haben, Verpackungen, teilweise sogar Tüten, die sie nicht mehr gebraucht haben – da kam einiges zusammen. Ich lehre jetzt seit über 25 Jahren an dieser Universität, und ich finde es wirklich gut, dass dieses Thema nicht nur theoretisch diskutiert, sondern auch ganz praktisch umgesetzt wird.

Modelltest 1

Man kann doch nicht immer so tun, als wären nur die anderen schuld."

→ Die Sprecherin berichtet von ihren Erfahrungen und insbesondere über die Vergangenheit: „Wenn ich daran denke, …" Sie zählt einige Beispiele auf, was früher an Müll auf dem Campus angefallen ist bzw. von Studierenden zurückgelassen wurde. Das ist eine zentrale Aussage. Achten Sie darauf: Im letzten Satz spricht sie auch davon, dass man nicht so tun könne, als wären nur die anderen schuld. Hier gibt es eine begriffliche Überschneidung zu Aussage g („Verantwortung bei anderen"), allerdings wird inhaltlich genau das Gegenteil gesagt, und zudem ist dies nicht der Kern der Aussage der Sprecherin.

Die zentralen Wörter in Aussage d sind „Mitarbeiterin" (die Sprecherin muss also selbst an der Universität arbeiten) sowie „früher … viel Müll" – es geht also auch um einen Rückblick bzw. die Aussage, dass früher viel Müll angefallen ist. Daher ist Lösung d richtig.

51 j *Müllvermeidung ist für Studierende aus anderen Ländern teilweise ungewohnt.*
Sie hören:
„Ich bin Austauschstudentin, und als ich die ersten Tage und auch Wochen hier an der Uni war, war ich einerseits ganz begeistert, weil hier alles so sauber ist. Andererseits war es für mich aber auch total neu, dass ich mir meine eigene Tasse mitbringen muss, wenn ich einen Kaffee aus der Cafeteria holen und mit ins Seminar nehmen will. Klar, es gibt auch die Möglichkeit, in der Cafeteria Pfand für eine Tasse zu zahlen, aber das ist erst mal ganz schön teuer. Und wenn man die Tasse dann irgendwo vergisst, ist das schon ärgerlich. Von meiner Heimatuniversität kenne ich das gar nicht; da gibt es tatsächlich Pappbecher. Aber ich muss sagen, nachdem ich mich nun daran gewöhnt habe, unterstütze ich dieses System. Ich denke, damit kann man schon etwas erreichen."

→ Die Sprecherin sagt zu Beginn, dass sie Austauschstudentin sei. Das deutet darauf hin, dass sie vielleicht zu den Unterschieden zwischen ihrem Heimatland und Deutschland etwas sagen wird. Tatsächlich greift sie dann auch einige Unterschiede auf. Im Hinblick auf die Müllvermeidung äußert sie, dass es neu für sie war, eine Tasse mitbringen zu müssen, und dass sie dies von ihrer Heimatuniversität nicht kennt. Außerdem fasst sie zusammen, dass sie sich an diese neuen Aspekte „gewöhnt" habe. Die wichtigen Punkte in ihrer Aussage sind, dass eine Studierende aus einem anderen Land ihre Meinung äußert und dass sie die Maßnahmen zur Müllvermeidung in Deutschland neu fand und nicht daran gewöhnt war – oder anders gesagt: Die Maßnahmen waren ungewohnt. In Antwort a wird zwar Bezug auf andere Länder genommen, jedoch ist hier die zentrale Aussage, dass Müllvermeidung bzw. Maßnahmen dazu in anderen Ländern genauso wichtig sind wie in Deutschland, dass es also keine Unterschiede gibt. Die Unterschiede benennt die Sprecherin aber ganz klar. Daher kann Antwort a nicht richtig sein. In Antwort j wird ebenfalls Bezug auf andere Länder genommen, zudem wird hier gesagt, dass die Müllvermeidung „ungewohnt" wäre – dies entspricht wie oben erläutert genau dem, was die Studentin in der Aussage darlegt. Daher ist Antwort j richtig.

52 e *Die Bestimmungen verfehlen ihren Zweck, wenn sich Vorbilder nicht daran halten.*
Sie hören:
„Ganz ehrlich: Ich sehe es überhaupt nicht ein, dass ich mich in meinem Alltag einschränken soll, wenn es nicht einmal die Professoren machen. Klar, Einzelne waren schon immer etwas öko und anders als die anderen; die haben wahrscheinlich auch schon vor 30 Jahren ihr eigenes Geschirr mitgebracht und darauf geachtet, Bücher ja nicht eingeschweißt zu kaufen, sondern ohne Folie. Falls das überhaupt möglich war. Aber die große Mehrheit? Wenn ich mich in meinem Fach so umschaue, dann habe ich eher den Eindruck, dass dort Bequemlichkeit viel wichtiger ist als Umweltschutz. Und ehrlich gesagt, tue ich mich schwer damit, mein Verhalten zu ändern, wenn das selbst Leute nicht schaffen, die für mich doch eigentlich ein gutes Beispiel geben sollten."

→ Der Sprecher bezieht sich ausdrücklich auf Professoren und äußert Unverständnis dafür, sich selbst einschränken zu müssen, wenn Professoren dies nicht einmal machen würden. Er nimmt dann Bezug auf sein eigenes Fach und hält fest, dass die Professoren an Umweltschutz nicht interessiert seien. In Antwort i werden zwar „Professoren" genannt, jedoch ist die Aussage dort, dass diese überwiegend umweltbewusst sind – was in klarem Widerspruch zu dem steht, was der Sprecher äußert. Daher kann Antwort i nicht richtig sein. Achten Sie jetzt besonders auf den letzten Satz, den der Sprecher sagt, und formulieren Sie ihn ggf. um: Der Sprecher will sein Verhalten nicht ändern. Warum nicht? Er spricht von Leuten, die ein gutes Beispiel sein sollen – das ist eine Umschreibung für „Vorbild". Der Sprecher will also die Maßnahmen zur Müllvermeidung nicht einhalten, weil die Vorbilder es auch nicht machen. Die inhaltliche Entsprechung zu dieser Aussage finden Sie in Antwort e.

53 h *Wenn man technische Geräte einfach länger benutzt, vermeidet man auch Müll.*
Sie hören:
„Viele denken bei Müllvermeidung ja nur an Alltagsgegenstände wie Pappbecher oder Tüten. Aber gerade an der Uni gibt es ja auch Elektromüll, zum Beispiel alte Beamer, alte Laptops, alte Bildschirme. Ich bin für die Neuanschaffung in den Computerräumen zuständig, und eine Zeit lang war es so, dass dort – sobald das Geld übrig war – die neueste Technologie stehen musste, weil sonst sowohl Lehrende als auch Studierende das Gefühl hatten, nicht auf der Höhe der Zeit lernen und arbeiten zu können. Ich persönlich sehe das anders: Solange die Sachen, die man benutzen muss, auf den Rechnern laufen, ist doch alles gut. Dazu reicht es aber, dass man die Geräte gut wartet und ab und zu mal einzelne Komponenten austauscht. Die Geräte sehen dann vielleicht alt aus, sind aber technisch auf dem aktuellen Stand."

→ In dieser Aussage geht es zunächst nur um Alltagsgegenstände, dann jedoch konzentriert der Sprecher sich nach dem ersten Satz auf elektronische Geräte. Diese stehen also im Zentrum. Von technischen Geräten ist sowohl in Antwort b als auch h die Rede. In Antwort b allerdings geht es neben technischen Geräten auch um Büroausstattung – davon redet der Sprecher hier allerdings gar nicht. Deshalb kann man Antwort b bereits ausschließen. Überprüfen wir noch Antwort h: Es geht darum, wie lange man technische Geräte benutzt. Hierzu äußert der Sprecher, dass früher die Sachen zwar immer neu gekauft wurden, um die neuesten Geräte zu haben, dass das seiner Meinung nach aber überhaupt nicht sein muss (zentraler Satz: „Ich persönlich sehe das anders."). Daher ist Antwort h richtig.

54 b *Auch bei der Anschaffung von technischen Geräten und Büroausstattungen spielt Müllvermeidung heute eine Rolle.*
Sie hören:
„Ich forsche seit vielen Jahren über dieses Thema und schaue mir auch an, wie deutsche Universitäten im internationalen Vergleich dastehen. Überwiegend ist es so, dass deutsche Unis eine Vorreiterrolle einnehmen. Insbesondere bei der Ausstattung von Seminarräumen oder Hörsälen greifen immer mehr Universitäten auf Leihgeräte zurück, vor allem bei technischen Geräten. Auf diese Weise können diese nach der Ausmusterung entweder fachgerecht entsorgt oder noch einem anderen Zweck zugeführt werden. Ähnliches gilt für Büromaterialien und Möbel. Auch hier achten Universitäten inzwischen sehr darauf, nicht im Übermaß zu kaufen und damit gegebenenfalls Müll zu produzieren. Büroschränke oder Schreibtische und Bürostühle werden nicht mehr bei jedem Mitarbeiterwechsel neu angeschafft, man druckt nicht mehr alles sofort aus, sondern spart Papier. Das war früher ganz anders."
→ In dieser Aussage liegt der Fokus darauf, dass Ausstattungsgegenstände und Möbel nicht immer neu gekauft, sondern beispielsweise auch geliehen werden. Ein Synonym zu „Kauf" ist „Anschaffung", das in Antwort b zu finden ist. Die technischen Geräte, die in Antwort b genannt werden, sind in der Aussage der Sprecherin zwar nur implizit enthalten (das könnte die Ausstattung von Seminarräumen und Hörsälen meinen), die in der Antwort b ebenfalls genannte Büroausstattung wird dann aber auch explizit genannt. Daher ist Antwort b richtig.

Hörverstehen, Teil 2
Antwortbogen

	a	b	c			a	b	c
55	X				60		X	
56			X		61	X		
57	X				62			X
58		X			63	X		
59		X			64			X

Kommentare

55 a ... *kann man Deutsch als erste Fremdsprache lernen.*
Sie hören:
„Nun, an diesem Gymnasium hat man die Möglichkeit, als erste Fremdsprache nicht nur Englisch, sondern alternativ auch Deutsch zu lernen."
→ Sie müssen beim Hören zum einen auf die markierten Wörter achten, die auch in der Aufgabe stehen und anhand derer Sie hier die zum Thema „passende" Textstelle identifizieren können. Zum anderen achten Sie dann aber auch auf den Anschluss innerhalb dieses Satzes („nicht nur ..., son-

dern auch"), um den richtigen Zusammenhang herzustellen und damit auch die Lösung zu finden.

56 c ... *hat schon gehört, dass auch Deutsche ihre Sprache schwierig finden.*
Sie hören:
Siyana Dimitrova: „Es gibt ja das geflügelte Wort ‚deutsche Sprache, schwere Sprache' …"
Moderator: „Ja, das sagt man auch unter Deutschen oft."
Siyana Dimitrova: „Stimmt, das habe ich selbst oft mitgekriegt."
→ Hier müssen Sie beachten, dass Frau Dimitrova das umgangssprachliche Wort „mitkriegen" benutzt, was „wahrnehmen" bedeutet. Wenn Sie dieses Wort kennen, können Sie den Inhalt nachvollziehen und Option c als Lösung identifizieren.

57 a ... *richtet sich an Schülerinnen und Schüler.*
Sie hören:
„Jedenfalls werden über diese Initiative Schülerinnen und Schüler für Deutschland interessiert, natürlich auch mit dem Ziel, dass man später mal in Deutschland studiert oder sogar länger in Deutschland bleibt und hier lebt und arbeitet."
→ Hier hilft Ihnen die Abkürzung „PASCH", um die richtige Stelle zu finden. Zwar wird im Hörtext auch „Deutschland" im Kontext mit „PASCH" genannt, allerdings anders als in den Antwortoptionen b und c: Es geht darum, Schülerinnen und Schüler für Deutschland zu interessieren, nicht darum, sie finanziell in Deutschland zu unterstützen (b) oder Studierende zu unterstützen (c).

58 b ... *betont, dass sie von PASCH auch in Deutschland profitiert hat.*
Sie hören:
„... weil ich durch die PASCH-Initiative und deren Partner in Bulgarien die Möglichkeit bekommen habe, mich schon während der Schulzeit, aber vor allem auch danach persönlich und beruflich in Deutschland weiterzuentwickeln.
… Dank der vielen Gelegenheiten in letzter Zeit, mich als Alumna für die deutsche schulische Arbeit im Ausland zu engagieren, ist meine Verbundenheit mit diesem Netzwerk noch gewachsen."
→ Frau Dimitrova äußert sich dazu, dass sie nicht nur zur Schulzeit, sondern auch danach von PASCH profitiert – sie umschreibt es nur mit anderen Worten („die Möglichkeit bekommen … persönlich und beruflich … weiterzuentwickeln").

59 b ... *schätzt Frau Dimitrova die enge Vernetzung mit anderen.*
Sie hören:
„Beim ersten internationalen Ehemaligentreffen in Berlin habe ich Alumni aus der ganzen Welt kennengelernt. Menschen, die alle etwas im positiven Sinne bewegen wollen. Es ist sehr schön zu wissen, dass du zu einem Netzwerk von sehr motivierten und ehrgeizigen Menschen aus der ganzen Welt gehörst, die dieselben Ziele haben wie du."
→ Einerseits nennt Frau Dimitrova alle zentralen Begriffe aus den Optionen a, b und c. Andererseits wird nur „Netzwerk" in demselben Kontext von ihr erwähnt, wie er auch in der Antwortoption verwendet wird – sie „schätzt" die Vernetzung. Hier müssen Sie das Wort „schätzen" und seine

inhaltlichen Entsprechungen kennen, also etwas positiv finden bzw. positiv bewerten (im Hörtext: „schön zu wissen"). Daher ist Option b richtig.

60 b *… wird auch regelmäßig bei Veranstaltungen ermöglicht.*
Sie hören:
„Der Kontakt zu den Alumni wird durch regelmäßige Treffen oder Projekte gepflegt."
→ In dieser Aufgabe geht es darum, wie der Kontakt zwischen Ehemaligen (Synonym: Alumni) abläuft; zur Auswahl stehen soziale Netzwerke (a), Veranstaltungen (b) oder die Vermittlung durch Mitarbeiter (c). Achten Sie daher auf diese Worte bzw. entsprechende Synonyme oder Umschreibungen. Im Hörtext finden Sie „Treffen und Projekte" als Synonym zu „Veranstaltungen", daher ist Option b richtig.

61 a *… besuchen eine Universität in Deutschland.*
Sie hören:
„Ein Großteil der PASCH-Absolventen studiert und lebt in Deutschland."
→ Achten Sie auch hier auf Synonyme. In der Aufgabe steht als zentraler Begriff: „Die meisten Ehemaligen". Was sind Synonyme oder Umschreibungen hierfür? Im Hörtext finden Sie „Großteil" als Synonym, dies ist also die richtige Stelle im Hörtext. Sie hören dann, dass der Großteil der Ehemaligen in Deutschland lebt und studiert – Letzteres ist natürlich ein anderer Ausdruck für „eine Universität besuchen". Damit ist Option a richtig.

62 b *… kritisiert, dass man überwiegend Alumni von derselben Schule kennt.*
Sie hören:
„Die Vernetzung zwischen den Alumni in Deutschland funktioniert gut, allerdings vor allem zwischen Alumni aus derselben PASCH-Schule. Es sollte auf jeden Fall intensiver daran gearbeitet werden, dass Alumni aus unterschiedlichen Ländern in unterschiedlichen Studiengängen in Kontakt treten. … Ein ähnliches Ziel verfolgt das Projekt ‚Couchsurfing für PASCH-Alumni', das 2016 beim ersten PASCH-Alumni-Wettbewerb ausgezeichnet wurde."
→ Sie können im Interview die zentralen Stichorte aus allen drei Antwortoptionen hören, daher müssen Sie genau auf die Details achten: Werden die Begriffe im Hörtext in demselben Kontext und derselben Bedeutung verwendet wie in der Antwortoption? Die Textstelle, die Sie zur richtigen Lösung führt, kommt bereits relativ früh in diesem Teil – Frau Dimitrova macht nämlich eine Einschränkung im Hinblick auf die gute Vernetzung, die sie mit „allerdings" einleitet. Das ist ein Hinweis darauf, dass sie etwas kritisiert, und zwar, dass man nur Ehemalige von derselben Schule kennt. Damit ist Antwortoption b richtig. Nachfolgend werden auch die „anderen Studiengänge" (= Option c) von ihr genannt; in der Antwortoption ist jedoch die Rede davon, dass Frau Dimitrova sich oft mit Studierenden trifft, während sie im Interview sagt, man „sollte" Kontakt zu Studierenden anderer Studiengänge haben – das ist also nicht die Realität. Schließlich wird am Ende ihrer Äußerung auch das „Couchsurfing-Projekt" erwähnt, allerdings sagt sie nicht (wie in Antwortoption a zu lesen ist), dass sie diese Initiative gegründet hat.

63 a *… Ehemalige von ihren Erfahrungen erzählen lassen.*
Sie hören:
„Im Rahmen meiner Bachelor-Arbeit habe ich beispielsweise eine Alumni-Videoreihe entwickelt. In einer Serie berichten ehemalige PASCH-Schüler über ihr Studium und ihr Leben in Deutschland – und liefern Interessenten damit wichtige Informationen aus erster Hand."
→ Als wichtigen Begriff in der Aufgabe lesen Sie „Abschlussarbeit". Denken Sie an ähnliche Wörter bzw. präzisere Begriffe zum Oberbegriff „Abschlussarbeit". Sie hören „Bachelor-Arbeit" als genauere Bestimmung und wissen, dass Sie hier an der richtigen Textstelle sind. Sie hören dann „Alumni", es geht also um Ehemalige (und damit nicht um Schülerinnen und Schüler wie in Option b). Diese Alumni berichten über ihr Studium und Leben in Deutschland – also mit anderen Worten über ihre Erfahrungen. Damit ist Option a richtig.

64 c *… wurden Schülerinnen und Schüler auch bei der Vorbereitung auf ihre Bewerbung unterstützt.*
Sie hören:
„Im April haben wir dann an unserer ehemaligen Schule eine interaktive Deutschland-Woche durchgeführt. Fünf Tage lang haben wir mit Schülern über die PASCH-Initiative diskutiert, über das Studium und über das Leben in Deutschland gesprochen, Lebenslauf und Motivationsschreiben auf Deutsch verfasst und sie persönlich beraten."
→ Das Stichwort „Deutschland-Woche" weist Sie darauf hin, an welcher Stelle im Hörtext die Äußerungen kommen, in denen Sie die Lösung zu dieser Aufgabe finden. Wichtig ist hier, dass Sie in diesem relativ langen Satz bis zum Ende aufmerksam zuhören und auf die Details achten. Das zentrale Wort in Antwortoption a ist „präsentiert", die Schüler haben also selbst etwas vorgestellt. Davon ist in dem Satz nicht die Rede. In Antwortoption b ist der zentrale Aspekt, dass die Schülerinnen und Schüler selbst für fünf Tage an einer deutschen Schule in den Unterricht gegangen sind. Zwar hören Sie im Interview auch „fünf Tage", dann aber geht es nicht um die Teilnahme am Unterricht. In Antwortoption c ist schließlich „Bewerbung" der zentrale Begriff. Dieser Begriff taucht im Hörtext nicht auf, allerdings entsprechende Wörter aus dem Wortfeld „Bewerbung", genauer gesagt einzelne Komponenten, die zu einer Bewerbung gehören: Lebenslauf und Motivationsschreiben. Damit ist Option c richtig.

Hörverstehen, Teil 3
Antwortbogen

65	private Expedition
66	beschränkter Zugang / Zugang ist beschränkt
67	ein Vulkan
68	Touristen und Tiere
69	mit dem Festland verbunden
70	dauerhaft verseucht
71	Gerüst aus Holz
72	Test durch Computersimulation wurden billiger und sicherer
73	heutigen Sternwarten
74	(Stadt wurde) von Forschern wiederentdeckt

Sie hören einen längeren Vortrag. Die „Folien" helfen Ihnen dabei, dem Vortrag zu folgen und die Lücken zu schließen, denn auf den Folien ist bereits eine Struktur vorgegeben. Das Beispiel hilft Ihnen auch, den Einstieg zu finden. Auf den Folien ist nicht immer genau das Wort notiert, das Sie im Vortrag hören, wichtig ist der Inhalt. Sie werden durch die Folien zu den Wörtern „gelenkt", die in den Lücken (= Aufgaben) fehlen und die Sie ergänzen müssen. Am besten versuchen Sie, genau die Wörter mitzuschreiben, die im Vortrag gesagt werden.

Für jede richtige Lösung werden zwei Punkte vergeben. Wenn eine Lösung zeigt, dass der Text richtig verstanden, die stichwortartige Niederlegung aber zu knapp oder zu fehlerhaft realisiert wurde, kann ein Punkt vergeben werden. Ebenso, wenn eine von zwei erwarteten Lösungen aufgeschrieben wurde. Ist die Lösung aufgrund sprachlicher Mängel unklar oder im Kontext der Aufgabe unsinnig, werden 0 Punkte vergeben.

Kommentare

65 *private Expedition* (2 Punkte)
Sie hören:
„1947 machte sich eine private Expedition auf den Weg dorthin."
→ Hier müssen Sie vor allem auf die Jahreszahl achten, denn an diese schließt sich unmittelbar die Lösung an.

66 *beschränkter Zugang/Zugang ist beschränkt* (2 Punkte), *beschränkt Zugang* (1 Punkt), *beschrankter Zugang* (0 Punkte)
Sie hören:
„Für Touristen ist der Zugang zur Insel allerdings beschränkt."
→ Achten Sie auf das Stichwort „Touristen" in der Folie. Dieses hören Sie auch im Vortrag, und unmittelbar daran schließt sich die Lösung an.

67 *ein Vulkan* (2 Punkte), *eins Vulkan* (1 Punkt)
Sie hören:
„Genauer gesagt ist diese Insel eigentlich ein Vulkan."
→ Achten Sie auf das Wort „eigentlich" im Zusammenhang mit der Insel – direkt im Anschluss an das Wort hören Sie die Lösung.

68 *Touristen und Tiere* (2 Punkte), *Touristen und Pinguine* (1 Punkt), *Pinguine* (0 Punkte)
Sie hören:
„Heute besuchen Touristen die Insel und baden in den heißen Quellen, eine einmalige Gelegenheit in der sonst so unangenehmen Witterung. Auch für Tiere ist die Insel offenbar attraktiv. So hat sich an der Westseite eine Kolonie Pinguine niedergelassen. Auch Wissenschaftler arbeiten inzwischen wieder auf der Insel und untersuchen vulkanische Aktivitäten."
→ Hier ist die Lösung der Aufgabe etwas komplexer, denn sie erstreckt sich über mehr als einen Teilsatz. Wichtig ist in der Folie das Stichwort „Attraktion". Sie hören dieses allerdings nicht wörtlich im Vortrag, sondern zunächst nur sinngemäß bzw. das Wort „attraktiv". Sie müssen hier also genau darauf achten, wer oder was mit diesen Inhalten in Verbindung gebracht wird. Das sind zum einen Touristen, zum anderen aber auch Tiere. Es wäre hier auch möglich,

„Pinguine" zu notieren, wobei diese im Vortrag nur als Beispiel genannt werden – notieren Sie „Touristen und Pinguine", würden Sie daher nicht die volle Punktzahl erhalten, notieren Sie nur das Wort „Pinguine" (also ohne „Touristen" zu nennen), würden Sie 0 Punkte erhalten.

69 *mit dem Festland verbunden* (2 Punkte), *mit Land verbunden* (1 Punkt)
Sie hören:
„Inzwischen ist die Insel jedoch durch den stetigen Rückgang der Wasseroberfläche und die daraus resultierende Austrocknung mit dem Festland verbunden."
→ Zur Lösung dieser Aufgabe müssen Sie darauf achten, dass in der Folie von der Entwicklungsgeschichte der Insel, die sich früher mitten in einem See befunden hat, die Rede ist. In der Lücke muss dann etwas ergänzt werden, das im Gegensatz dazu steht – nämlich offenbar die heutige Lage der Insel, die nicht mehr mitten im See ist. Achten Sie daher im Vortrag auf Wörter, die einen Gegensatz markieren, wie z. B. „jedoch". Die Lösung hören Sie dann aber erst am Ende des Satzes. Erst dort wird gesagt, wie die Insel heute gelegen ist. Zuvor hören Sie nur die Begründung dafür (Austrocknung etc.), und die ist in der Aufgabe nicht gefordert.

70 *dauerhaft verseucht* (2 Punkte), *dauerhaft versoicht* (1 Punkt), *dauernd verseucht* (1 Punkt)
Sie hören:
„Angeblich ist der Boden des Areals jedoch dauerhaft verseucht."
→ Hier werden Sie über die Stichwörter „Boden" und „angeblich" zur Lösung geführt, die Sie direkt im Anschluss hören.

71 *Gerüst aus Holz* (2 Punkte), *Gerüst mit Holz* (1 Punkt)
Sie hören:
„Markant ist das 40 Meter hohe Gerüst aus Holz."
→ Das wichtige Stichwort auf der Folie ist hier „markant", es könnte im Vortrag auch ein Synonym zu hören sein (z.B. „auffällig"), hier jedoch hören Sie es wörtlich, und es lenkt Sie zur richtigen Lösung.

72 *Tests durch Computersimulationen wurden billiger und sicherer* (2 Punkte), *Computersimulationen wurden billig und sicher* (1 Punkt), *Tests wurden billiger* (0 Punkte, da unklar bleibt, welche Tests gemeint sind)
Sie hören:
„Als in den 1980er-Jahren derartige Tests durch Computersimulationen sowohl billiger als auch sicherer wurden, legten die Amerikaner die Anlage still."
→ Hier ist wiederum die Jahreszahl eine Hilfe für Sie. Achten Sie aber in dem Fall genau darauf, welche Inhalte damit verbunden werden, denn Sie sollen die Begründung für ein Ereignis notieren. Im Vortrag wird das Stichwort aus der Folie (die Stilllegung der Anlage) erst im Anschluss an die Begründung genannt – Sie müssen also aufmerksam zuhören und den ersten Teil des Satzes (hier haben Sie aber die Jahreszahl als Hilfe) aufmerksam verfolgen und notieren.

Modelltest 1

73 *heutigen Sternwarten* (2 Punkte), *Sternwarten* (1 Punkt)
Sie hören:
„Der sogenannte Schneckenturm hat erstaunliche Ähnlichkeit mit heutigen Sternwarten …"
→ Die Stichwörter auf der Folie (gefragt ist, womit der Schneckenturm Ähnlichkeit hat) leiten Sie hier wieder zur Lösung. Möglicherweise kennen Sie das Wort „Sternwarte" nicht (wobei aber der erste Bestandteil „Stern" bekannt ist). Versuchen Sie den zweiten Teil des Wortes mit Ihren Kenntnissen der Laut-Buchstaben-Zuordnung im Deutschen aufzuschreiben.

74 *(Stadt wurde) von Forschern wiederentdeckt* (2 Punkte), *wiederentdeckt* (1 Punkt)
Sie hören:
„Im 15. Jahrhundert verließen die Maya Chichén Itzá, und erst im 19. Jahrhundert wurde die Stadt von Forschern wiederentdeckt."
→ Auch hier werden Sie wieder durch die Jahresangaben bzw. die Angaben der Jahrhunderte durch den Vortrag geleitet. Die Lösung folgt direkt im Anschluss an die Zeitangabe („19. Jahrhundert"), allerdings müssen Sie darauf achten, sie vollständig und sinnvoll zu notieren. Für „wiederentdeckt" würden Sie nicht die volle Punktzahl erhalten.

Schriftlicher Ausdruck
Thema 1

In diesem Text möchte ich zu der Frage Stellung beziehen, ob ältere Menschen ihren Führerschein abgeben sollten oder nicht. In einem ersten Schritt werde ich darlegen, welche Argumente für eine solche Maßnahme sprechen, in einem zweiten Schritt lege ich die Argumente, die gegen diese Maßnahme sprechen, dar. Abschließend werde ich die Positionen gegeneinander abwägen und meine eigene Meinung zu der Frage begründet darlegen.

Warum sollten ältere Menschen ihren Führerschein abgeben? Einige sind der Meinung, dass bestimmte Fähigkeiten mit dem Alter abnehmen, wie beispielsweise das Seh- oder Hörvermögen. Dass das so ist, kann man auch sicherlich nicht von der Hand weisen, denn das Alter bringt nun einmal bestimmte, vor allem körperliche Nachteile mit sich. Ältere Autofahrer reagieren vielleicht nicht mehr schnell genug, wenn vor ihnen ein Kind auf die Straße läuft. In solchen Situationen können zudem andere Verkehrsteilnehmer gefährdet werden, und das ist sicher ein gravierender Grund dafür, dass man überdenken sollte, ob man wirklich in jedem Alter den Führerschein behalten darf. Neben anderen Verkehrsteilnehmern gefährden die älteren Autofahrer möglicherweise auch sich selbst, denn wenn sie in einen Unfall verwickelt sind, können sie auch als Autofahrer zu Schaden kommen. Mit Glück kommen sie unverletzt davon und haben auch niemand anderen verletzt, aber es ist wohl nur eine Frage der Zeit, bis jemand ernsthaft zu Schaden kommt.

Wenn solch gravierende Gründe dafür sprechen, älteren Verkehrsteilnehmern den Führerschein zu entziehen, stellt sich natürlich auch die Frage, ob überhaupt etwas dagegen spricht. Hierzu muss man betrachten, welchen Stellenwert der Führerschein für ältere Menschen hat. Gerade in ländlichen Gebieten, in denen die öffentlichen Verkehrsmittel nicht so gut ausgebaut sind, bedeutet ein Führerschein für

die älteren Menschen Unabhängigkeit. Während Kinder und Jugendliche häufig noch ihre Eltern fragen können, ob sie sie irgendwohin fahren, haben Ältere an ihrem Wohnort möglicherweise keine Familienmitglieder oder wollen diese auch nicht ständig belasten. Für die Eigenständigkeit ist ein Führerschein dann sehr wichtig, nicht nur im Alltag (zum Beispiel zum Einkauf), sondern auch, um am sozialen und kulturellen Leben teilzunehmen. Sowohl in ländlichen Gebieten als auch in der Stadt kann es für Ältere wichtig sein, einen eigenen Führerschein zu haben. Möglicherweise kann jemand einfach keine langen Strecken mehr laufen. Dann kann man dank Führerschein mit dem eigenen Auto oder mit Carsharing mobil bleiben, Freunde besuchen, zu Veranstaltungen fahren und Ähnliches. Auch meine persönlichen Erfahrungen stützen diesen Aspekt, denn für meine Großeltern ist es sehr wichtig, ihr Leben eigenständig führen und auch mal „einfach irgendwohin fahren" zu können. Wenn ich die Gründe abwäge, die für und gegen das Abgeben des Führerscheins ab einem bestimmten Alter sprechen, stelle ich fest, dass die Gründe gegen eine solche Maßnahme wichtiger sind. Die persönliche Freiheit, die Unabhängigkeit, die ein so wichtiges Gut in einer freien Gesellschaft ist, kann man gar nicht hoch genug einschätzen – das gilt natürlich auch für ältere Menschen.

Exemplarische Bewertung: Die Textsorte ist getroffen und der Text enthält die typischen Textsortenmerkmale (Einleitung, Hauptteil, in dem unterschiedliche Argumente dargelegt werden, Schluss).
Der Wortschatz ist abwechslungsreich und durchgehend präzise und treffend. Einzelne Wiederholungen wie „darlegen" in der Einleitung und „nicht nur …, sondern" im Hauptteil trüben diesen Gesamteindruck nicht. Die Anschlüsse bzw. Verknüpfungen und Verweise sind auch auf der Ebene der Sätze und Absätze logisch und gut nachvollziehbar, die Argumentation ist klar.
Es wird auch zur Unterstützung der Argumentation eine persönliche Erfahrung einbezogen (dies zwar etwas knapp, jedoch inhaltlich logisch und zutreffend sowie sprachlich klar umgesetzt). Der Text enthält auch im Hinblick auf Grammatik und Rechtschreibung sowie Syntax keine Fehler.

Thema 2

In meinem Aufsatz beschäftige ich mich mit der Frage, ob es an Universitäten zukünftig überhaupt noch Präsenzveranstaltungen geben wird. Sind wir stattdessen mit der Digitalisierung nicht längst auf dem Weg zu Online-Seminaren und werden diese irgendwann die Präsenzveranstaltungen vollständig ablösen können? Ich möchte beide Positionen eingehend betrachten und die Argumente beider Seiten darlegen, um abschließend meine persönliche Meinung darzulegen.

Präsenzveranstaltungen an Universitäten haben einige Vorteile, die auf der Hand liegen: Man kann sich in Seminaren unmittelbar sowohl mit anderen Studierenden als auch den Lehrkräften austauschen. Fragen zu den Inhalten kann man sofort stellen, und idealerweise erhält man auch sofort eine Antwort. Wie wichtig der Austausch mit anderen Studierenden ist, hängt möglicherweise vom Fach ab – in Fächern, in denen man über Inhalte diskutiert, ist der Austausch immens wichtig, und darauf zu verzichten, wäre ein gravierender Nachteil für die Studierenden. Andererseits gibt es Fächer, in denen Studierende in erster Linie die Inhalte lernen und wiederholen müssen, ohne diese zu diskutieren. Hier ist der Austausch unter Studierenden vielleicht nicht ganz so wichtig, wenngleich Rückfragen an die Lehrkräfte auch hier auftauchen und in Präsenzveranstaltungen unmittelbar beantwortet werden können.

In Präsenzveranstaltungen, in denen die Studierenden auch miteinander arbeiten sollen, lernen sie zudem soziale Kompetenzen oder auch Teamarbeit. Beides sind wichtige Voraussetzungen im heutigen Berufsleben, und beides kann in Online-Seminaren, in denen Studierende alleine vor dem Computer sitzen, natürlich kaum vermittelt werden.

Der größte Nachteil von Präsenzveranstaltungen ist in der heutigen Zeit wahrscheinlich, dass Studierende ihren Tagesablauf nach der Veranstaltung ausrichten müssen. Vor allem Studierende, die neben dem Studium arbeiten (sei es, um einfach den Lebensunterhalt zu verdienen oder um bereits einen Einblick in das spätere Berufsleben zu erhalten) müssen ihre Arbeitszeiten immer mit dem Stundenplan an der Universität abstimmen. Das ist nicht immer einfach, und die Studierenden stehen dann mitunter auch vor der Frage, ob sie nun dem Seminar den Vorzug geben oder ob sie Geld für die nächste Miete verdienen müssen. Darüber hinaus gibt es, wie schon erwähnt, sicher auch Fächer, die gut geeignet sind, um alleine zu lernen. Wenn man konzentriert lernen und wiederholen muss, ist es oft von Vorteil, dass man dies allein und ohne Störung machen kann. Zwar lernt man auf diesem Wege keine Teamarbeit, dafür lernt man aber eine andere wichtige Kompetenz: sich alleine schwierigen Aufgaben zu stellen und diese zu meistern. Auch das ist eine Fähigkeit, die man im späteren Berufsleben, wie auch im Leben allgemein immer wieder brauchen wird. Nicht zuletzt muss man erwähnen, dass es heute viele gibt, die mit abgeschlossener Berufsausbildung oder mit einem abgeschlossenen Erststudium ebenfalls ein Studium aufnehmen möchten. Dies geschieht dann meist neben dem Beruf, sodass es für diese Menschen völlig unmöglich wäre, Präsenzveranstaltungen zu besuchen. Hier sind Online-Veranstaltungen eine sehr gute Lösung, um der heute geforderten Flexibilität Rechnung zu tragen.

Ich persönlich habe tatsächlich mein erstes Studium absolviert, ohne Präsenzveranstaltungen besucht zu haben, da ich an einer sogenannten Fernuniversität Mathematik und Informatik studiert habe. Es stimmt, dass ich mitunter die Möglichkeit vermisst habe, sofort Rückfragen zum Lernstoff stellen zu können oder mir eine Herleitung noch einmal von der Lehrkraft zeigen zu lassen. Auf der anderen Seite habe ich während des Studiums gelernt, diszipliniert und konzentriert zu arbeiten, und dies kommt mir jetzt noch zugute. Bei Aufgaben, die etwas schwieriger sind, beiße ich mich einfach durch, anstatt früh aufzugeben, wie viele um mich herum. Insofern glaube ich, dass Online-Veranstaltungen, bei denen man alleine am Computer lernt bzw. studiert, eine sinnvolle Möglichkeit sein können – vorausgesetzt, es passt zu den Inhalten des Fachs.

Mündlicher Ausdruck, Teil 1A 10
Diese beispielhafte Prüfung können Sie sich auch anhören.

Beispiel Thema 2: *Beschreiben Sie für ein Land Ihrer Wahl, welche Möglichkeiten der Unterstützung (finanziell, Beratung, …) es für Studierende gibt.*

In meiner heutigen Präsentation möchte ich darlegen, wie Studierende in Deutschland unterstützt werden.

Ich möchte zunächst die Möglichkeiten finanzieller Unterstützung aufzeigen, im Anschluss werde ich erläutern, welche Beratungsangebote es speziell für Studierende gibt, abschließend möchte ich auch auf weitere Vergünstigungen und Angebote für Studierende eingehen.

In Deutschland gibt es im Bereich der finanziellen Unterstützung insbesondere das sogenannte BAföG. Dies ist eine finanzielle Unterstützung, die Studierende erhalten können, wenn ihre Eltern nur wenig Geld haben bzw. verdienen. Diese Unterstützung ist ein monatlicher Betrag, der direkt an die Studierenden gezahlt wird. Allerdings muss man darauf achten, dass diese Unterstützung später von den Studierenden zurückgezahlt werden muss. Es handelt sich also im Grunde genommen um einen Kredit, wenn auch zu sehr günstigen Konditionen und mit unterschiedlichen Rückzahlungsmöglichkeiten. Weitere finanzielle Unterstützungsmöglichkeiten bieten Stipendien, die vor allen Dingen für benachteiligte Gesellschaftsgruppen oder aber auch für Hochbegabte infrage kommen. Hierfür muss man sich allerdings bewerben, und es gibt nur sehr wenige solcher Stipendien, sodass die Chance eher gering ist, eins zu erhalten. Die Stipendien muss man allerdings in der Regel nicht zurückzahlen. Indirekt gibt es auch finanzielle Unterstützung durch zahlreiche Vergünstigungen, zum Beispiel ein Semesterticket, mit dem die Studierenden den Nahverkehr deutlich günstiger nutzen können, oder aber auch Rabatte und Ermäßigungen beim Eintritt zum Beispiel zu Museen, Konzerten oder Ähnlichem.

Die Beratungsangebote für Studierende beginnen bereits vor dem Studium. In der Studienberatung kann man sich beispielsweise über die Studienmöglichkeiten, aber auch die späteren Berufsaussichten informieren. Auch kann man häufig bereits in der Schule Informationen über spätere Berufsmöglichkeiten und Studienfächer erhalten, da es immer mehr Vernetzung zwischen Schulen, Firmen und Universitäten gibt. Hat man während des Studiums Probleme, kann man ebenfalls die Studienberatung in Anspruch nehmen. Auch gibt es Anlaufstellen, um beispielsweise Informationen zu Wohnmöglichkeiten für Studierende zu erhalten. Damit komme ich zum letzten Bereich der Unterstützungsmöglichkeiten, die aber auch finanzielle Vorteile mit sich bringen. In Wohnheimen kann man günstige Zimmer erhalten, um in der Nähe der Universität zu wohnen. In Deutschland werden die meisten dieser Wohnheime von den sogenannten Studierendenwerken betrieben; hier erhält man zu dem Thema sowohl Unterstützung bei der Suche nach einem Zimmer als auch bei den Formalitäten, die mit der Anmietung verbunden sind.

Insgesamt kann ich aufgrund meiner Erfahrungen festhalten, dass Studierende in Deutschland auf verschiedenen Ebenen Unterstützung erhalten. Dadurch ist es für Studierende recht einfach und günstig möglich, ein Studium aufzunehmen und zu absolvieren. Sicher gäbe es an der einen oder anderen Stelle noch Verbesserungsmöglichkeiten, insbesondere im Hinblick auf Kinder aus armen Familien, die noch immer sehr selten ein Studium aufnehmen. Hier könnte die Unterstützung sicher noch verbessert werden.

Mündlicher Ausdruck, Teil 1B 11
Zusammenfassung und Anschlussfragen

Prüfungsteilnehmer: Mein Partner hat darüber gesprochen, wie Studierende in Deutschland unterstützt werden können. Er hat verschiedene finanzielle Optionen dargelegt, zum Beispiel BAföG oder Stipendien, aber auch weitere Möglichkeiten, die sich indirekt finanziell auswirken, beispielsweise günstige Wohnmöglichkeiten oder Fahrkarten. Darüber hinaus gibt es auch verschiedene Beratungsangebote, die Studierende in Anspruch nehmen können. Abschließend hat mein Partner seine Meinung dargelegt und gesagt, dass Studierende in Deutschland recht gut unterstützt werden. Dennoch könnte aber gerade für Kinder aus armen Familien vieles verbessert werden.
Ich habe zu der Präsentation noch Fragen. Zum einen hast du das BAföG erwähnt. Weißt du, wie viel Geld Studierende konkret bekommen können?

Mögliche Antwort: Nein, genau weiß ich das leider nicht.

Prüfungsteilnehmer: Dann habe ich noch eine weitere Frage. Hast du selbst auch Erfahrungen mit den Beratungsangeboten für Studierende gemacht?

Mögliche Antwort: Ja, ich habe selbst die Studierenden-Beratung aufgesucht, weil mir einige Punkte nicht ganz klar gewesen sind, die meine Studienmöglichkeiten betreffen. Ich hatte zwar auch in meinem Heimatland Unterstützung, aber als ich in Deutschland war, sind weitere Fragen aufgetaucht. Hier konnte ich zur Studienberatung gehen und fand das wirklich sehr hilfreich.

Prüfungsteilnehmer: Eine letzte Frage habe ich noch: Wenn du die Unterstützungsmöglichkeiten in Deutschland und in deinem Heimatland vergleichst, wie beurteilst du die Unterschiede?

Mögliche Antwort: In meinem Heimatland gibt es zwar auch viele Beratungsangebote, die teils auch sehr ähnlich wie in Deutschland sind, also Beratungen dazu, welche Fächer man studieren kann oder sollte, wie man sein Studium aufbaut, wie man sowohl privat als auch für den späteren Beruf Kontakte knüpfen kann. Allerdings gibt es nur für sehr wenige Studierende in meinem Heimatland finanzielle Unterstützung, die meisten müssen ihr Studium selbst bezahlen und nehmen dafür einen Kredit auf. Das klingt zwar ähnlich wie beim BAföG, aber in meinem Heimatland sind die Studienkosten viel höher, deshalb zahlt man später oft viel mehr und viel länger Geld zurück als in Deutschland. Ich persönlich finde das nicht so gut, denn viele trauen sich dadurch gar nicht erst, ein Studium aufzunehmen. Die Angst vor den Schulden ist einfach zu groß.

Mündlicher Ausdruck, Teil 2 🎧 12
Beispiel Zitat 1: *„In Deutschland ist die höchste Form der Anerkennung der Neid."*

Sprecher 1: Ich denke, der Satz bedeutet, dass es in Deutschland viele Menschen gibt, die neidisch sind. Oder wie verstehst du das?

Sprecher 2: Ja, vielleicht, aber es geht ja auch um die Anerkennung. Die größte Anerkennung, die man in Deutschland bekommen kann, ist Neid. So verstehe ich den Satz. Einerseits finde ich das etwas traurig, andererseits habe ich aber tatsächlich selbst auch schon diese Erfahrung gemacht. In Deutschland wird nicht sehr viel gelobt, sondern wenn man etwas erreicht hat, sind die anderen neidisch. Aber das ist nur meine Erfahrung, wie siehst du das?

Sprecher 1: Ach so, ja, da kannst du recht haben. Ich bin noch nicht so lange in Deutschland, deshalb kann ich das noch nicht so gut beurteilen. Aber mir ist auch schon aufgefallen, dass man selten Komplimente macht in Deutschland. Ich wohne in einem Haus, in dem sonst nur Deutsche leben, und neulich habe ich gehört, wie sich meine Nachbarn darüber aufgeregt haben, dass jemand in der Straße ein neues Auto gekauft hat. Das fand ich sehr seltsam, denn warum regt man sich darüber auf? Doch wahrscheinlich nur, wenn man neidisch ist, weil man etwas selbst haben möchte. Aber das ist doch eine etwas komische Sichtweise, finde ich. Ich habe mich gefragt, warum sie nicht froh sind für denjenigen oder auch sehen, dass sie selbst es doch ziemlich gut haben. Hast du noch mehr Erfahrungen in dieser Richtung gemacht?

Sprecher 2: Ja, leider, denn ich verstehe es auch nicht so richtig. Ich bin jetzt schon länger in Deutschland, und am Anfang dachte ich, es wären nur die Menschen neidisch, die selbst arm sind. Also, auch wenn man in Deutschland ein Dach über dem Kopf und etwas zu essen hat, ist es sicher schwierig, wenn man nicht mal mit Freunden ins Kino gehen kann oder so etwas. Aber mit der Zeit habe ich gemerkt, dass es überhaupt keine Rolle spielt, wie viel jemand hat, auch die Menschen, die mehr Geld haben, sind neidisch auf die, die noch mehr Geld haben. Allerdings geht es auch nicht nur um Geld, ich habe auch an der Uni schon erlebt, dass manche Studierende neidisch auf Kommilitonen waren, weil diese eine bessere Note bekommen haben. Das habe ich dann noch weniger verstanden.

Sprecher 1: Das verstehe ich tatsächlich auch überhaupt nicht. Das heißt, du hast dann auch nicht erlebt, dass an der Uni die Studierenden Anerkennung bekommen haben von den anderen?

Sprecher 2: Na ja, ganz so pauschal kann man es natürlich nicht sagen, es gibt natürlich auch Kommilitonen, die sich für den anderen freuen, anstatt neidisch zu sein. Das gibt es schon. Aber in der Mehrzahl sind die Leute wohl eher neidisch.

Bewertung: Beide haben die Aufgaben inhaltlich angemessen erfüllt. Die Teilnehmerin hat sprachlich in jeder Hinsicht die Anforderungen gut erfüllt, der Teilnehmer hat trotz Abzügen bei Aussprache/Intonation sprachlich auch das Niveau C1 erreicht.

Modelltest 2

Modelltest 2

Anforderungen steigern

Erhöhen Sie jetzt die Anforderungen an sich selbst und bearbeiten Sie nun die Prüfungsteile Leseverstehen, Hörverstehen und Schriftlicher Ausdruck im Ganzen. Wenden Sie die Lösungsstrategien an, die Sie bei der Bearbeitung von Modelltest 1 erworben haben.

Versuchen Sie jetzt, die Lösungen ohne Hilfsmittel und ohne im Lösungsschlüssel nachzuschlagen zu finden und den jeweils vorgegebenen Zeitrahmen einzuhalten. Wenn Ihnen das nicht gelingt, so ist das nicht so schlimm. Es gibt noch Modelltest 3.

Zählen Sie die Punkte, die Sie mit den selbst gefundenen Lösungen in einem Teiltest erreichen: Auf diese Weise sehen Sie, wie Sie in dem jeweiligen Teiltest in der Prüfung abschneiden würden.

Im Modelltest 2 gibt es noch ein paar kleine Tipps, die Ihnen bei der Bearbeitung helfen und wichtige Schritte in Erinnerung rufen.

> **Wichtiger Hinweis**
> Tragen Sie alle Lösungen wie in der Prüfung in den separaten Antwortbogen ein. Diesen finden Sie unter anderem auf S. 122 f. In der Prüfung wird nur gewertet, was im Antwortbogen steht.

Leseverstehen, Teil 1

Lesen Sie den folgenden Text. Welche der Sätze a–h gehören in die Lücken 1–6? Es gibt jeweils nur eine richtige Lösung. Zwei Sätze können nicht zugeordnet werden. Markieren Sie Ihre Lösungen für die Aufgaben 1–6 auf dem Antwortbogen.
Lücke (0) ist ein Beispiel.

> **Tipp:** Lesen Sie zuerst die acht Antwortoptionen und markieren Sie verknüpfende Wörter (z. B. trotzdem, dass, gerade …) und Schlüsselwörter.

Sie lesen in einer Fachzeitschrift den folgenden Artikel:

Die Anwesenheitspflicht in Uni-Seminaren wackelt

In mehreren Bundesländern gibt es längst keine Anwesenheitspflicht mehr für Studierende. Zumindest in der Theorie. Viele Dozenten halten sich nicht an die Regelungen und kontrollieren dennoch, ob alle eingeschriebenen Studierenden ihr Seminar besuchen. Damit verstoßen sie gegen Studienordnungen, meinen Studierendenvertreter.

Keinen Fuß mehr müssen Studierende in Vorlesungssäle und Seminarräume setzen, um in Nordrhein-Westfalen einen akademischen Titel zu erwerben. _____0_____ Lediglich für Exkursionen, Sprachkurse, Praktika, praktische Übungen oder „vergleichbare Lehrveranstaltungen" gibt es Ausnahmen. Gleiches gilt seit Januar in Niedersachsen und Schleswig-Holstein.

Zwar überlassen einige Bundesländer wie das Saarland, Baden-Württemberg und Bayern immer noch den Hochschulen die Entscheidung, ob die Teilnahme an Kursen kontrolliert wird. Doch nach Meinung von Studierendenvertretern verletzen solche Abfragen prinzipiell die im Grundgesetz verankerte Berufsausübungs- und Handlungsfreiheit. _____1_____. Rund 110 Beschwerden für etwa 90 Veranstaltungen gingen in diesem Wintersemester allein beim Asta* der Uni Köln ein, der auf seiner Homepage ein Formular anbietet, über das Studierende Professoren, die sich der Regelung widersetzen, melden können. _____2_____. „Ein Dozent kündigte mitten im Semester einen zusätzlichen Test an als Zulassungsvoraussetzung für die Prüfung am Semesterende", sagte der Chemiestudent und Asta-Referent Florian Pranghe. Ein klarer Verstoß gegen die Prüfungsordnung sei das.

Bei vielen Hochschullehrern herrscht dagegen der Eindruck, die Abschaffung der Anwesenheitspflicht diene angesichts explodierender Studierendenzahlen vor allem dazu, die Raumnot vieler Studiengänge in den Griff zu bekommen. So gesehen ist das Verbot ein Erfolg: _____3_____. Diese Zahl habe sich mittlerweile mindestens halbiert, meint Christoph Helmig, Professor und geschäftsführender Direktor des Philosophischen Seminars in Köln. Die Mehrheit tauche ein, zwei Mal im Semester auf, um ein Referat zu halten, und verschwinde dann wieder. _____4_____.

„Die Regelung ist vielleicht geeignet für Fächer wie Mathematik, wo Formeln auch zu Hause gelernt werden können, nicht aber für die Philosophie", sagt Helmig. _____5_____. Derzeit aber sei die Versuchung groß, mit geringstem Aufwand abzuschließen. „Wir bräuchten eine qualifizierte Anwesenheitsregelung mit Ausnahmen für bestimmte Fächer."

Die meisten Probleme mit dem Verbot gebe es tatsächlich in philosophischen und humanwissenschaftlichen Studiengängen, sagt Florian Pranghe vom Asta in Köln. _____6_____. Um das zu vermitteln, helfe aber ganz sicher kein Zwang. Die Veranstaltungen müssten schlicht attraktiver werden, zum Beispiel durch kleinere Gruppengrößen, meint Pranghe. „Und viel zu oft sind Seminare wie Vorlesungen, weil der Dozent nur einen Monolog hält oder sich Referat an Referat reiht."

* Asta = Allgemeiner Studierendenausschuss, der sich u. a. um die Interessen der Studierenden kümmert; der Asta ist ein politisches Organ innerhalb der Hochschule.

Beispiel:

z Grundsätzlich und ausdrücklich verbietet das Hochschulzukunftsgesetz seit Oktober 2014 die Anwesenheitspflicht im Studium.

a Dass es durchaus im Eigeninteresse der Studierenden sei, Seminare zu besuchen, glaubt auch er.

b Gerade in Seminaren, in denen kontrovers diskutiert und der Aufbau von Argumenten geschult werde, sei ständige Teilnahme wichtig.

c In manchen Proseminaren erschienen früher um die 40 Teilnehmer regelmäßig und arbeiteten mit.

d In manchen Veranstaltungen brauche man einfach mehr Studierende, die anwesend sind.

e Manche versuchen trickreich, das Verbot zu umgehen.

f Mancher Kollege halte seine Vorlesungen nur noch für ein paar Seniorenstudenten.

g Trotzdem teilen auch in NRW Dozenten weiter eifrig Anwesenheitslisten aus.

h Zu den Zwischenprüfungen wird nur noch die Hälfte der Studierenden zugelassen.

Tipp: Lesen Sie den von Ihnen eingefügten Satz zusammen mit den Sätzen vor und hinter der Lücke, dann können Sie noch einmal überprüfen, ob er gut passt.

Leseverstehen, Teil 2

Lesen Sie den folgenden Text. In welchem Textabsatz a–e finden Sie die Antworten auf die Fragen 7–12? Es gibt jeweils nur eine richtige Lösung. Jeder Absatz kann Antworten auf mehrere Fragen enthalten.

Markieren Sie Ihre Lösungen für die Aufgaben 7–12 auf dem Antwortbogen.

Beispiel: In welchem Abschnitt …
0 wird erklärt, wie die Einheit für den Schalldruck ausgesprochen wird?

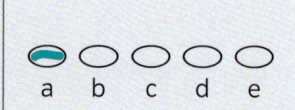

a b c d e

Tipp: Achten Sie beim Lesen der Aufgaben 7–12 auch auf die einleitenden Worte: Geht es um eine Begründung, eine Erklärung, eine Beschreibung etc.?

In welchem Abschnitt …

7 beschreiben die Autoren die Versuchsanordnung?

8 erläutern die Autoren die Funktionen von Vogelgesang?

9 informieren die Autoren darüber, ab welchem Lärmpegel man sich gestört fühlt?

10 stellen die Autoren fest, dass die Auswirkungen von Fluglärm auf Tiere kaum erforscht sind?

11 wird erläutert, inwiefern die Vögel ihr Verhalten auf den Fluglärm einstellen?

12 wird nachgewiesen, dass Vögel in Flughafennähe weniger Zeit zur Verständigung haben?

Singen in der Einflugschneise

a

Fluglärm – seit vielen Jahren ein Schlagwort in der deutschen Öffentlichkeit. Wenn von „Fluglärm" die Rede ist, also von dem Lärm, den vor allem startende und landende Flugzeuge in der Nähe eines Flughafens verursachen –, denken viele sofort an die gesundheitlichen Beeinträchtigungen für die Anwohner und die Proteste, die Anwohner und bestimmte Politiker gegen den Ausbau von Flughäfen initiieren.
Diese Proteste verwundern insofern nicht, als dass die negativen Auswirkungen von Lärm – unabhängig davon, ob ein Flugzeug oder etwas anderes die Ursache ist – medizinisch belegt sind.
Die Messung von Lärm, genauer gesagt von Frequenz und Schalldruck, ist dabei ein kompliziertes Unterfangen. Für den Laien sei gesagt, dass der Schalldruck in dB(A) (sprich: „Dezibel A") gemessen wird und dass Menschen Geräusche ab einem Wert von etwa 90 dB(A) subjektiv als unangenehm empfinden. Der Lärm eines Düsenflugzeugs beim Start liegt jedoch auch in mehreren hundert Metern Entfernung noch bei knapp über 100 dB(A).

b

Diese Erkenntnisse sind aber nicht neu. Was hingegen bislang nur wenig Beachtung fand, war die Frage, ob der Fluglärm auch das Verhalten anderer Lebewesen beeinflusst, ob also neben Menschen auch Tiere durch Fluglärm beeinträchtigt werden. Intuitiv möchte man diese Frage vielleicht mit „Ja" beantworten, auch wenn man nicht recht weiß, wie genau diese Beeinträchtigungen aussehen könnten. Genau das haben nun Wissenschaftler genauer untersucht. Biologen vom Max-Planck-Institut für Vogelkunde haben die Auswirkungen von Fluglärm auf bestimmte Vogelarten unter die Lupe genommen. Im Zentrum stand dabei die überlebenswichtige Kommunikation unter Vögeln: der Gesang der Vögel oder umgangssprachlich „das Gezwitscher".

Warum ist dieser Gesang überlebenswichtig? Zum einen dient er dazu, das Revier zu verteidigen – Vögel vertreiben mit ihrem Gezwitscher Feinde aus dem Bereich, in dem sie leben, oder warnen ihre Artgenossen vor den Feinden. Zum anderen dient der Vogelgesang dazu, Partnerinnen für die Fortpflanzung anzulocken. Es leuchtet ein, dass beide Aufgaben für das Überleben der Art sehr wichtig sind. Wie verhält es sich nun mit dem Vogelgesang in der Nähe eines Flughafens?

c

Am Flughafen Berlin-Tegel starten und landen Flugzeuge von sechs bis 23 Uhr ungefähr alle zwei Minuten. Die Verhaltensbiologen wählten für die Studie ein Waldgebiet, das unmittelbar an den Flughafen grenzt, sowie zum Vergleich ein ähnlich strukturiertes Waldgebiet vier Kilometer davon entfernt, also weit weg vom Flughafen. Um Einflüsse von künstlicher Beleuchtung auf die Gesangsaktivität zu vermeiden, haben die Forscher in genügendem Abstand zum Waldrand den Zeitpunkt des ersten Morgengesangs der verschiedenen Vogelarten bestimmt und dabei auch gleichzeitig den Lärmpegel in den beiden Gebieten gemessen. So konnte in dieser Studie erstmals ein direkter Zusammenhang zwischen Fluglärm und der Gesangsaktivität der Vögel hergestellt werden.

d

Die Forscher fanden heraus, dass sich die Lärmpegel in den Waldgebieten vor dem Start des ersten Flugzeugs um sechs Uhr nicht unterscheiden. Trotzdem beginnen etliche Vogelarten, wie z. B. Rotkehlchen, Amseln, Blaumeisen, Kohlmeisen und Buchfinken, in der Nähe des Flughafens fünf bis zehn Minuten früher zu singen als ihre Artgenossen weiter entfernt. Das klingt nach wenig, doch der Leiter der Studie betont, dass schon kleine Unterschiede beim Beginn des Morgengesangs zu großen Unterschieden beim Fortpflanzungserfolg der Tiere führen können. Tatsächlich zeigen andere Untersuchungen, dass früher singende Vögel mehr Paarungspartner finden und tatsächlich auch öfters Erfolg beim Fremdgehen haben – ob das wünschenswert ist, sei dahingestellt.

Schallmessungen der Forscher ergaben, dass der tägliche Lärmpegel in dem Waldstück nah am Flughafen um durchschnittlich 30 dB(A) höher lag als im Kontrollgebiet. Sie haben während der Starts und Landungen Lautstärken bis zu 87 dB(A) gemessen und gehen davon aus, dass der frühere Gesang der Vögel mit dem Fluglärm zu tun hat. In diesem Fall wären die Vögel also in der Lage zu erkennen, dass ab sechs Uhr der Fluglärm einsetzt, und ihr Gesangsverhalten entsprechend anzupassen – also früher zu singen.

e

Um herauszufinden, ob Vögel während des hohen Lärmpegels bei Starts und Landungen überhaupt noch singen, nahmen die Wissenschaftler den Gesang von Buchfinken in unmittelbarer Nähe der Landebahnen auf. Tatsächlich singen die Buchfinken dann viel weniger, hören aber erst ganz auf zu singen, wenn der Lärmpegel über 78 dB(A) steigt. „Wenn man bedenkt, dass es jeweils ca. 30 Sekunden gedauert hat, bis der Lärm wieder abebbte, geht den Vögeln während des täglichen Flugverkehrs ein Viertel der Zeit verloren, die sie zum Kommunizieren haben", so der Leiter der Studie. Daher lohnt es sich für sie, morgens schon früher damit anzufangen.

Leseverstehen, Teil 3

Lesen Sie den folgenden Text und die Aussagen 13–23. Welche der Aussagen sind richtig (+), falsch (–) oder gar nicht im Text enthalten (x)? Es gibt jeweils nur eine richtige Lösung. Markieren Sie Ihre Lösungen für die Aufgaben 13–23 auf dem Antwortbogen.

> **Tipp:** Lesen Sie zuerst die Aussagen unter dem Text, markieren Sie Schlüsselwörter und achten Sie auch besonders auf verneinende Wörter wie „nicht" oder „kein".

Menschen mit Hörbeeinträchtigung gehören nach wie vor zu den Bildungsverlierern. Bis an die Universität schaffen es nur ganz wenige von ihnen. Florian Wibmer ist stets in Begleitung, wenn er eine Lehrveranstaltung an der Universität Wien besucht. Der 25-Jährige streift nervös durch die Aula, er wartet auf seine beiden Gebärdensprachen-Dolmetscherinnen. Der Geschichtsstudent ist seit dem vierten Lebensjahr schwerhörig. Ohne Hilfe müsste er die Vorträge seiner Professoren von deren Lippen ablesen. „Das ist sehr anstrengend", sagt Wibmer. Er spricht bemüht deutlich, und man merkt kaum, dass er fast nichts hört. Über seine Stimmlage hat er aber nur wenig Kontrolle. „Besonders schwer fällt es mir, Fremdwörter und unbekannte Fachausdrücke auszusprechen oder zu verstehen."

Florian Wibmer ist einer der wenigen hörbeeinträchtigten Menschen, die es an die Universität geschafft haben. Rund 450.000 Menschen mit Hörbeeinträchtigung leben in Österreich, davon sind 10.000 gehörlos. Schätzungen zufolge haben ungefähr 50 der schwer hörbeeinträchtigen Menschen Matura*, nur rund 30 von ihnen studieren, davon etwa 16 in Wien. Doch die gleichberechtigte Teilhabe an Bildung liegt für Menschen mit Hörbeeinträchtigung nach wie vor in weiter Ferne – obwohl die UN Österreich längst ermahnt haben, die UN-Behindertenrechtskonvention einzuhalten, Sonderschulen abzuschaffen und das Erlernen der Gebärdensprache, einer Sprache, die statt Lauten Gestik und Mimik verwendet, auf allen Ebenen zu fördern. Die Konsequenz der mangelnden Umsetzung: Den meisten Menschen mit Hörbehinderung bleibt nach Abschluss der Sonderschule nichts anderes übrig, als sich einen Job zu suchen – als Hilfsarbeiter, Koch, Maurer oder Reinigungskraft.

„Für mich war immer klar, ich werde studieren", sagt Florian Wibmer mit fester Stimme. „Es gab schon nach der Volksschule die Diskussion mit meinen Lehrern, ob ich auf das Gymnasium oder in die Hauptschule gehen soll. Und ich habe mich klar für das Gymnasium entschieden." Seit mehreren Jahren engagiert sich Wibmer als Vorsitzender des österreichischen Vereins gehörloser Studierender. Mit Gebärden könne er sich besser ausdrücken, meint er. Dabei spricht er die Gebärdensprache erst seit vier Jahren. Zuvor mühte er sich ohne sie durch die einzelnen Schulstufen bis zur Matura. Immer wieder halfen ihm Nachhilfelehrer nach der regulären Schulzeit, den Lernstoff aufzuarbeiten, während seine Mitschüler längst

---

* Abitur in Österreich

Freizeit hatten. Immerhin gehen bis zu 70 Prozent des Lehrinhalts beim Lippenlesen verloren. Aber auf eine der sechs Sonderschulen, die es in Österreich für hörbeeinträchtigte Menschen gibt, wollte Florian Wibmer nicht gehen. Das seien geschlossene Systeme, meint er, in denen man nichts lerne.

Die Sonderschulen betreuen hörbeeinträchtigte Kinder in der Regel bis zum 14. Lebensjahr. Bilingualer Unterricht, also in Gebärdensprache und deutscher Lautsprache, sei aber eine Ausnahme, kritisieren Hörbeeinträchtigte und Bildungsexperten. Das Credo laute vielmehr: Gebärdensprache sollen nur jene Kinder lernen, die zusätzliche Lernschwierigkeiten haben. Der Rest sei „gesund" und solle sich an die hörende Welt anpassen. Im Vordergrund stehen Sprechübungen, um die deutsche Sprache zu lernen. Lehrinhalte werden reduziert und kaum vermittelt. Die Möglichkeit, nach der Pflichtschule an einer weiterführenden Partnerschule die Matura zu absolvieren, nehmen die wenigsten Schüler in Anspruch. Mit dem Bildungsniveau eines Gymnasiasten oder eines Berufsschülers können sie meist nicht mehr mithalten. Studien belegen, dass sechsjährige Gehörlose den Wortschatz von zweijährigen hörenden Kindern hätten und fünfzehnjährige Gehörlose auf dem Niveau von Achtjährigen mit Gehör stecken blieben.

Die Präsidentin des österreichischen Gehörlosenbundes ist selbst taub. Sie trug maßgeblich dazu bei, dass die Gebärdensprache 2005 als Minderheitensprache in der Verfassung verankert wurde. Verändert hat sich dadurch aber wenig. Als Unterrichtssprache ist die Gebärdensprache gesetzlich nicht anerkannt. Das Unterrichtsministerium gibt dazu nur allgemeine Statements ab. Gebärdensprache werde angeboten, wo Nachfrage bestehe, und an jeder Bildungseinrichtung gebe es auch bilinguale Klassen. Überdies sei man darum bemüht, jedem hörbeeinträchtigten Menschen die gleichberechtigte Teilhabe an Bildung zu ermöglichen.

Doch 70 Prozent der Lehrer an Sonderschulen für hörbeeinträchtigte Kinder seien der Sprache ihrer Schüler gar nicht mächtig, sprechen also keine Gebärdensprache. Bilingualer Unterricht finde derzeit nur vereinzelt statt: auf Eigeninitiative von engagierten Eltern und Lehrern, die sich meist gegen Direktoren oder den Stadtschulrat durchsetzen mussten, um ihren Kindern alle Bildungswege offenzuhalten. Das Bewusstsein, dass Gebärdensprache die Muttersprache gehörloser Menschen ist, also eine Sprache mit eigener Grammatik, Syntax und eigenem Wortschatz, scheint nicht vorhanden zu sein. Die Bezeichnung Muttersprache ist ja auch irreführend, wenn damit die Sprache gemeint ist, die Kinder von klein auf erlernen. Meist ist ja die Gebärdensprache gar nicht die Sprache der Mütter und Väter von Gehörlosen. Nur bis zu zehn Prozent von ihnen beherrschen die Sprache der Gesten und Zeichen – wenn auch sie selbst gehörlos sind.

Florian Wibmers Vorlesung hat begonnen. Vor ihm haben zwei Dolmetscherinnen Platz genommen, die den Vortrag des Professors übersetzen. Sie wechseln einander alle 15 Minuten ab. Neben Florian sitzt eine „Mitschreibkraft", die den Lehrinhalt für ihn auf Papier festhält, damit er sich auf die Dolmetscherinnen konzentrieren kann. Für Wibmer ist dieser Aufwand kostenlos, weil er das Glück hat, am Projekt Gestu („Gehörlos erfolgreich studieren") teilnehmen zu können. Der Modellversuch, den das Wissenschaftsministerium mitfinanziert, soll die Situation gehörloser Studierender verbessern. Seit 2010 existiert das Programm, an dem derzeit 16 Studierende teilnehmen. Der Pool an Gebärdensprachen-Dolmetschern, die für Gestu tätig sind, ist damit schon ausgelastet. Es mangelt generell an Dolmetschern. In Österreich gibt es nur 100 von ihnen. Und nicht immer gelingt es, die Stundenpläne der Studenten mit jenen der Dolmetscher zu synchronisieren. Dass Inklusion grundsätzlich funktionieren kann, obwohl es teuer ist, zeigen Länder wie Schweden, die USA oder Großbritannien, wo Bildungseinrichtungen, in denen in Gebärdensprache unterrichtet wird, selbstverständlich sind.

In Österreich sind Gehörlose, die Bildungsbarrieren überwinden, nach wie vor Einzelkämpfer, stille Rebellen. So wie Günter Roiss. „Als ich gesagt habe, dass ich mich zur Matura anmelden und mich für Psychologie einschreiben werde, haben meine Lehrer mir empfohlen, Uhrmacher zu werden", sagt er. „Da habe ich nur gelacht." Der 41-jährige Psychologe mit dem dunklen Lockenkopf führt mittlerweile eine Praxis für hörbeeinträchtigte Klienten. Als er mit drei Jahren plötzlich ertaubte, schickten ihn seine Eltern in eine Gehörlosenschule mit integrativer Klasse, in der er zusammen mit Hörenden lernte. Doch diese Art von Inklusion erlebte er als Ausgrenzung – durch die Lehrenden. „Sie haben mir damals verboten, in der Schule die Gebärdensprache zu verwenden", erzählt Roiss und greift sich an den Kopf. „Aber ich ließ mich davon nicht beirren, habe französische und amerikanische Gebärdensprache gelernt und mich so immer weitergebildet."

Roiss und Wibmer gehören zur Bildungselite der Gehörlosen, die rund 0,01 Prozent aller Menschen mit Hörbeeinträchtigung ausmachen. Um den Großteil aller anderen aufzufangen, die in öffentlichen Schulen den Anschluss in der Bildung verpassen, wird der Staat weiterhin in private Bildungsinitiativen investieren müssen.

Geräuschvolles Stühlerücken an der Uni Wien, die Lehrveranstaltung ist zu Ende. Studienkollegen schielen verstohlen zu den Dolmetschern und der Mitschreibkraft. Von den Universitäten könnten sich Schulen einiges abschauen, meint Florian Wibmer, während er seinen Block in den Rucksack packt. Was Barrierefreiheit und Inklusion bedeute, habe er erst mit 18 Jahren beim Studieren erfahren. Für die meisten der gehörlosen Menschen ist es da längst zu spät.

Welche der Aussagen sind richtig (+), falsch (–) oder gar nicht im Text enthalten (x)?

13 Das Lippenlesen ist für Gehörlose bei längeren Vorträgen ermüdend.

14 Hörbeeinträchtigte Menschen müssen nach der Schule viele Bewerbungen schreiben, um einen Job zu finden.

15 Ohne zusätzlichen Unterricht hätte Florian Wibmer vielleicht das Abitur/die Matura nicht geschafft.

16 Nur 70 Prozent des Unterrichtsstoffes werden von Gehörlosen wahrgenommen.

17 In Sonderschulen spielt die Übung der richtigen Aussprache eine weitaus größere Rolle als der Lernstoff.

18 Gehörlose Jugendliche erreichen erst mit 15 das Niveau gleichaltriger hörender Kinder.

19 Mittlerweile wird die Gebärdensprache bei Bedarf an jeder österreichischen Schule gelehrt.

20 Die Syntax der Gebärdensprache ist schwieriger zu lernen als die der deutschen Sprache.

21 Es gibt zu wenig Gebärdendolmetscher in Österreich.

22 In anderen Ländern ist Inklusion nicht so teuer wie in Österreich und wird trotzdem umgesetzt.

23 Um Gehörlosen Bildungschancen zu ermöglichen, ist die staatliche Unterstützung privater Bildungseinrichtungen erforderlich.

Welche der Überschriften a, b oder c trifft die Aussage des Textes am besten?
Markieren Sie Ihre Lösung für die Aufgabe 24 auf dem Antwortbogen.

24 a   Bildungschancen für Gehörlose
   b   Diskriminierung von Gehörlosen
   c   Gebärdensprache in Österreich

Sprachbausteine

Lesen Sie den folgenden Text. Welche Lösung (a, b, c oder d) ist jeweils richtig? Markieren Sie Ihre Lösungen für die Aufgaben 25–46 auf dem Antwortbogen. Lücke (0) ist ein Beispiel.

> **Tipp:** Achten Sie beim Lösen der Aufgabe auf die Zeit. Sie haben für diesen Prüfungsteil ca. 20 bis 25 Minuten zur Verfügung (je nachdem, wie viel Zeit Sie sich für das Leseverstehen nehmen) – also nur ca. 1 Minute pro Aufgabe. Können Sie eine Aufgabe nicht lösen, gehen Sie weiter zur nächsten Aufgabe.

Doping __0__ Schach ist möglich

Nirgends ist man vor Dopingbetrug sicher, __25__ beim Schach. Eigentlich gilt das Brettspiel als zu komplex, als dass sich die Leistung künstlich steigern ließe. Psychiater aus Mainz haben nun __26__ gezeigt, dass sich die kognitiven Fähigkeiten der Denksportler wohl doch durch die Einnahme von bestimmten Substanzen verbessern lassen.

Die Forscher hatten 39 Turnierschachspielern in Versuchsreihen __27__ gegeben, welche Einfluss auf die kognitiven Fähigkeiten haben: entweder Koffein, Methylphenidat oder Modafinil. Zudem wurde ein sogenanntes Placebo – das ist ein „Scheinmedikament", __28__ ein Mittel ohne Wirkung – verabreicht, um einen Vergleich zu den drei echten Wirkstoffen zu haben.

Nachdem die Schachspieler einen Wirkstoff bzw. das Placebo eingenommen hatten, __29__ sie in Schnellschachpartien gegen einen Computer an. Bei Schnellschachpartien haben die Spieler nicht __30__ Bedenkzeit wie bei Turnierpartien, was für die praktische Durchführbarkeit der Studie __31__ war.

Nachdem insgesamt 3000 solcher Schnellschachpartien absolviert __32__, analysierten die Forscher diese und kamen __33__ interessanten Ergebnissen: Hatten die Spieler einen der Wirkstoffe eingenommen (also nicht das Placebo), so steigerte __34__ ihre Spielstärke, und die Spieler dachten länger über den besten Zug nach. Das galt zumindest dann, __35__ die Spieler nicht unter massiver Zeitnot entscheiden mussten.

Die Ergebnisse zeigen erstmals, dass auch hochkomplexe kognitive Fähigkeiten durch bestimmte Mittel __36__. Offenbar sind Probanden dann __37__ in der Lage, Entscheidungsprozesse vertieft zu reflektieren.

Bisher __38__ Forscher an, dass im Schach Doping nicht sinnvoll sei – denn das Zusammenspiel __39__ strategischem Denken, Kreativität, Geduld und Gedächtnis, wie es beim Schach erforderlich ist, __40__ nicht auf einem einfachen physiologischen Mechanismus.

Einzelne Aspekte __41__ Wachsamkeit und Konzentration lassen sich mit stimulierenden Mitteln aber durchaus steigern, __42__ professionelle Schachspieler auch Fitnessprogramme absolvieren und auf ihre Ernährung achten. Diese Vorbereitung hilft ihnen, mehrstündige Partien besser __43__.

Ist nun zu befürchten, dass Spieler im Schach Substanzen zur Leistungssteigerung nehmen und sich so einen Vorteil __44__ können?

Dem widersprechen sowohl Schachspieler als auch Funktionäre. So erläutert der Geschäftsführer des Deutschen Schachbundes e.V., dass Doping __45__ nicht möglich sei, weil auf nationaler wie internationaler Ebene seit Jahren bei Wettkämpfen kontrolliert __46__.

0	**a**	am		36	**a**	können verbessert werden
	b	im			**b**	verbessert können werden
	c	unter			**c**	verbessert werden können
	d	von			**d**	werden verbessert können

25	**a**	mal nicht		37	**a**	ehemals
	b	nicht einmal			**b**	eher
	c	noch nicht			**c**	mehr
	d	sogar nicht			**d**	vorher

26	**a**	immerhin		38	**a**	führten
	b	jedoch			**b**	hielten
	c	nämlich			**c**	nahmen
	d	trotzdem			**d**	stellten

27	**a**	ein von drei Mitteln		39	**a**	aus
	b	eines der drei Mitteln			**b**	mit
	c	eines von drei Mittel			**c**	nach
	d	eines von drei Mitteln			**d**	von

28	**a**	also		40	**a**	beruht
	b	demzufolge			**b**	besteht
	c	folglich			**c**	liegt
	d	insofern			**d**	steht

29	**a**	dachten		41	**a**	als
	b	griffen			**b**	also
	c	liefen			**c**	so wie
	d	traten			**d**	wie

30	**a**	genauso		42	**a**	demgemäß
	b	genug			**b**	deswegen
	c	mehr			**c**	weshalb
	d	so viel			**d**	wieso

31	**a**	von Nutzen		43	**a**	auszustehen
	b	von nutzen			**b**	einzugestehen
	c	vonnnutzen			**c**	durchzustehen
	d	Vonnutzen			**d**	nachzustehen

32	**a**	geworden sind		44	**a**	besorgen
	b	waren			**b**	holen
	c	worden waren			**c**	nehmen
	d	wurden			**d**	verschaffen

33	**a**	bei		45	**a**	allein schon deshalb
	b	mit			**b**	deshalb allein
	c	nach			**c**	deshalb schon allein
	d	zu			**d**	schon deshalb allein

34	**a**	–		46	**a**	werde
	b	man			**b**	worden wäre
	c	sich			**c**	wurde
	d	sie			**d**	würde

35	**a**	bevor
	b	nachdem
	c	während
	d	wenn

Hörverstehen, Teil 1

🎧 4 Sie hören die Meinungen von acht Personen. Sie hören die Meinungen nur einmal. Entscheiden Sie beim Hören, welche Aussage (a–j), zu welcher Person passt. Zwei Aussagen passen nicht. Markieren Sie Ihre Lösungen für die Aufgaben 47–54 auf dem Antwortbogen.
Lesen Sie jetzt die Aussagen a–j. Sie haben dazu eine Minute Zeit.

> **Tipp:** Lesen Sie die Aussagen zum angegebenen Thema und markieren Sie Schlüsselwörter.

> **Tipp:** Verwenden Sie kleine Symbole wie „+" oder „–", um eventuell die Meinung der Person zum Thema zu notieren.

Semesterticket

		Sprecher/in
a	Das Semesterticket sollten nur die Leute kaufen müssen, die es auch benötigen.	_____
b	Eine normale Fahrkarte ist besser, weil man damit den Staat durch Steuern unterstützt.	_____
c	Eine normale Fahrkarte ist teurer und unflexibler als ein Semesterticket.	_____
d	Eltern werden durch das Semesterticket finanziell entlastet.	_____
e	Es sollte generell für alle Menschen eine Fahrkarte geben, die ähnlich wie ein Semesterticket ist.	_____
f	Mit dem Semesterticket hat man die Möglichkeit, Freizeitmöglichkeiten in einem recht großen Umkreis zu nutzen.	_____
g	Mit dem Semesterticket können Studierende in Studium und Beruf flexibel bleiben, ohne zusätzliche Fahrtkosten zu haben.	_____
h	Studierende brauchen ein Semesterticket, weil sie sonst entweder nur zur Universität oder nur zur Arbeit fahren könnten.	_____
i	Studierende sind durch das Semesterticket im Vorteil gegenüber Auszubildenden.	_____
j	Viele Studierende nutzen das Semesterticket aus, um eine gute Zeit zu haben.	_____

Hörverstehen, Teil 2

🎧 5 Sie hören eine Radiosendung. Sie hören die Sendung nur einmal. Entscheiden Sie beim Hören, welche Aussage (a, b oder c) am besten passt. Markieren Sie Ihre Lösungen für die Aufgaben 55–64 auf dem Antwortbogen.
Lesen Sie jetzt die Aufgaben 55–64. Sie haben dazu drei Minuten Zeit.

55 Herr Krüger interessiert sich dafür,
- **a** welche Emotionen mit Musik transportiert werden.
- **b** welche Gefühle Kunstwerke auslösen.
- **c** wie Künstler sich bei der Arbeit fühlen.

56 Herr Krüger berichtet, dass
- **a** Besucher ärztlich untersucht werden, ehe sie ins Museum gehen.
- **b** Museumsbesucher auch harmlosen Untersuchungen skeptisch gegenüberstehen.
- **c** von Museumsbesuchern Daten erfasst werden wie bei einer ärztlichen Untersuchung.

57 Herr Krüger
- **a** äußert sich ironisch über den Vergleich von Museumsbesuchern und Patienten beim Arzt.
- **b** berichtet von seinen Erfahrungen mit der heilsamen Wirkung von Malerei.
- **c** beschreibt, wie Ärzte schon jetzt Kunst zur Heilung einsetzen.

58 Die Moderatorin
- **a** findet, dass die Emotionen von Museumsbesuchern privat bleiben sollten.
- **b** weist auf den bekannten Zusammenhang zwischen Kunst und Emotionen hin.
- **c** zieht etablierte Positionen von Kunsttheoretikern in Zweifel.

59 Mit einem Handschuh
- **a** werden Signale darüber versendet, welche Bilder die Besucher gerne anfassen würden.
- **b** wird die Zeit gemessen, die ein Besucher vor einem bestimmten Kunstwerk verbringt.
- **c** wird kontrolliert, wie viele Schritte die Besucher im Museum zurücklegen.

Tipp: Markieren Sie während des Hörens die Lösung neben der Aufgabe. Wenn Sie sich nicht sicher sind, markieren Sie ein Fragezeichen oder die beiden Antwortoptionen, zwischen denen Sie schwanken. Markieren Sie in jedem Fall schnell und knapp, damit Sie sich weiterhin auf das Hören konzentrieren können.

Tipp: Markieren Sie beim Lesen auch Wörter, die einen Hinweis auf die Art und Weise, wie die Personen sprechen, geben, also ob sie sich z. B. amüsieren, ärgern, etwas ironisch äußern oder erstaunt sind.

60 Herr Krüger
- **a** beschreibt den Widerspruch zwischen Messergebnis und subjektiver Empfindung.
- **b** erklärt die Herkunft einer deutschen Redewendung.
- **c** widerlegt mithilfe eines Lügendetektors die Redewendung „feuchte Hände haben".

61 Die Moderatorin
- **a** erwähnt, dass sie selbst Laie in Sachen Malerei ist.
- **b** möchte wissen, warum man die Haltung der Besucher nicht einfach erfragt hat.
- **c** wundert sich darüber, dass keine Fragebögen eingesetzt wurden.

62 In Zukunft sollen im Museum
- **a** keine Namen mehr neben den Gemälden angebracht werden.
- **b** Tests durchgeführt werden, bei denen die Besucher Kunstwerke kopieren.
- **c** weitere Versuchsreihen unter anderen Bedingungen durchgeführt werden.

63 Herr Krüger
- **a** betont, dass mit den Untersuchungen keine Bewertung der Kunstwerke vorgenommen wird.
- **b** findet, dass Kunst bestimmten Absichten dienen sollte.
- **c** vermutet, dass Museen in Zukunft ähnlich wie Warenhäuser aufgebaut sein werden.

64 Herr Krüger
- **a** ist der Ansicht, dass sich letztlich alles objektiv darstellen lässt.
- **b** möchte langfristig einen Zusammenhang zwischen körperlichen Reaktionen und subjektiver Bewertung herstellen.
- **c** möchte möglichst viele physiologische Daten erfassen.

Tipp: Sobald der Hörtext beendet ist, sollten Sie Ihre Lösungen auf den Antwortbogen übertragen. Übertragen Sie zuerst die Lösungen, bei denen Sie sich sicher sind. Gibt es noch Aufgaben, bei denen Sie sich unsicher waren? Denken Sie kurz darüber nach, was Sie gehört haben, und entscheiden Sie sich. Markieren Sie in jedem Fall bei allen Aufgaben eine Antwort.

Tipp: Wenn Sie beim Lesen der Aufgaben ein Wort nicht verstehen, verzweifeln Sie nicht. Konzentrieren Sie sich auf die anderen Aufgaben. Beim Hören könnte es außerdem sein, dass Sie das unbekannte Wort durch den Kontext doch verstehen und die Aufgabe lösen können.

Hörverstehen, Teil 3

🎧 6 Sie hören einen Vortrag. Sie hören den Vortrag nur einmal. Sie haben Handzettel mit den Folien der Präsentation erhalten. Schreiben Sie die fehlenden Informationen stichwortartig in die freien Zeilen 65–74 in der rechten Spalte. Die Lösung 0 ist ein Beispiel.
Lesen Sie jetzt die Stichworte. Sie haben dazu eine Minute Zeit.

Präsentation	Ihre Lösungen

Präsentation

Vortrag

„Wann beginnt

(0) _____?"

Dr. Jung

Ihre Lösungen

0 *der menschliche Spracherwerb*

Erste Erfahrungen von Babys

- Babys sind vielen Reizen ausgesetzt: Farben, Geräusche, …

(65)

- Ordnung der Informationsflut durch das Gehirn
- Informationen werden verarbeitet und dabei im

(66)

65 _____

66 _____

Lernen im Schlaf

- 6–8 Monate alte Babys lernen bereits im Schlaf
- im Schlaf werden Schritte durchlaufen, die wir

(67)

- aus der Verknüpfung von Wort und Bedeutung entstehen „echte" Wörter – Fachbegriff:

(68)

67 _____

68 _____

Präsentation	Ihre Lösungen

Studie mit Fantasieobjekten und -worten

- Objekte mit leichten Unterschieden in Form und Farbe erhielten

  (69)

- man wollte sicherstellen, dass die Babys nicht

  (70)

69 _____

_____

_____

70 _____

_____

_____

- Mittagsschlaf nach Lernphase → Lernerfolg
- Gehirn konnte unterscheiden zwischen den

  (71)

  neuer Objekte

- kurzer Mittagsschlaf: Hirnreaktion, die bereits von

  (72)

- langer Mittagsschlaf: andere Hirnreaktion (bislang in diesem Alter unbekannt)

71 _____

_____

_____

72 _____

_____

_____

- Mutmaßung: bestimmte Schlafphase ist besonders wichtig
- in zweiter Schlafphase: Übergang von einfacher Form des lexikalischen Gedächtnisses zu

  (73)

- Fazit: Sprachentwicklung verläuft bei schlafenden Babys

  (74)

73 _____

_____

_____

74 _____

_____

_____

Sie haben jetzt fünf Minuten Zeit, Ihre Antworten zu den Aufgaben 65–74 auf den Antwortbogen zu übertragen.

Schriftlicher Ausdruck

Wählen Sie eines der folgenden zwei Themen. Schreiben Sie einen Text, in dem Sie Ihren eigenen Standpunkt dazu erarbeiten und argumentativ darlegen. Ihr Text soll mindestens 350 Wörter umfassen. Sie haben 70 Minuten Zeit.

Thema 1

In einem gesellschaftswissenschaftlichen Seminar sollen Sie Ihre Haltung gegenüber staatlicher Unterstützung für die Bürgerinnen und Bürger reflektieren.
Greifen Sie die unten genannten Zitate auf, berücksichtigen Sie auch Ihre eigenen Erfahrungen und legen Sie Vor- und Nachteile verschiedener Positionen dar. Fassen Sie Ihre Ergebnisse zusammen.

> „Jeder ist für sich und sein Leben selbst verantwortlich."
>
> „Jeder kann in die Lage kommen, Hilfe zu benötigen, deshalb sollte der Staat z. B. mit Zuschüssen oder Beratungsangeboten unterstützend eingreifen."

oder

Thema 2

In einem bildungswissenschaftlichen Seminar sollen Sie Ihre Haltung zum Thema „Freiwillige Praktika in den Semesterferien" reflektieren.
Greifen Sie die unten genannten Zitate auf, berücksichtigen Sie auch Ihre eigenen Erfahrungen und legen Sie Vor- und Nachteile verschiedener Positionen dar. Fassen Sie Ihre Ergebnisse zusammen.

> „Praktika sind in der heutigen Zeit der Einstieg ins Berufsleben."
>
> „Die Noten der Studierenden leiden darunter, wenn diese zu wenig Zeit zum Lernen haben."

Tipp: Entscheiden Sie sich schnell für ein Thema und sammeln Sie zunächst Argumente für unterschiedliche Standpunkte. Bringen Sie die Argumente in eine angemessene Reihenfolge und denken Sie auch an Ihre persönlichen Erfahrungen und Ihre eigene Meinung. Denken Sie an einen logischen und gut nachvollziehbaren Textaufbau und eine gute Verknüpfung Ihrer Argumente. Nehmen Sie sich am Ende kurz Zeit, um Ihren Text noch einmal zu lesen und Fehler zu korrigieren. Stimmen alle Verbformen, Adjektivendungen usw.? Ist der Satzbau richtig, stehen Verben, Adverbien usw. auf der richtigen Position?

Mündlicher Ausdruck, Teil 1

Teilnehmer/in A

Teil 1A Präsentation (3 Minuten)

Aufgabe

Sie sollen ein Kurzreferat (ca. 3 Minuten) halten. Wählen Sie eines der Themen aus. Sie können sich Notizen machen (Stichworte, keinen zusammenhängenden Text). Denken Sie auch an eine Einleitung (Beispiel, eigene Erfahrung, …) und an einen Schluss bzw. ein Fazit. Ihr Vortrag soll gut gegliedert sein und das Thema klar und detailliert darstellen. Im Anschluss werden Ihnen Fragen gestellt.

Themen

- Wie soll man sich im Urlaub im Ausland verhalten? Bitte begründen Sie Ihre Meinung.

- Welche Unterschiede gibt es zwischen Universitäten in Deutschland und in Ihrem Heimatland?

Teil 1B Zusammenfassung und Anschlussfragen (2 Minuten)

Aufgabe

- Machen Sie sich Notizen, während Ihre Partnerin oder Ihr Partner ihre bzw. seine Präsentation vorträgt. Im Anschluss an die Präsentation fassen Sie dann zusammen, was Ihre Partnerin oder Ihr Partner vorgetragen hat.

- Stellen Sie dann Ihrer Partnerin oder Ihrem Partner Anschlussfragen.

> **Tipp:** Wenn Sie bei beiden Themen große Schwierigkeiten haben, eigene Beispiele zu finden, dann nehmen Sie das allgemeine Thema und denken Sie sich ein Beispiel aus. Hauptsache, Sie sprechen zu diesem Thema.

Teilnehmer/in B

Teil 1A Präsentation (3 Minuten)

Aufgabe

Sie sollen ein Kurzreferat (ca. 3 Minuten) halten. Wählen Sie eines der Themen aus. Sie können sich Notizen machen (Stichworte, keinen zusammenhängenden Text). Denken Sie auch an eine Einleitung (Beispiel, eigene Erfahrung, …) und an einen Schluss bzw. ein Fazit. Ihr Vortrag soll gut gegliedert sein und das Thema klar und detailliert darstellen. Im Anschluss werden Ihnen Fragen gestellt.

Themen

- Wie hält man sich zwischen den Vorlesungen am besten fit?

- Sollten die Leistungen der Studierenden mit Noten bewertet werden?
Nennen Sie Vor- und Nachteile.

Teil 1B Zusammenfassung und Anschlussfragen (2 Minuten)

Aufgabe

- Machen Sie sich Notizen, während Ihre Partnerin oder Ihr Partner ihre bzw. seine Präsentation vorträgt. Im Anschluss an die Präsentation fassen Sie dann zusammen, was Ihre Partnerin oder Ihr Partner vorgetragen hat.

- Stellen Sie dann Ihrer Partnerin oder Ihrem Partner Anschlussfragen.

Modelltest

Teilnehmer/in C

Teil 1A Präsentation (3 Minuten)

Aufgabe

Sie sollen ein Kurzreferat (ca. 3 Minuten) halten. Wählen Sie eines der Themen aus. Sie können sich Notizen machen (Stichworte, keinen zusammenhängenden Text). Denken Sie auch an eine Einleitung (Beispiel, eigene Erfahrung, …) und an einen Schluss bzw. ein Fazit. Ihr Vortrag soll gut gegliedert sein und das Thema klar und detailliert darstellen. Im Anschluss werden Ihnen Fragen gestellt.

Themen

- Ist bei Vorträgen eine Unterstützung durch Computermedien sinnvoll oder eher behindernd?

- Wie könnte das Essen in der Mensa besonders unter gesundheitlichen Aspekten verbessert werden?

Teil 1B Zusammenfassung und Anschlussfragen (2 Minuten)

Aufgabe

- Machen Sie sich Notizen, während Ihre Partnerin oder Ihr Partner ihre bzw. seine Präsentation vorträgt. Im Anschluss an die Präsentation fassen Sie dann zusammen, was Ihre Partnerin oder Ihr Partner vorgetragen hat.

- Stellen Sie dann Ihrer Partnerin oder Ihrem Partner Anschlussfragen.

Mündlicher Ausdruck, Teil 2

Diskussion (6 Minuten)

Tipp: Bitten Sie eine dritte Person, eines der folgenden Zitate abzuschreiben und Ihnen zur spontanen Diskussion zu geben. In der Prüfung erhält jedes Prüfungspaar nur ein Zitat zur Diskussion.

Diskutieren Sie mit Ihrem/r Partner/in das folgende Thema:

Teilnehmer/in A

„Bedenke, dass die menschlichen Verhältnisse insgesamt unbeständig sind. Dann wirst du im Glück nicht zu fröhlich und im Unglück nicht zu traurig sein."

Sokrates, 469 v. Chr. – 399 v. Chr., griechischer Philosoph

Teilnehmer/in B

„Was dein Feind nicht wissen soll, das sage deinem Freunde nicht."

Arthur Schopenhauer, 1788–1860, deutscher Philosoph

Teilnehmer/in C

„Es ist nicht genug zu wissen – man muss auch anwenden. Es ist nicht genug zu wollen – man muss auch tun."

Johann Wolfgang von Goethe, 1749–1832, deutscher Dichter und Politiker

Aufgabe

- Wie verstehen Sie diese Aussage?

- Sagen Sie, inwieweit Sie mit der Aussage übereinstimmen oder sie ablehnen.

- Geben Sie dazu Gründe und Beispiele an.

- Gehen Sie auch auf die Argumente Ihres Partners oder Ihrer Partnerin ein.

Tipp: Sie sollen in der Prüfung spontan diskutieren. Bitten Sie daher die dritte Person, die Ihnen bei der Vorbereitung hilft, auf die Uhr zu schauen und Ihnen einen Hinweis zu geben: Sie erhalten das Zitat und sollen ca. 20 Sekunden danach mit der Diskussion beginnen.
Sie haben also nur kurz Zeit, um das Zitat zu lesen und erste Ideen zu finden.

Modelltest 2

Lösungen und Kommentare

Leseverstehen, Teil 1
Antwortbogen

	a	b	c	d	e	f	g	h
1							X	
2					X			
3			X					
4						X		
5		X						
6	X							

Die Antwortoptionen d und h konnten nicht zugeordnet werden.

Kommentare

1 g *Trotzdem teilen auch in NRW Dozenten weiter eifrig Anwesenheitslisten aus.*

→ Im Satz davor wird beschrieben, dass das Abfragen der Anwesenheit die Berufsausübungs- und Handlungsfreiheit verletze und dass dies sogar gegen das Grundgesetz sei. Das Wort „trotzdem" im Lösungssatz zeigt, dass etwas gemacht wird, obwohl Gründe dagegen sprechen. Aus dem Inhalt des Lösungssatzes, dass die Dozenten Anwesenheitslisten austeilen, sieht man, dass dies ein Verstoß gegen die vorher im Text genannten Rechte ist.

2 e *Manche versuchen trickreich, das Verbot zu umgehen.*

→ Hier hilft bei der Lösung vor allem der nachfolgende Satz, in dem beschrieben wird, welchen Trick sich ein Professor ausgedacht hat, um die Studierenden dazu zu bringen, seine Vorlesung zu besuchen. Man bekommt ebenfalls noch einmal einen Hinweis darauf, dass dieses Vorgehen der Dozenten verboten ist: „Ein klarer Verstoß gegen die Prüfungsordnung sei das." Im Lösungssatz haben wir ebenfalls das Schlüsselwort „Verbot".

3 c *In manchen Proseminaren erschienen früher um die 40 Teilnehmer regelmäßig und arbeiteten mit.*

→ Auch hier hilft der Satz nach der Lücke, die richtige Lösung zu finden. Dort steht, dass sich „diese Zahlen […] mittlerweile halbiert" haben. Da Satz c der einzige Satz ist, in dem Zahlen genannt werden, muss diese Lösung richtig sein. Der Demonstrativartikel „diese" macht zudem deutlich, dass die Zahlen zuvor explizit genannt worden sein müssen.

4 f *Mancher Kollege halte seine Vorlesungen nur noch für ein paar Seniorenstudenten.*

→ Hier muss man den Kontext des Absatzes zuvor beachten. Dort geht es um die sinkenden Zahlen der Studierenden in den Vorlesungen. Der Lösungssatz f gibt somit ein abschließendes Beispiel zu der Thematik.

5 b *Gerade in Seminaren, in denen kontrovers diskutiert und der Aufbau von Argumenten geschult werde, sei ständige Teilnahme wichtig.*

→ Helmig zählt im Satz zuvor Fächer auf, bei denen es seiner Meinung nach funktioniert, wenn man nur sehr selten in die Vorlesung kommt. Dann spricht er vom Fach Philosophie. Da man in diesem Fach viel diskutiert, passt der Lösungssatz b. Hier wird von Seminaren gesprochen, in denen man sich viel austauschen muss.

6 a *Dass es durchaus im Eigeninteresse der Studierenden sei, Seminare zu besuchen, glaubt auch er.*

→ Zum einen gibt es im Lösungssatz den Hauptsatz „glaubt auch er", der zeigt, dass zuvor eine Person im Text genannt werden muss. Im vorangehenden Satz wird Florian Pranghe genannt. Außerdem liest man im nachfolgenden Satz „um das zu vermitteln", was einen Hinweis darauf gibt, dass vorher eine Lehre oder ein Ratschlag im Text erwähnt sein muss.

Leseverstehen, Teil 2
Antwortbogen

	a	b	c	d	e
7			X		
8		X			
9	X				
10		X			
11				X	
12					X

Sie haben in den Aufgaben zentrale Begriffe markiert und suchen nun den Absatz, der einer Aufgabe zugeordnet werden kann.

Kommentare

7 c *… beschreiben die Autoren die Versuchsanordnung?*

→ Mit „Versuchsanordnung" ist gemeint, wie ein Versuch aufgebaut war/ist, also wo und wie (und ggf. mit welchen Mitteln, Instrumenten o. Ä.) er durchgeführt wurde. Dies finden Sie in Abschnitt c, beginnend mit „Die Verhaltensbiologen wählten für die Studie ein Waldgebiet …" bis hin zu „… in den beiden Gebieten gemessen."

8 b *… erläutern die Autoren die Funktionen von Vogelgesang?*

→ In der Aufgabe ist „Funktionen" in Bezug auf den Vogelgesang das zentrale Wort. Denken Sie auch an Synonyme und Umschreibungen zu diesem Wort, wenn Sie den Text lesen. Sie lesen in Abschnitt b mit Bezug auf den Vogelgesang: „Zum einen dient er dazu, das Revier zu verteidigen – Vögel vertreiben mit ihrem Gezwitscher Feinde aus dem Bereich, in dem sie leben, oder warnen ihre Artgenossen vor den Feinden. Zum anderen dient der Vogelgesang dazu, Partnerinnen für die Fortpflanzung anzulocken. Es leuchtet ein, dass beide Aufgaben für das Überleben der Art sehr wichtig sind." Die markierten Wörter sind Synonyme zu „Funktion" oder legen Funktionen inhaltlich dar (Wozu braucht man etwas, wozu dient etwas?).

9 a *… informieren die Autoren darüber, ab welchem Lärmpegel man sich gestört fühlt?*

→ Hier wird offenbar Bezug auf einen bestimmten Wert genommen, wichtig ist: Ab welchem Wert „stört" der Lärm Menschen oder, genauer gesagt, fühlen sich Menschen gestört? Im Text heißt es: „… dass Menschen Geräusche ab einem Wert von etwa 90 dB(A) subjektiv als unangenehm empfinden." In diesem Satz finden Sie die Schlüsselwörter für die Lösung, wobei „sich gestört fühlen" mit anderen Worten ausgedrückt wird: „als unangenehm empfinden".

10 b *… stellen die Autoren fest, dass die Auswirkungen von Fluglärm auf Tiere kaum erforscht sind?*

→ Konzentrieren Sie sich bei der Lösung dieser Aufgabe auf die inhaltliche zentrale Aussage, dass „die Auswirkungen von Fluglärm auf Tiere kaum erforscht" sind. Denken Sie auch an Synonyme zu „kaum", also „nicht viel/umfassend", „wenig" o. Ä. Im Text lesen Sie: „Was hingegen bislang nur wenig Beachtung fand, war die Frage, ob der Fluglärm auch das Verhalten anderer Lebewesen beeinflusst, ob also neben Menschen auch Tiere durch Fluglärm beeinträchtigt werden." Die markierten Begriffe sind in der Aufgabe enthalten („Tiere", „Fluglärm" oder Synonyme zu den Wörtern in der Aufgabe; „wenig Beachtung" – „kaum erforscht"; „beeinträchtigt" – „Auswirkungen").

11 d *… wird erläutert, inwiefern die Vögel ihr Verhalten auf den Fluglärm einstellen?*

→ Bei dieser Aufgabe ist es wichtig, die Bedeutung des Verbs „sich einstellen auf" zu verstehen. Es bedeutet, sich an etwas (meist veränderte Umstände, veränderte äußere Bedingungen) anzupassen, also das Verhalten entsprechend zu ändern. Im Text geht es global darum, welche Auswirkungen Fluglärm auf das Verhalten von Vögeln hat. In dieser Aufgabe geht es nun konkret darum, wie genau die Vögel ihr Verhalten ändern – wie sich sich also anpassen bzw. darauf einstellen. Die Lösung finden Sie in Absatz d: „Trotzdem beginnen etliche Vogelarten, wie z.B. Rotkehlchen, Amseln, Blaumeisen, Kohlmeisen und Buchfinken, in der Nähe des Flughafens fünf bis zehn Minuten früher zu singen als ihre Artgenossen weiter entfernt."

12 e *… wird nachgewiesen, dass Vögel in Flughafennähe weniger Zeit zur Verständigung haben?*

→ In dieser Aufgabe wird zum einen die Nähe zum Flughafen betont, zum anderen geht es um die Zeit, die Vögel zur Verständigung haben. Anders gesagt: Es geht um die Dauer, die den Vögeln zur Verständigung zur Verfügung steht. Die Lösung finden Sie in Abschnitt e, wo von einem Versuch in „unmittelbarer Nähe der Landebahnen" die Rede ist. Der Leiter der Studie betont, dass den Vögeln durch den Fluglärm beim Start und bei der Landung von Flugzeugen „während des täglichen Flugverkehrs ein Viertel der Zeit verloren [geht], die sie zum Kommunizieren haben".

Leseverstehen, Teil 3
Antwortbogen

	+	–	x			a	b	c
13	X				24	X		
14			X					
15	X							
16		X						
17	X							
18		X						
19	X							
20			X					
21	X							
22		X						
23	X							

Kommentare

13 richtig *Das Lippenlesen ist für Gehörlose bei längeren Vorträgen ermüdend.*
„Ohne Hilfe müsste er die Vorträge seiner Professoren von deren Lippen ablesen. ‚Das ist sehr anstrengend', sagt Wibmer."
→ Die richtige Textstelle findet man durch den Satzteil „von deren Lippen ablesen". Anschließend gibt das Wort „anstrengend" einen Hinweis auf die richtige Lösung. Satz 13 ist also richtig, weil der Inhalt leicht umformuliert so im Text steht.

14 – *Hörbeeinträchtigte Menschen müssen nach der Schule viele Bewerbungen schreiben, um einen Job zu finden.*
→ Diese Aussage findet sich nicht im Text. Es wird nur davon gesprochen, dass es für viele hörbeeinträchtigte Menschen keine andere Option gibt, als sich einen Job zu suchen (statt zu studieren). Wie viele Bewerbungen dafür geschrieben werden müssen, darüber wird nichts im Text gesagt.

15 richtig *Ohne zusätzlichen Unterricht hätte Florian Wibmer vielleicht das Abitur/die Matura nicht geschafft.*
„Zuvor mühte er sich ohne sie durch die einzelnen Schulstufen bis zur Matura. Immer wieder halfen ihm Nachhilfelehrer nach der regulären Schulzeit, den Lernstoff aufzuarbeiten, während seine Mitschüler längst Freizeit hatten."
→ Hier gibt es einmal das Wort „mühte" und das Schlüsselwort „Matura". Daraus kann man schließen, dass es nicht einfach für ihn war, das Abitur/die Matura zu erreichen. Trotzdem erkennt man, dass er es erreicht hat und zwar mit Hilfe von Nachhilfelehrern. Aussage 15 ist also richtig.

16 falsch *Nur 70 Prozent des Unterrichtsstoffes werden von Gehörlosen wahrgenommen.*
„Immerhin gehen bis zu 70 Prozent des Lehrinhalts beim Lippenlesen verloren."
→ In diesem Satz steht genau das Gegenteil, 70 Prozent des Inhalts gehen verloren, werden also nicht wahrgenommen. Nur 30 Prozent nehmen die gehörlosen Schülerinnen und Schüler daher im Unterricht beim Lippenlesen wahr.

17 richtig *In Sonderschulen spielt die Übung der richtigen Aussprache eine weitaus größere Rolle als der Lernstoff.*
„Im Vordergrund stehen Sprechübungen, um die deutsche Sprache zu lernen. Lehrinhalte werden reduziert und kaum vermittelt."
→ Hier steht das Synonym „Sprechübungen" im Text, außerdem findet man das Synonym „Lehrinhalte" für „Lernstoff". Da diese „Lehrinhalte" kaum, also fast nicht, vermittelt werden und die Sprechübungen im Vordergrund stehen, ist Aussage 17 richtig.

18 falsch *Gehörlose Jugendliche erreichen erst mit 15 das Niveau gleichaltriger hörender Kinder.*
„Studien belegen, dass sechsjährige Gehörlose den Wortschatz von zweijährigen hörenden Kindern hätten und fünfzehnjährige Gehörlose auf dem Niveau von Achtjährigen mit Gehör stecken blieben."
→ Diese Aussage ist falsch, da im Text steht, dass gehörlose Kinder mit 15 Jahren auf dem Niveau von nicht beeinträchtigten achtjährigen Kindern sind.

19 richtig *Mittlerweile wird die Gebärdensprache bei Bedarf an jeder österreichischen Schule gelehrt.*

„Als Unterrichtssprache ist die Gebärdensprache gesetzlich nicht anerkannt. Das Unterrichtsministerium gibt dazu nur allgemeine Statements ab. Gebärdensprache werde angeboten, wo Nachfrage bestehe, und an jeder Bildungseinrichtung gebe es auch bilinguale Klassen."

20 – *Die Syntax der Gebärdensprache ist schwieriger zu lernen als die der deutschen Sprache.*

→ Hierzu wird nichts im Text gesagt. Es wird lediglich beschrieben, dass die Gebärdensprache eine eigene Syntax hat. Ob diese schwierig oder einfach zu lernen ist, steht nicht im Text.

21 richtig *Es gibt zu wenig Gebärdendolmetscher in Österreich.*

„Der Pool an Gebärdensprachen-Dolmetschern, die für Gestu tätig sind, ist damit schon ausgelastet. Es mangelt generell an Dolmetschern. In Österreich gibt es nur 100 von ihnen."

→ Hier wird in allen drei Sätzen angedeutet, dass es einen Mangel an Gebärdendolmetschern gibt, im zweiten hier zitierten Satz wird es sogar ausdrücklich gesagt: „es mangelt" bedeutet, es gibt einen Mangel, also zu wenige Dolmetscher. Daher ist Aussage 21 richtig.

22 falsch *In anderen Ländern ist Inklusion nicht so teuer wie in Österreich und wird trotzdem umgesetzt.*

„Dass Inklusion grundsätzlich funktionieren kann, obwohl es teuer ist, zeigen Länder wie Schweden, die USA oder Großbritannien, wo Bildungseinrichtungen, in denen in Gebärdensprache unterrichtet wird, selbstverständlich sind."

→ Bei diesem Satz muss man ganz genau lesen: der zweite Teil ist nämlich durchaus erst einmal richtig, weil Inklusion in anderen Ländern laut Text erfolgreich ist, also umgesetzt wird. Allerdings steht in der Aussage, dass sie „nicht so teuer" wie in Österreich ist. Im Text steht aber eindeutig, dass dort die Inklusion ebenfalls teuer ist. Die Aussage ist also insgesamt falsch.

23 richtig *Um Gehörlosen Bildungschancen zu ermöglichen, ist die staatliche Unterstützung privater Bildungseinrichtungen erforderlich.*

„Um den Großteil aller anderen aufzufangen, die in öffentlichen Schulen den Anschluss in der Bildung verpassen, wird der Staat weiterhin in private Bildungsinitiativen investieren müssen."

→ Hier findet sich, etwas umformuliert, die Aussage 23 im Text wieder. Der Staat „wird … investieren müssen" bedeutet, er muss privaten Bildungseinrichtungen Gelder geben, sie also unterstützen.

24 a *Bildungschancen für Gehörlose*

→ Diese Überschrift passt am besten, weil es im Text um die Möglichkeiten für Gehörlose an Schulen und Universitäten geht, also um die Bildungsmöglichkeiten (= Chancen). Die Überschrift c „Gebärdensprache in Österreich" ist zu allgemein formuliert, Überschrift b „Diskriminierung von Gehörlosen" trifft ebenfalls nicht das Gesamtthema des Textes. Es werden zwar Aspekte angesprochen, die die Diskriminierung von Gehörlosen betreffen, aber es werden auch positive Beispiele genannt. Daher passt Überschrift a am besten.

Sprachbausteine
Antwortbogen

	a	b	c	d
25		X		
26		X		
27				X
28	X			
29				X
30				X
31	X			
32			X	
33				X
34			X	
35				X
36			X	
37		X		
38			X	
39				X
40	X			
41				X
42			X	
43			X	
44				X
45	X			
46	X			

Kommentare

25 b *nicht einmal*

→ Hier sind ihre Wortschatzkenntnisse gefragt, denn die Wendung ist typisch dafür, dass man ausdrücken möchte, dass etwas nirgendwo möglich ist, vorkommt etc. („nirgendwo …, nicht einmal").

26 b *jedoch*

→ Achten Sie hier vor allem auf den Inhalt: Zuvor war davon die Rede, dass man die Leistung steigern kann, in diesem Satz wird dann das Gegenteil behauptet. Es liegt also ein Gegensatz vor, daher ist Lösung b richtig.

27 d *eines von drei Mitteln*

→ Hier sind Ihre Grammatikkenntnisse gefragt. Achten Sie auf das richtige Pronomen (Singular neutrum) und dann die richtige Form von „Mittel" (Dativ Plural).

28 a *also*

→ Auf die Lücke folgt eine Erläuterung bzw. Umschreibung zu dem vorangehenden Begriff; diese wird mit „also" eingeleitet.

29 d *traten*

→ Hier sind wieder Ihre Wortschatzkenntnisse gefragt, wobei Sie auch auf die Vorsilbe am Ende des Satzes achten müssen. Alle Lösungsoptionen ergeben zwar gemeinsam mit der Vorsilbe ein korrektes Verb, jedoch ist nur die Bedeutung von Lösung d hier sinnvoll (antreten = ein Spiel oder einen Wettkampf gegen einen anderen Teilnehmer beginnen/aufnehmen).

30 d *so viel*

→ Hier müssen Sie nicht nur auf den Wortschatz, sondern auch auf den Inhalt achten: Was ergibt Sinn? „Schnellschach" ist dem Begriff nach offenbar schneller als „normales" Schach, das heißt, es steht nicht mehr Zeit zur Verfügung, sondern weniger – oder in anderen Worten: „nicht so viel".

31 a *von Nutzen*

→ Hier sind Ihre Rechtschreibkenntnisse bezüglich Verbindungen von Präpositionen und Nomen gefragt. In der Regel werden diese getrennt und das Nomen großgeschrieben.

32 c *worden waren*

→ Achten Sie auf die richtige Zeitform: die Schachpartien sind in der Abfolge noch vor der Auswertung absolviert worden, daher ist hier das Plusquamperfekt in Lösung c korrekt.

33 d *zu*

→ Eine feststehende Verbindung: „zu Erkenntnissen kommen".

34 c *sich*

→ Hier „handelt" der Wirkstoff, der in dem Satz zuvor erwähnt wird, sodass die Pronomen in b und d keine sinnvollen Lösungen sind („er" wäre möglich, steht aber nicht zur Auswahl). Stattdessen wird über ein Reflexivpronomen ausgedrückt, dass „sich" die Spielstärke steigert.

35 d *wenn*

→ Eine typische Wendung, um einen Zusammenhang auszudrücken, ist „wenn …, dann", die hier nur in anderer Reihenfolge verwendet wird.

36 c *verbessert werden können*

→ Denken Sie an die richtige Reihenfolge von mehreren Verben am Ende eines Nebensatzes. Zuerst das Partizip, zuletzt das konjugierte Verb.

37 b *eher*

→ Achten Sie darauf, dass „eher" hier nicht zeitlich verwendet wird, sondern „mehr" bedeutet.

38 c *nahmen*

→ Lösung a klingt auch plausibel und „anführen" ist ein typisches Verb im Zusammenhang mit wissenschaftlichen Studien bzw. Thesen, Annahmen usw. Achten Sie aber auf den Inhalt: durch die Studie konnten ja bisherige Annahmen widerlegt werden, daher ist Lösung c richtig.

39 d *von*

→ Feste Verbindung von Nomen und Präposition: „Zusammenspiel von".

40 a *beruht*

→ Achten Sie auf die Präposition, die später im Satz folgt und zu diesem Verb gehört. Lösung a („beruhen auf" = auf der Basis von) stellt hier den richtigen Zusammenhang her, es folgen darauf im Satz die Komponenten, auf denen das Zusammenspiel beruht.

41 d *wie*

→ Auf die Lücke folgen Beispiele für die zuvor genannten „Aspekte". Diese werden mit „wie" eingeleitet.

42 c *weshalb*

→ In dem vorangehenden Satzteil wird ein Grund für das genannt, was nun im Anschluss an diese Lücke ausgeführt wird. Gesucht wird also ein entsprechendes Relativpronomen, das diesen Satz einleitet. Hier kommt nur c infrage.

43 c *durchzustehen*

→ Achten Sie auf den Inhalt: Hier geht es um mehrstündige Partien und darum, während dieser fit zu bleiben, diese zu überstehen oder „durchzustehen".

44 d *verschaffen*

→ Hier ist eine feste Nomen-Verb-Verbindung gesucht: „sich einen Vorteil verschaffen".

45 a *allein schon deshalb*

→ „allein schon deshalb" leitet einen wichtigen – um nicht zu sagen den wichtigsten – Grund für/gegen etwas ein. In dieser Reihenfolge ist der Ausdruck immer richtig, Variationen wären „allein deshalb schon" bzw. „schon allein deshalb", was Inversionen sind (um besondere Betonung zu verleihen).

46 a *werde*

→ Hier wird jemand indirekt zitiert, daher ist Konjunktiv I richtig.

Hörverstehen, Teil 1
Antwortbogen

	a	b	c	d	e	f	g	h	i	j
47 (Sprecher 1)						X				
48 (Sprecher 2)				X						
49 (Sprecher 3)									X	
50 (Sprecher 4)			X							
51 (Sprecher 5)	X									
52 (Sprecher 6)					X					
53 (Sprecher 7)							X			
54 (Sprecher 8)										X

Die Aussagen b und h können nicht zugeordnet werden.

Kommentare

47 f *Mit dem Semesterticket hat man die Möglichkeit, Freizeitmöglichkeiten in einem recht großen Umkreis zu nutzen.*
Sie hören:
„Zusammen mit meinen Freunden habe ich sogar schon ein paar Orte in der Umgebung besucht. Wir fahren dann manchmal gemeinsam an den See oder zu einem Stadtfest."
→ Einen Hinweis auf „Freizeitmöglichkeiten" geben die Ausdrücke „ein paar Orte in der Umgebung", „See" und „Stadtfest".

48 d *Eltern werden durch das Semesterticket finanziell entlastet.*
Sie hören:
„Ein normales Monatsticket wäre einfach zu teuer, zumal ja auch noch ein WG-Zimmer und andere Dinge bezahlt werden müssen. Dabei unterstützen wir Eltern sie sowieso schon."
→ Hier geht es allgemein um den Preis des Semestertickets im Vergleich zu einer normalen Fahrkarte. Dass die Eltern finanziell entlastet werden, kann man aus dem Wort „unterstützen" schließen, das Bezug nimmt auf die Dinge im Satz davor, die viel Geld kosten.

Modelltest 2

49 i *Studierende sind durch das Semesterticket im Vorteil gegenüber Auszubildenden.*

Sie hören:

„Ich bin schon ab und zu neidisch auf ihr Semesterticket. Sie kann das ganze Jahr in einem sehr großen Gebiet fahren und zahlt nur 300 Euro pro Semester. Ich bekomme zwar auch ein vergünstigtes Ticket, weil ich Auszubildende bin, aber das gilt nur von meinem Heimatort bis in die Stadt, wo ich die Ausbildung mache. Wenn wir also am Wochenende mal mit der Bahn irgendwo hinfahren wollen, muss ich mir immer ein extra Ticket kaufen."

→ Die Sprecherin zählt hier Vorteile auf, die ihre Freundin, die Studentin ist, im Vergleich zu ihr hat. Hinweise sind „neidisch", „das gilt nur" und „immer ein extra Ticket kaufen".

50 c *Eine normale Fahrkarte ist teurer und unflexibler als ein Semesterticket.*

Sie hören:

„Jetzt muss ich mir zur Arbeit immer eine Monatskarte kaufen, und die kostet wirklich viel Geld. 140 Euro bezahle ich dafür. Und ich darf nur von meinem Wohnort zu meinem Arbeitsort fahren. Dort darf ich noch die öffentlichen Verkehrsmittel innerhalb der Stadt benutzen, aber für alle anderen Strecken muss ich mir ein extra Ticket kaufen."

→ Der Sprecher sagt, dass eine Monatskarte sehr viel Geld kostet. Aus dem Satz davor weiß man, dass er vorher Student war und das Semesterticket gut fand: „…ich weiß das Studiticket jetzt erst im Nachhinein richtig zu schätzen." Außerdem beschreibt er den kleineren Umkreis, den er damit fahren kann. Ein Hinweiswort dafür ist „nur", außerdem gibt der letzte Teilsatz einen Hinweis, weil er sich „für alle anderen Strecken" „extra" etwas kaufen muss.

51 a *Das Semesterticket sollten nur die Leute kaufen müssen, die es auch benötigen.*

Sie hören:

„Für mich persönlich hat sich das Semesterticket nicht gelohnt. … Das Semesterticket muss ich trotzdem komplett bezahlen. Ich habe schon gefragt, ob ich das Geld zurückbekommen kann, aber das geht leider nicht."

→ Die Studentin erklärt, warum sie persönlich das Semesterticket nicht benötigt, ein Hinweis ist „für mich … nicht gelohnt". Außerdem sagt sie, dass sie gerne das Geld für das Ticket erstattet bekommen möchte. Aus diesem Kontext lässt sich schließen, dass es für sie besser wäre, wenn man entscheiden kann, ob man das Semesterticket braucht oder nicht.

52 e *Es sollte generell für alle Menschen eine Fahrkarte geben, die ähnlich wie ein Semesterticket ist.*

Sie hören:

„Meiner Meinung nach sollte das Semesterticket nicht nur für Studierende gelten. Ich finde, dass alle Personen einen Anspruch auf ein günstiges Ticket haben sollten."

→ Hier bekommt man den Lösungshinweis durch den Ausdruck „alle Personen" als Synonym für „alle Menschen". Außerdem verwendet sie die Wörter „nicht nur" im Zusammenhang mit dem Semesterticket für Studierende. Es soll also „nicht nur", sondern „auch" für andere Personen gelten.

53 g *Mit dem Semesterticket können Studierende in Studium und Beruf flexibel bleiben, ohne zusätzliche Fahrtkosten zu haben.*

Sie hören:

„Ohne das Ticket wäre es für sie schwer, weil sie wegen der Universität und der Arbeit Fahrkarten in zwei unterschiedliche Richtungen bräuchte. Durch so ein Studententicket kann sie sich ganz frei entscheiden …"

→ Hinweiswörter auf die Lösung sind hier „frei entscheiden" und „in zwei unterschiedliche Richtungen". Diese passen zum Begriff „flexibel". Außerdem kann man gut heraushören, dass sich der Sprecher positiv über das Semesterticket äußert: „Ich bin froh, dass es für die jungen Leute ein solches Ticket gibt."

54 j *Viele Studierende nutzen das Semesterticket aus, um eine gute Zeit zu haben.*

Sie hören:

„Aber ich sehe täglich so viele Studenten, die im Café sitzen, im Park auf der Wiese liegen oder andere Freizeitangebote nutzen. Was machen die denn eigentlich? Die wollen bestimmt nur Geld sparen und erst später arbeiten!"

→ In der Aussage findet sich das Verb „ausnutzen", das eine negative Konnotation hat. Die Sprecherin äußert sich sehr negativ, was man an Tonfall und Wortwahl hört. Sie beschreibt Freizeitaktivitäten, die man als Beispiele für „eine gute Zeit haben" sehen kann und wirft den Studenten vor, „nur Geld" sparen zu wollen.

Hörverstehen, Teil 2
Antwortbogen

	a	b	c
55		X	
56			X
57	X		
58		X	
59		X	
60		X	
61		X	
62			X
63	X		
64			X

Kommentare

55 b *… welche Gefühle Kunstwerke auslösen.*

Sie hören:

„Kunst ist nun mal ein Bereich, in dem wir oft ganz emotional auf etwas reagieren (…). Diese Reaktionen finde ich ausgesprochen spannend."

→ Die Schlüsselwörter sind „Gefühle auslösen" in Aussage b. Im Hörtext hat „emotional reagieren" die gleiche Bedeutung.

56 c *… von Museumsbesuchern Daten erfasst werden wie bei einer ärztlichen Untersuchung.*

Sie hören:

„Stellen Sie sich vor, Sie wären beim Arzt, und der Arzt führt einige Untersuchungen durch. Die meisten sind ganz harmlos, zum Beispiel ein EKG, also umgangssprachlich, eine Untersuchung der Herzfunktion. Oder ein Atemtest, bei dem geprüft wird, wie viel Luft Sie ein- und ausatmen. So ähnlich werden auch die Museumsbesucher an Geräte angeschlossen und ihre körperlichen Reaktionen gemessen."

→ Man ist nicht beim Arzt, sondern es ist so, als wäre man beim Arzt (daher ist a falsch); „harmlos" taucht zwar als Begriff auf, aber nicht im Zusammenhang mit der Meinung/ Einschätzung der Besucher (daher ist auch b falsch). Es werden Untersuchungen beschrieben, und es wird darauf verwiesen, dass die Besucher „so ähnlich" (= wie beim Arzt) untersucht werden.

57 a *... äußert sich ironisch über den Vergleich von Museumsbesuchern und Patienten beim Arzt.*
Sie hören:

„Ja, es könnte im Museum auch zugehen wie beim Arzt. (...) Bilder von Dalì machen Sie nervös; deshalb verschreibt der Arzt Ihnen lieber einen anderen Maler, der Sie beruhigt. Einige Kunstwerke lassen die Körpertemperatur fallen; die sollten Sie sich dann bei Fieber anschauen. Bei Kopfschmerzen bekommen Sie Landschaftsbilder auf Rezept, und zur Behandlung von Allergien muss man sich regelmäßig Fotocollagen eines weiteren Künstlers anschauen."

→ Hier wird das Mittel der Ironie bzw. ironischen Übertreibung verwendet (a), von seinen Erfahrungen (b) ist nicht die Rede. Dass die genannten Dinge keine Realität sind, wird durch den Konjunktiv zu Beginn deutlich, daher ist auch c falsch.

58 b *... weist auf den bekannten Zusammenhang zwischen Kunst und Emotionen hin.*
Sie hören:

„Aber dass Kunst bestimmte körperliche Reaktionen hervorruft sowie auch zahlreiche damit verbundene Empfindungen bis hin zu echten Schmerzen, das ist ja sowohl Künstlern als auch den Kritikern und Kunsttheoretikern schon immer bekannt gewesen. Allerdings waren diese Reaktionen bislang gewissermaßen eine private Angelegenheit derjenigen, die die Kunst sehen oder hören."

→ Die Begriffe aus allen Lösungsmöglichkeiten werden genannt, jedoch äußert die Moderatorin zum Thema „Privatheit" nicht ihre eigene Meinung (daher ist a falsch), und kritisiert bzw. bezweifelt auch die Kunsttheoretiker nicht (daher ist c falsch). Aussage b wird hingegen von der Moderatorin mit teils denselben Worten („Kunst", „bekannt") und teils Synonymen („Empfindungen" statt „Emotionen" und „hervorrufen" statt „Zusammenhang") formuliert.

59 b *... wird die Zeit gemessen, die ein Besucher vor einem bestimmten Kunstwerk verbringt.*
Sie hören:

„... unter anderem wird erfasst, wie lange ein Besucher vor welchem Bild stehen bleibt."

→ In Lösung b wird die Aussage mit Synonymen formuliert, ist aber inhaltlich identisch.

60 b *... erklärt die Herkunft einer deutschen Redewendung.*
Sie hören:

„Das Gerät misst in erster Linie, ob die Finger feucht werden. Das ist eine typische Stressreaktion; daher auch der Ausdruck ‚feuchte Hände haben', wenn man nervös ist."

→ Mit „daher" wird auf den Ursprung der Redewendung Bezug genommen, es wird also die Herkunft der Redewendung erklärt.

61 b *... möchte wissen, warum man die Haltung der Besucher nicht einfach erfragt hat.*
Sie hören:

„Als Laie muss ich jetzt eine Frage stellen, die vielleicht albern ist: Wenn man von den Besuchern wissen möchte, wie sie die Kunst finden, die im Museum ausgestellt ist – warum fragt man sie nicht einfach nach ihrer Meinung?"

→ Die Moderatorin äußert zwar, dass sie „Laie" sei, jedoch nicht in Bezug auf Malerei (daher ist a falsch). Lösung c findet sich jedoch in anderen Worten im Hörtext („Meinung" statt „Haltung" und „fragen nach" statt „erfragen").

62 c *... weitere Versuchsreihen unter anderen Bedingungen durchgeführt werden.*
Sie hören:

„Ja, es sind noch weitere Tests mit Museumsbesuchern vorgesehen, beispielsweise wollen wir bei manchen Bildern ein Original gegen eine Kopie austauschen, Künstlernamen abdecken und Werke umhängen, um herauszufinden, ob dies einen Einfluss darauf hat, wie die Besucher auf die Kunstwerke reagieren. Es wäre ja zumindest denkbar, dass manche nur deshalb vor einem Bild lange stehen bleiben, weil es von einem bedeutenden Maler stammt."

→ Es sind Worte aus allen Antwortoptionen zu hören, jedoch bzgl. Option b in anderem Kontext, bzgl. Option a ist nicht die Rede davon, dass keine Namen mehr angebracht werden sollen, sondern diese verdeckt oder getauscht werden (hier liegt der Unterschied also im Detail). Es werden mehrere Möglichkeiten aufgezählt, wie die Versuche zukünftig durchgeführt werden könnten, das entspricht den „anderen Bedingungen" in Option c.

63 a *... betont, dass mit den Untersuchungen keine Bewertung der Kunstwerke vorgenommen wird.*
Sie hören:

Moderatorin: „... Wenn ich mich nicht täusche, wurde eine solche Methode einst für Warenhäuser und Supermärkte erfunden. Heißt das dann, dass auch Museen sich nach den Reaktionen der Besucher richten müssten?"
Herr Krüger: „Das heißt es aus meiner Sicht überhaupt nicht. ... Für mich als Forscher ist es einfach interessant zu sehen, wie die Menschen reagieren. ... Das ist das Ergebnis – völlig wertfrei. Die Frage, wie Besucher reagieren sollen, ist ja eine völlig andere, und da muss man die grundsätzliche Frage stellen, was Kunst bezwecken oder auslösen soll."

→ Zunächst können Sie Option c klar ausschließen, denn dem Vergleich mit den Warenhäusern widerspricht Herr Krüger sofort. Auch der Zweck (= Absicht) von Kunst wird von ihm am Ende seiner Aussage erwähnt, er formuliert es aber als offene Frage, nicht wie in Option b als seine Meinung (womit auch Option b falsch ist). Die Lösung ist eher implizit im Hörtext enthalten, denn die Moderatorin fragt implizit, ob Museen zukünftig so aufgebaut sind, dass nur Kunstwerke ausgestellt werden, auf die die Besucher „gut" reagieren. Herr Krüger widerspricht und äußert später, dass er die Ergebnisse wertfrei betrachtet, also weder die Reaktion bewertet noch implizit Rückschlüsse auf die Kunstwerke zieht.

64 c *... möchte möglichst viele physiologische Daten erfassen.*

Sie hören:

„Genau, und das ist auch richtig so, denn das ist ja eben genau etwas, was man nicht objektiv erfassen kann. Was ich aber versuchen kann, objektiv zu erfassen, sind die körperlichen Reaktionen. Und als Wissenschaftler möchte ich möglichst alles erfassen, was man erfassen kann – ohne Ziel und Zweck, nur aus wissenschaftlicher Neugier. Und vielleicht entdeckt man dabei ja doch etwas, was neu ist und uns in eine andere Richtung denken lässt als bisher."

→ Herr Krüger widerspricht gleich im ersten Satz der Aussage in Option a (die damit falsch ist). Mit Bezug auf „die körperlichen Reaktionen" sagt er aber, dass er möglichst alles erfassen will – also in anderen Worten „möglichst viele physiologische Daten" (= Option c).

Hörverstehen, Teil 3
Antwortbogen

65	Gerüche, Geschmäcker, Berührungen
66	Langzeitgedächtnis gespeichert
67	aus der frühen Sprachentwicklung kennen
68	lexikalisches Gedächtnis
69	den gleichen Namen/die gleiche Bezeichnung
70	auf (bereits) vorhandenes Wissen zurückgreifen (konnten)
71	richtigen und falschen Benennungen neuer Objekte
72	drei/3 Monate alten Säuglingen/Babys bekannt ist
73	einer höheren Form
74	wie im Zeitraffer

Kommentare

65 *Gerüche, Geschmäcker, Berührungen*

Sie hören:

„Nun, Babys sind ja einer Vielzahl von Reizen ausgesetzt: Farben, Geräusche, Gerüche, Geschmäcker, Berührungen."

→ Auf der Folie stehen sowohl die zentralen Begriffe aus dem einleitenden Satz (sodass Sie die richtige Textstelle erkennen können) als auch die ersten Begriffe aus der Aufzählung. Hören und ergänzen Sie die folgenden Begriffe.

66 *Langzeitgedächtnis gespeichert*

Sie hören:

„Es muss die neuen Informationen verarbeiten und im Langzeitgedächtnis speichern ..."

→ Auf der Folie finden Sie die ersten Begriffe aus diesem Satz und müssen den zweiten Teil ergänzen. Achten Sie aber darauf, dass auf der Folie das Passiv verwendet wird und Sie den Hörtext daher nicht wörtlich übernehmen können, sondern in Passiv umwandeln müssen.

67 *aus der frühen Sprachentwicklung kennen*

Sie hören:

„Dabei durchlaufen Babys im Schlaf die gleichen Schritte, die wir aus der frühen Sprachentwicklung kennen: ..."

→ Der Hauptsatz und der Anfang des Nebensatzes leiten Sie auf die Wörter hin, die Sie ergänzen müssen.

68 *lexikalisches Gedächtnis*

Sie hören:

„Der Fachbegriff für die Verbindung von Wörtern mit ihren Bedeutungen im Gehirn lautet übrigens ‚lexikalisches Gedächtnis'".

→ Hier ist ein Fachbegriff gefragt, den Sie wörtlich notieren müssen. Sie werden zu Beginn des Satzes durch das Wort „Fachbegriff" darauf aufmerksam gemacht, dass gleich der entsprechende Begriff folgt.

69 *den gleichen Namen/die gleiche Bezeichnung*

Sie hören:

„Dabei wurden Objekte, die sich jeweils nur leicht in Form und Farbe unterschieden, mit dem gleichen Namen benannt."

→ Die Begriffe auf der Folie lenken Sie auch hier zur Lösung am Ende des Satzes. Sie könnten auch ergänzen, dass es sich dabei um ein Fantasiewort handelte (das wird im Hörtext sowohl zuvor als auch danach aufgegriffen), wichtig ist aber der gleiche Name für ähnliche Objekte. Dies ist die zentrale Aussage. Schreiben Sie nur „Fantasiewort", so ergibt es im Kontext keinen Sinn.

70 *auf (bereits) vorhandenes Wissen zurückgreifen (konnten)*

Sie hören:

„Diese erfundenen Objekte und Namen wählten die Forscher, um sicherzugehen, dass die kleinen Studienteilnehmer nicht auf bereits vorhandenes Wissen zurückgreifen konnten."

→ Achten Sie auf das Wort „sichergehen" auf der Folie und im Hörtext, es weist Sie auf die richtige Textstelle hin. Beachten Sie auch, dass hier statt von „Babys" oder „Säuglingen" von „kleinen Studienteilnehmern" die Rede ist – womit aber natürlich die Babys gemeint sind.

71 *richtigen und falschen Benennungen neuer Objekte*

Sie hören:

„Bei Babys, die nach der Lernphase geschlafen hatten, konnte das Gehirn in der anschließenden Testphase zwischen den richtigen und falschen Benennungen neuer Objekte unterscheiden."

→ Sie hören die Wörter von der Folie in diesem Satz; sie leiten Sie zur Lösung.

72 *drei/3 Monate alten Säuglingen/Babys bekannt ist*

Sie hören:

„Nach einem nur kurzen, etwa halbstündigen Mittagsschlaf zeigten die Babys eine Hirnreaktion, die bereits von drei Monate alten Säuglingen bekannt ist, ..."

→ Die zentralen Wörter aus dem Hauptsatz bzw. die Einleitung des Nebensatzes weisen Sie auch hier auf die Lösung hin.

73 *einer höheren Form*

Sie hören:

„In dieser leichten Schlafphase findet vermutlich der Übergang von einer einfachen Form des lexikalischen Gedächtnisses zu einer höheren Form statt."

→ Die Wörter auf der Folie hören Sie auch im Vortrag. Ergänzen Sie den entsprechenden Teil.

Sie hören:

„…, sodass man sagen kann, dass die Sprachentwicklung bei schlafenden Babys wie im Zeitraffer verläuft."

→ Das Wort „Fazit" wird nicht ausdrücklich genannt, achten Sie also auf Synonyme, Umschreibungen und inhaltliche Entsprechungen. Wo wird ein zusammenfassendes Ergebnis genannt, eine zentrale Schlussfolgerung gezogen? Das ist hier der Fall und die Wörter „bei schlafenden Babys" leiten Sie zur Lösung.

Schriftlicher Ausdruck
Thema 1

Staatliche Unterstützung – es gibt sie nicht nur in Deutschland. Es stellt sich aber die Frage: Sind diese Angebote überhaupt sinnvoll? Zu dieser Frage möchte ich im Folgenden Stellung nehmen.

Zunächst möchte ich darlegen, was gegen staatliche Unterstützung spricht, um im Anschluss die positiven Aspekte staatlicher Unterstützung zu nennen. Abschließend werde ich meine eigene Position erläutern und auch begründen. Ist Unterstützung nicht immer etwas Gutes? Offenbar nicht, denn die Kritiker behaupten, dass jeder für sich selbst verantwortlich sei. Man sollte bei den Unterstützungsmöglichkeiten sicher differenzieren. Wenn man beispielsweise Menschen, die wenig verdienen, mit Geld unterstützt, damit sie sich eine Wohnung leisten oder genügend zu essen kaufen können, trägt man dazu bei, das eigentliche Problem zu kaschieren – nämlich, dass diese Menschen zu schlecht in ihrem Beruf bezahlt werden. Darüber hinaus gibt es auch einige Menschen, die die finanzielle Unterstützung des Staates ausnutzen und nicht so engagiert für sich selbst sorgen, wie sie könnten – sie müssen es ja auch nicht. Auch bei Beratungsangeboten stellt sich mitunter die Frage, wie sinnvoll diese sind. Bei der Vermittlung von Arbeitsplätzen kennt eine staatliche Einrichtung oft nicht genau die Bedürfnisse der Firmen. Hierzu möchte ich ein Beispiel anführen: Vor wenigen Jahren war eine Freundin arbeitssuchend und hat sich daher an eine Arbeitsagentur gewendet. Die Mitarbeiter konnten ihr nur raten, das Internet zu nutzen, und ein Mitarbeiter fragte sie, ob sie „schon" Google kennen würde. In dem Moment war meiner Freundin klar, dass sie dort keine echte Hilfe bekommt – denn das Internet und Google gehörten zu diesem Zeitpunkt bereits seit über zehn Jahren zu ihrer eigenen Berufs- und Arbeitswelt, die beratenden Mitarbeiter waren hier nicht auf der Höhe der Zeit.

In solchen Fällen stellt sich sicher die Frage nach der Sinnhaftigkeit der Unterstützungsangebote.

Betrachten wir nun aber die andere Seite, die Gründe, die für staatliche Unterstützung sprechen. Zum einen kann jeder in eine Notlage geraten, sei es durch Krankheit, durch Verlust des Arbeitsplatzes oder durch einen Unfall. Vielleicht kann man dann nicht mehr oder zumindest nicht mehr genug Geld selbst verdienen, vielleicht ist man auf teure Medikamente oder Hilfsgeräte im Alltag angewiesen. In solchen Situationen wünscht sich dann wahrscheinlich jeder, Unterstützung zu erhalten – und da nicht jeder die Hilfe von Freunden oder Familie hat, ist es sinnvoll, wenn der Staat hier Mittel bereitstellt. Auch Menschen mit geringem Einkommen zu helfen, hat selbstverständlich Vorteile, und zwar für die Menschen selbst. Denn was nützt es ihnen, wenn sie wissen, dass sie mehr verdienen müssten, wenn sie ganz konkret an diesem Tag etwas zu essen kaufen müssen? Dann hilft ihnen keine abstrakte Diskussion über das Gehaltsniveau, sie brauchen in diesem Moment Hilfe. Auch Beratungsangebote sind für viele Menschen sinnvoll. In schwierigen Lebenssituationen Hilfe zu bekommen, ist wichtig. Wenn man sich in einem Rechtsstreit keinen Anwalt leisten kann oder Fragen zur Erziehung der Kinder hat bzw. hierbei Hilfe braucht, sind staatliche Beratungsangebote, die allen offenstehen, von unschätzbarem Wert.

Wenn ich alle Argumente betrachte, kann ich für mich persönlich festhalten, dass staatliche Unterstützung in erster Linie sinnvoll und wichtig ist. Das heißt nicht, dass man nicht im Einzelfall darüber nachdenken sollte, ob die Mittel genau so eingesetzt werden sollten, wie es aktuell der Fall ist. Sicher kann man immer etwas besser machen. Wichtig ist aber, dass der Staat das Wohl aller Menschen in den Mittelpunkt rückt.

Thema 2

„Generation Praktikum" – so wird die Generation genannt, die sich von einem Praktikum zum nächsten hangelt, in der Hoffnung, dass aus einem Praktikum doch einmal eine feste Stelle wird. Das Bild eines Praktikums ist hier kein gutes: Praktikanten sind billige Arbeitskräfte für das Unternehmen, und die Praktikanten lernen auch nicht viel, weil sie (so heißt es oft) nur Kaffee kochen. Stimmt das alles wirklich? Haben Praktika nicht auch Vorteile, und zwar gerade für Studierende, die vieles nur „theoretisch" lernen? Im Folgenden möchte ich mich mit der Frage befassen, ob neben den Pflichtpraktika in manchen Studiengängen auch freiwillige Praktika in den Semesterferien sinnvoll sind oder nicht. Zuerst möchte ich die Aspekte nennen, die gegen solche Praktika sprechen, im Anschluss werde ich die Vorteile darlegen und abschließend meine Position begründen.

Wer in den Semesterferien ein Praktikum machen will, braucht vor allem die Zeit dafür. In vielen Studiengängen stehen aber in den Semesterferien noch Klausuren an, es werden Blockveranstaltungen durchgeführt oder man muss sich auf das neue Semester vorbereiten. Abgesehen davon gibt es auch zahlreiche Studierende, die in den Semesterferien Geld für den Lebensunterhalt verdienen müssen, weil sie während des Semesters keine Zeit dafür haben. Und möglicherweise wollen Studierende auch Urlaub machen, die Familie oder Freunde wiedersehen, Zeit in ein neues Hobby investieren. Bleibt dann in den Semesterferien wirklich noch Zeit für freiwillige Praktika? Meine persönliche Erfahrung spricht dagegen, denn bereits jetzt ist die Zeit knapp, und ein Kommilitone, der in den letzten Semesterferien drei Wochen Urlaub gemacht hat (und in der Zeit nicht lernen konnte), ist dann anschließend durch die Prüfung gefallen. Das möchte ich nicht riskieren.

Aber Praktika haben auch Vorteile, wie den bereits erwähnten Praxisbezug. In vielen Studiengängen müssen Studierende kein Pflichtpraktikum machen, und sie wissen dann oft gar nicht, was sie im Berufsleben erwartet. Ein freiwilliges Praktikum kann hier helfen, Erfahrungen zu sammeln und Einblicke ins Arbeitsleben zu bekommen. Vielleicht entscheiden sich manche Studierende dann sogar, den Studiengang zu wechseln, weil ihre Vorstellungen vom Berufsleben mit der Realität nichts zu tun hatten – und das haben sie im Praktikum herausgefunden. So ging es meiner Schwester, die zuerst Publizistik studiert hat, und in den Semesterferien ein Praktikum bei einer Wochenzeitung gemacht hat. Nach dem Praktikum war ihr klar, dass das nicht „ihr" Beruf ist – und sie studiert jetzt Informatik.

Auch klagen viele Arbeitgeber heute darüber, dass Studierende zwar vieles theoretisch wissen würden, sie aber von Arbeitsabläufen und -prozessen nichts verstehen. Kein Wunder – sie haben ja auch keine Erfahrung damit gemacht. Hier hilft ein Praktikum ebenfalls, die Studierenden noch besser auf den Arbeitsalltag vorzubereiten. Aber selbst wenn man schon während des Studiums weiß, dass man in Lehre und Forschung tätig sein möchte, kann ein Praktikum hilfreich sein – wenn man weiß, was die Studierenden im Berufsleben konkret erwartet, kann man sie als Lehrkraft viel besser vorbereiten. Und als angehender Forscher kann man durch Praktika Ideen und Anregungen für Forschungsprojekte sammeln.

Wenn ich die dargelegten Argumente betrachte, komme ich zu dem Ergebnis, dass freiwillige Praktika in den Semesterferien eher positiv sind. Falls die Zeit es zulässt, sollte man versuchen, ein Praktikum zu machen – und stattdessen vielleicht auf den Urlaub verzichten.

Modelltest 3

Modelltest 3

Prüfungssimulation

Simulieren Sie jetzt die Prüfungssituation. Arbeiten Sie den gesamten Test und jeden Testteil im vorgegebenen Zeitrahmen an einem Stück durch, so wie es auch in der Prüfung ablaufen wird. Schlagen Sie dabei keine Lösungen im Lösungsschlüssel nach und benutzen Sie keine unerlaubten Hilfsmittel.

Um den mündlichen Prüfungsteil durchzuführen, können Sie sich mit einer Lernpartnerin oder einem Lernpartner verabreden. Bitten Sie, wenn möglich, eine deutschsprachige Person, den Prüfer/ die Prüferin zu simulieren.

Zählen Sie am Ende Ihre Punkte zusammen. Nun wissen Sie, ob Sie „prüfungsreif" sind und wie Sie die Prüfung unter Einhaltung der Zeitvorgaben und ohne Lösungshilfe meistern können.

Wenn Sie bei der Prüfungssimulation merken, dass Ihnen ein Bereich noch Schwierigkeiten bereitet, sollten Sie diesen noch einmal gezielt üben.

> **Wichtiger Hinweis**
>
> Tragen Sie alle Lösungen wie in der Prüfung in den separaten Antwortbogen ein.
> In der Prüfung wird nur gewertet, was im Antwortbogen steht.

Leseverstehen, Teil 1

Lesen Sie den folgenden Text. Welche der Sätze a–h gehören in die Lücken 1–6? Es gibt jeweils nur eine richtige Lösung. Zwei Sätze können nicht zugeordnet werden. Markieren Sie Ihre Lösungen für die Aufgaben 1–6 auf dem Antwortbogen.
Lücke (0) ist ein Beispiel.

Sie lesen in einer Fachzeitschrift den folgenden Artikel:

Spieltheorie: Viele ‚Neider' und weniger ‚Optimisten'

Wie entscheiden Menschen in sozialen Konfliktsituationen? Die klassische Grundannahme der Spieltheorie, dass Menschen in solchen Fällen rational und mathematisch nachvollziehbar entscheiden, deckt sich nicht unbedingt mit den aktuellen Forschungsergebnissen. _____0_____ Ob sich dennoch Muster in den Entscheidungen erkennen lassen, versuchten Wissenschaftler um Angel Sánchez von der Universität Carlos III in Madrid herauszufinden. _____1_____ Den Optimisten, den Pessimisten, den Neider und den Vertrauenden – sie unterscheiden sich jeweils in ihrer Handlungsmotivation. Laut Studie sind die meisten von uns vom Typ „Neider".

Die Wissenschaftler erfanden Geschichten, die die Spieler vor ein Dilemma stellten: Sie mussten sich in jeder Runde entscheiden, ob sie mit ihrem Mitspieler kooperieren wollten oder nicht – allerdings ohne sich mit diesem absprechen zu können. Diese Entscheidungen hatten bei allen vier Spielvarianten unterschiedliche Konsequenzen: Wenn beispielsweise beide Spieler die Option „kooperieren" wählten, erreichten in einem Fall auch beide die höchste Gewinnausschüttung. _____2_____ Der Kooperierende bekam weniger. Jeder spielte alle Varianten mehrfach hintereinander, aber mit ständig wechselnden Partnern. Es gab einen Geldgewinn als Anreiz für ertragsorientiertes Spielen.

Wählten die Spieler nach dem Zufallsprinzip, oder folgte jeder seiner eigenen Strategie? _____3_____ Die Analyse ergab erstens, dass die allermeisten Spieler in der Regel eine einmal gewählte Strategie beibehielten, und zweitens, dass es insgesamt nur vier Basisstrategien zu geben scheint. _____4_____ Der „Pessimist" erwartet, dass sein Gegenspieler ihn im Stich lässt, und wählt daher nach dem Prinzip „Lieber den Spatz in der Hand …" den Gewinn mit der höchsten Wahrscheinlichkeit, selbst wenn dieser nicht viel einbringt. Der „Vertrauende" verhält sich dagegen stets kooperativ, auch in Fällen, in denen dies von Nachteil sein könnte.

Den größten Anteil machten die „Neider" aus, die laut Studie immer verhindern möchten, dass ihre Gegenspieler eine höhere Auszahlung als sie selbst erhalten – selbst wenn sie dadurch ihre eigenen Chancen auf den Gewinn gefährden. _____5_____ Bleiben noch 10 Prozent bei denen sich keine Strategie erkennen ließ. Möglicherweise entschieden sie schlicht per Zufall.

Die Existenz dieser letzten Gruppe legt bereits nahe, dass die Ergebnisse der Studie vermutlich nicht direkt auf das Entscheidungsverhalten im Alltag übertragen werden können. _____6_____ Es gibt mehr Entscheidungsmöglichkeiten, die Konsequenzen sind vielfältiger, und meist stehen die Menschen in einem Konflikt miteinander in Kontakt und können so einen Kompromiss aushandeln. Offen bleibt auch, ob die Teilnehmer bei späteren Wiederholungen des Experiments erneut nach derselben Strategie entscheiden würden wie zuvor.

a   Dabei konnten sie vier grundlegende Typen von Persönlichkeiten identifizieren:

b   Das sollte eine anschließende statistische Auswertung der insgesamt 8366 Entscheidungen aller
541 Versuchspersonen zeigen.

c   Denn im echten Leben sind soziale Konfliktsituationen zumeist deutlich komplexer.

d   Der „Optimist" setzt immer auf die Option mit dem höchsten Gewinn, egal wie hoch das Risiko ist.

e   Die Forscher analysieren deswegen das Verhalten der Teilnehmer und versuchen, die Strategie zu
erkennen.

f   Dies traf auf 30 Prozent der Teilnehmer zu, während sich jeweils 20 Prozent der Versuchspersonen
jeweils den anderen Typen zuordnen ließen.

g   Für die Teilnehmer war die Aussicht auf den Geldgewinn der größte Anreiz zu kooperieren.

h   In einem anderen Spiel gewann hingegen nur der Spieler, der sich für sein Eigeninteresse entschieden hatte.

Tipp: Lesen Sie zuerst die
acht Antwortoptionen und
markieren Sie verknüpfende
Wörter (z. B. stattdessen,
dabei, denn, dies …) und
Schlüsselwörter.

Tipp: Wenn Sie eine Lücke
nicht füllen können, machen
Sie mit der nächsten weiter.
Möglicherweise erleichtern
die verbleibenden Lösungen
am Ende die Entscheidung.

Leseverstehen, Teil 2

Lesen Sie den folgenden Text. In welchem Textabsatz a–e finden Sie die Antworten auf die Fragen 7–12? Es gibt jeweils nur eine richtige Lösung. Jeder Absatz kann Antworten auf mehrere Fragen enthalten. Markieren Sie Ihre Lösungen für die Aufgaben 7–12 auf dem Antwortbogen.

Beispiel: In welchem Abschnitt …	
0 beschreibt der Autor das vielfältige Angebot an Studienfächern?	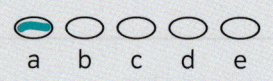

In welchem Abschnitt …

7   stellt der Autor einen allgemeinen Überblick über das Angebot an Hochschulen vor?

8   warnt der Autor des Textes vor falschen Hoffnungen bezüglich der beruflichen Perspektiven?

9   wird der Begriff der Orchideenfächer kurz definiert?

10   wird ein bedeutender Vorteil von kleinen Studiengängen genannt?

11   wird ein wichtiger Ratschlag für die Entscheidung für ein solches Studienfach gegeben?

12   wird gezeigt, dass sich je nach Studienfach eine große Bandbreite an Zukunftsperspektiven eröffnen kann?

Studienfächer für Spezialisten

a

Nach dem Abitur haben Studenten in Deutschland die Qual der Wahl: Mehr als 9200 Studienmöglichkeiten an Universitäten und Fachhochschulen gibt es laut Hochschulrektorenkonferenz (HRK), wenn alle Studiengänge und verschiedenen Abschlussmöglichkeiten berücksichtigt werden. Fast immer gebe es an den Hochschulen auch eine breite Palette ganz unterschiedlich großer Fächer, sagt HRK-Sprecherin Susanne Schilden. „Dass es an einer Hochschule einerseits einige Massenfächer und andererseits sehr kleine Fächer gibt, ist nicht der Regelfall." Bei der Studienwahl kann man sich an die beliebtesten und häufigsten Fächer halten oder sich an etwas Ungewöhnliches heranwagen. Doch oft ist ein Studium seltener Fächer nicht ohne Risiko. Assyrologie, Onomastik oder Finno-Ugristik – Fächer dieser Art studiert nicht jeder. Das kann besonders reizvoll sein, und oft ist die Betreuung geradezu paradiesisch. Im schlimmsten Fall allerdings führt das Studium eines solchen Faches schnurstracks in die berufliche Sackgasse.

b

Viele Fächer lassen sich fast überall studieren. Andere dagegen sind so selten, dass es bundesweit nur wenige Dutzend Studenten gibt. Orchideenfächer werden sie landläufig genannt, weil sie so exotisch sind. Die Berufsperspektiven für Absolventen solcher Studiengänge sind nicht immer leicht einzuschätzen. Im besten Fall wird gerade die Entscheidung für die extreme Spezialisierung zum Karrieresprungbrett – aber mitunter müssen die Absolventen auch mühsam nach einer Berufsperspektive suchen.
Die Palette an Alternativen zu Allerweltsfächern ist jedenfalls breit: Ob Arabistik und Assyrologie, Finno-Ugristik, Norwegisch, Turkologie, Judaistik, Galloromanistik oder Nordamerika-Studien – es gibt so manchen Studiengang, bei dem die Studierenden schon mal gefragt werden, was man damit später macht.

c

Stephan Kessler hat so ein kleines Fach studiert: Baltistik, die Wissenschaft von den baltischen Sprachen – Lettisch und Litauisch also. „Verwechslungen sind gar nicht so selten. Ich bekomme immer wieder Briefe, die ans Institut für Ballistik adressiert sind", erzählt Kessler. Inzwischen lehrt er das Fach selbst und habilitiert an der Universität Greifswald, der einzigen Hochschule, die Baltistik im Angebot hat. „Es gibt insgesamt 30 Studenten, in allen Semestern zusammen", sagt er. Das ist in Greifswald zwar noch nicht der kleinste Studiengang: „Ukrainistik zum Beispiel hat weniger Studenten." Aber das Fach ist doch überschaubar: „Die meisten Studenten kennen sich", sagt Kessler. Daher geht es in der Regel in den Veranstaltungen auch familiärer zu als in den Riesenhörsälen typischer Massenstudiengänge: „Man wird nicht einfach in irgendeine Vorlesung gepackt", sagt Axel Posluschny, wissenschaftlicher Mitarbeiter am Institut für Vor- und Frühgeschichte der Universität Marburg. Rund 100 Studenten sind in diesem Fach eingeschrieben, faktisch sind es noch weniger: „Darunter sind auch einige Karteileichen." Die Zahl der Immatrikulierten schwanke zwar manchmal, sei aber insgesamt erstaunlich stabil. „Erstaunlich, weil die Aussichten doch eher bescheiden sind", so der Wissenschaftler.

d

Auch an der Universität Tübingen sind kleine Fächer zu Hause. Insgesamt 140 Studenten studieren in Tübingen Japanologie, berichtet Professor Klaus Antoni. „15 bis 20 Teilnehmer sind bei uns ordentliche Arbeitsgrößen", so der Japanologe und Dekan der Fakultät Kulturwissenschaften. Das Studium sei allerdings zumindest anfangs sehr hart: „Jeden Tag gibt es mehrere Stunden Sprachunterricht, und das über zwei Jahre." Auf solide Japanisch-Kenntnisse wird großer Wert gelegt – alle Studenten machen auch Auslandssemester in Japan. Nach dem Studium eine Stelle an der Uni zu finden, sei eher schwierig. Viele promovierten nach dem Magister. Und wer danach nicht in der Wissenschaft bleibe, eine Stelle in der Kulturarbeit oder bei Medien finde, dem biete sich womöglich eine Chance bei japanischen Unternehmen.

e

Der Japanologie-Professor attestiert seinen Absolventen daher gar keine schlechten Perspektiven. Auch gute Chancen bei Unternehmen mit Kontakten ins Baltikum sieht Stephan Kessler für die Studenten seines Faches Baltistik: „Taxifahrer muss von denen keiner werden." Wenn Lettland und Litauen der EU beitreten, sei Personal gefragt, das sich dort auskennt. Bevor man sich jedoch für eine stärkere Spezialisierung entscheidet, sollte man sich das gut überlegen: „Wie gut oder schlecht die Berufsperspektiven sich entwickeln, ist am Anfang des Studiums kaum einzuschätzen", sagt Axel Posluschny. Denn wenn der Arbeitsmarkt sehr klein ist, verringern schon geringe Verschlechterungen die beruflichen Möglichkeiten unter Umständen dramatisch. Posluschnys Empfehlung gilt daher nicht nur für das Studium der Vorgeschichte: „Man muss solche Fächer schon aus Überzeugung studieren."

Leseverstehen, Teil 3

Lesen Sie den folgenden Text und die Aussagen 13–23. Welche der Aussagen sind richtig (+), falsch (–) oder gar nicht im Text enthalten (x)? Es gibt jeweils nur eine richtige Lösung. Markieren Sie Ihre Lösungen für die Aufgaben 13–23 auf dem Antwortbogen.

Alte Webcams, moderne Autos, künftige „Smart Homes": Fast jede Technik kann zum Angriffsziel werden. Einige aktuelle Trends, ein Ausblick auf künftige Gefahren – und eine „Mr. Robot"-Szene im Realitäts-Check.

Als Teil des „Internets der Dinge" sollen alle möglichen Geräte mit dem Netz verbunden werden, vom Radio bis zum Thermostat, mit dem sich die Heizung im Haus regulieren lässt. Das „Smart Home", das vernetzte Zuhause, ist auf dem Weg, mehr zu sein als nur eine Vision der Elektronikbranche.
Doch alle diese technischen Entwicklungen haben ein gemeinsames Problem: neue Sicherheitsrisiken. Darüber, was die Menschen künftig erwartet, sollte man sich laut Sicherheitsforschern keine falschen Hoffnungen machen: „Alles, was angegriffen werden kann, wird auch angegriffen", sagt ein Experte und kommt außerdem zu dem Schluss, dass sich die Cyberkriminellen, oft auch Hacker genannt, zunehmend professionalisieren.

Doch nicht nur Profi-Kriminelle sind ein Risiko. Wie das Jahr 2016 immer wieder gezeigt hat, sind viele „Internet der Dinge"-Geräte so schlecht gesichert, dass sie sich sogar ohne Kenntnisse von Hackern manipulieren lassen. Einige Webcams, Drucker und Fernseher können mit Standardprogrammen übernommen werden – mit Schadsoftware, die im Internet zu bekommen ist. Doch warum sollte jemand Maschinen angreifen, bei denen gar nichts zu holen ist?
Die Geräte werden zum Beispiel mit dem Ziel attackiert, sie zum Teil eines ferngesteuerten Rechner-Netzwerks zu machen, zu einem Botnetz. Damit können Attacken gestartet werden, bei denen Server mit massenhaften Anfragen aus dem Internet überschwemmt werden. Üblicherweise wird so versucht, Rechner zu überlasten, etwa, um von ihnen bereitgestellte Webseiten unzugänglich zu machen. Mit dieser Methode lassen sich Unternehmen erpressen – was auch seit Jahren geschieht. Besonders klein- und mittelständische Firmen sind betroffen.

Zwei der größten bisher bekannten Attacken richteten sich 2016 gegen einen Sicherheitsexperten und einen Internetdienstleister. Auch der massenhafte Ausfall von Telekom-Routern Ende November lässt sich auf den Versuch zurückführen, ein Botnetz zu erweitern. Hinzu kommt, dass der Code der Schadsoftware in einem Hackerforum veröffentlicht wurde: Damit ist es für potenzielle Angreifer noch leichter, Botnetze einzurichten.
Meistens sind es kleine Geräte wie Kameras, aber auch Lampen, von denen für Botnetze Besitz ergriffen wird. Die niedrigen Sicherheitsstandards machten es Hackern oft leicht, sagt Linus Neumann, Sprecher des Chaos Computer Clubs (CCC). Geräte würden schnell auf den Markt geworfen, mit mangelnder Qualität: „Es herrscht enormer Preisdruck." Updates und Wartung seien mitunter nicht vorgesehen.

Doch auch manche automatische Aktualisierung birgt Gefahren. „Wenn Updates bei Kühlschränken oder Überwachungskameras schiefgehen, könnten die Geräte ausfallen", sagt Neumann.

Da die Wartung von Geräten zudem aufwendig und teuer sei, würden viele Billighersteller direkt darauf verzichten – zumal sie für mangelnde Sicherheit bisher nicht haften müssen.

Davon, dass Technik schlecht gesichert ist oder schlecht eingesetzt wird, profitieren auch Kriminelle, die analog, also ganz ohne Computer, auf Beutezüge gehen. So können Einbrecher nicht nur dank Beiträgen in sozialen Medien erfahren, wann potenzielle Opfer nicht zu Hause sind. Manche Menschen geben Einbrechern auch unfreiwillig Tipps, indem sie nicht oder kaum geschützte Überwachungskameras benutzen. Anfang 2016 machten in diesem Kontext unter anderem Aldi-Webcams Negativschlagzeilen.

Gelingt es Kriminellen, per Internet eine Kamera zu kapern, können sie ihre Opfer im Alltag beobachten. So lässt sich herausfinden, zu welchen Zeiten die Bewohner zu Hause sind. Und wenn es für die Einbrecher besonders gut läuft, kommen sie im richtigen Moment sogar durch die Vordertür ins Haus – wenn diese ein elektronisches Schloss hat, wie viele Hersteller es auf den Markt bringen.

Diese Schlösser seien oft angreifbar, warnt ein Experte. Einige Systeme hätten sogar gravierende Sicherheitslücken. Auf der Hackermesse Defcon zeigten Sicherheitsexperten, dass man sich nicht allzu sehr auf Bluetooth-Türschlösser verlassen sollte. Sie fanden heraus, dass von 16 getesteten Schlössern zwölf unzureichend gesichert waren. Vier Schlösser hatten Klartext-Passwörter, eins ließ sich mit einem Schraubenzieher öffnen.

Wie ein versierter Angriff auf ein „Smart Home" aussehen könnte, war im Juli in einer Folge der Hacker-Serie „Mr. Robot" zu bestaunen. Zum Auftakt der zweiten Staffel wurde in einem Gebäude unter anderem das Türschloss manipuliert. Um eine Person aus dem Haus zu vertreiben, greifen Hacker dann auf den Fernseher zu, den sie unvermittelt anstellen. Die Lautstärke wird aufs Maximum gedreht, und die Angreifer stellen die Heizung aus. Auch eine kleine Lichtshow mit flackernden Lampen darf nicht fehlen. Als dann noch die Alarmanlage unvermittelt mit schrillen Pieptönen losgeht, hat die Bewohnerin die Nase voll. Nachdem sie keinen Schalter zum Ausmachen der Geräte findet und der Technik-Support auch nicht hilft, verlässt sie die Wohnung. Jetzt können die Kriminellen ungehindert ins Haus gehen und Wertgegenstände stehlen. Doch so etwas passiert nicht nur im Fernsehen, die Realität ist auch betroffen: Anfang November beispielsweise mussten einige Finnen frieren, weil ihre Heizungen durch einen Hacker-Angriff vorübergehend ausfielen.

Für die kommenden Jahre lässt all das wenig Gutes erahnen – zumal es nicht nur Bedrohungen beim „Internet der Dinge" oder beim „Smart Home" gibt. Moderne Autos etwa sind auch mit modernen Methoden angreifbar. Raffinierte Autodiebe versuchen beispielsweise, den Datenverkehr von Funkfernbedienungen mitzuschneiden und den entsprechenden Schlüssel zu kopieren. Auf diese Weise kann man sich einfacher Zutritt zu einem Auto verschaffen als mit herkömmlichem Einbruchswerkzeug, und noch dazu spurlos. Ein Nachteil dieser Methode: Die Täter müssen sich in der Nähe des Opfers befinden, wenn es den Wagen abschließt. Aus der Ferne funktionieren die Angriffe meistens nicht.

Hacker, die Autos attackieren, haben ohnehin nicht immer das Ziel, ein Fahrzeug zu stehlen. Mehrfach ist es Profis in den letzten Jahren gelungen, sich in die Steuerungselektronik fahrender Autos einzuklinken. Dieter Gollmann von der TU Harburg hält mit Blick auf die Zukunft auch andere Angriffe für möglich: So könnten Hacker etwa in Navigationssysteme eindringen und ihre Opfer an bestimmte Orte lotsen.

Sicherheitsexperte Thomas Hemker befürchtet, dass die zunehmende Verbreitung etwa der Softwareplattform „Android Auto" es Kriminellen einfacher macht, Autotechnik zu hacken. Je weiter ein System verbreitet ist, desto attraktiver wird es für Angreifer. Er hält es für möglich, dass eine Software, wie sie schon bei PCs und Smartphones vorhanden ist, bald auch bei Autos verwendet wird. Das könnte zum Problem werden, da Angreifer damit Autos stoppen und Lösegeld verlangen können.

Linus Neumann vom CCC gibt dazu zu bedenken, dass Kriminellen, die es auf Autos abgesehen haben, noch eine sichere Methode fehlt, um an das erpresste Geld zu kommen: Bei Erpressungsversuchen, bei denen am PC Daten verschlüsselt werden, sei es wahrscheinlicher, dass ein Betroffener direkt Überweisungen tätigt. Steht ein Autofahrer vor seinem verschlossenen Fahrzeug, stellt sich für ihn die Frage, wie schnell und zu welchem Preis er wieder Zugang erhält. Es müsste deutlich attraktiver sein zu zahlen, als mit der nächsten Werkstatt Kontakt aufzunehmen. Vielleicht lohnt es sich für Hacker bei solchen sogenannten Ransomware-Erpressungen daher eher, auf Car-Sharing-Dienstleister wie Car2Go oder DriveNow zu zielen, die viele Autos desselben Typs haben. Wenn diese alle nicht mehr starten können, würde sich die Firma wohl mehr Sorgen machen als einzelne Fahrer – und vielleicht die Hacker bezahlen.

Tipp: Lassen Sie sich von Texten mit vielen Fachwörtern nicht abschrecken! Die Aufgaben lassen sich auch ohne spezielles Wissen lösen. Achten Sie in den Aufgaben und im Text auf Verben, Verneinungen und Schlüsselwörter, die eine Meinung ausdrücken (positiv oder negativ).

Welche der Aussagen sind richtig (+), falsch (–) oder gar nicht im Text enthalten (x)?

13 Jedes technische Gerät soll ans Internet angeschlossen werden.

14 Sicherheitsforscher sagen, dass sich die Menschen falsche Hoffnungen zum Thema Vernetzung machen.

15 Grundlegende Hackerkenntnisse kann man sich bereits im Internet aneignen.

16 In einem sogenannten Botnetz werden elektronische Geräte zu kriminellen Zwecken miteinander verbunden.

17 Vor allem große Unternehmen werden von Hackern erpresst.

18 Bisher tragen Hersteller von Elektrogeräten keine Verantwortung dafür, wenn es zu Problemen durch Sicherheitsmängel kommt.

19 Die Sozialen Medien und ungesicherte Überwachungssysteme versorgen Kriminelle mit wichtigen Informationen.

20 Auf der Hackermesse geben Sicherheitsexperten den Kunden Tipps für sichere Passwörter.

21 In einer Fernsehserie wird gezeigt, wie jemand das Haus verlässt, weil er vergessen hat, wie er seine elektrischen Geräte abschalten kann.

22 Mittlerweile können Hacker Autos von fremden Personen schon über eine große Distanz öffnen.

23 Hacker haben eine erfolgreiche Technik entwickelt, um Geld von Autofahrern zu erpressen.

Welche der Überschriften a, b oder c trifft die Aussage des Textes am besten?
Markieren Sie Ihre Lösung für die Aufgabe 24 auf dem Antwortbogen.

24 a Bedrohungen durch Cyberangriffe
   b Möglichkeiten im „Smart Home"
   c Terror im Internet

Sprachbausteine

Lesen Sie den folgenden Text. Welche Lösung (a, b, c oder d) ist jeweils richtig? Markieren Sie Ihre Lösungen für die Aufgaben 25–46 auf dem Antwortbogen. Lücke (0) ist ein Beispiel.

Fremdsprachen: So lernt das Gehirn am besten

Verlage und Sprachschulen preisen Erfolgsrezepte ___0___, Lehrer schwören auf ___25___ entwickelte Lernmethoden, und ___26___ Lernenden machen Merktipps und Eselsbrücken die Runde. Das Ziel: möglichst schnell eine Fremdsprache so gut zu ___27___, dass man sie im Alltag einsetzen kann. Auch die Forschung untersucht seit vielen Jahren, was beim Fremdsprachenlernen im Gehirn geschieht. ___28___ auf diesem Forschungsgebiet noch viele Fragen offen ___29___, steht schon jetzt fest: Es gibt zwar nicht die einzige optimale Lernmethode, aber sehr wohl Erkenntnisse, die Sprachlerner berücksichtigen sollten, wenn sie schnell Erfolge ___30___ möchten.

Anders ___31___ ein Wörterbuch gleicht das ___32___ mentale Lexikon – unser Wortspeicher im Gehirn – einem gigantischen Netzwerk: Blitzschnell lassen sich über unzählige Verknüpfungen ___33___ richtigen Wörter und Ausdrücke zu Sätzen kombinieren. Je besser ein Wort vernetzt ist, desto leichter fällt es uns im Ernstfall ___34___.

Um diese Vernetzung herzustellen, kommt es auf zweierlei an: Quantität und Qualität. Die Quantität ___35___: Wenn wir ein Wort regelmäßig verwenden, hat unser Gehirn es auf Anhieb parat.

Auf die Qualität der Vernetzung hat die Art des Lernens großen ___36___: Je mehr Erinnerungen, Gefühle oder Assoziationen wir ___37___ verbinden, desto leichter fällt dem Gehirn der Zugriff auf diesen. Es gilt also, mit neuen Vokabeln zu ___38___: Beispielsätze zu bilden, sich Situationen auszudenken, ___39___ wir sie verwenden könnten, oder auch einfach nur darüber nachzudenken, ob wir das Wort schön finden und wenn ja, warum.

Vor allem Beispielsätze sind perfekte Merkhilfen für das Gehirn. Sprachforscher raten dazu, Vokabeln ___40___ in Wortkombinationen zu lernen. Das hat ___41___ noch einen weiteren Vorteil: Es unterstützt nicht nur die Vernetzung, ___42___ kann auch vor mancher Sprach-Stolperfalle bewahren. Dass ___43___ besonders gut auf die Lernweise des Gehirns zugeschnitten ist, zeigt die Erforschung des ___44___ Spracherwerbs: Kinder lernen in ihrer Muttersprache ___45___ feste Ausdrücke und erst später einzelne Wörter. Zum Beispiel wissen sie früh, dass immer beim Zubettgehen „Gute Nacht!" gesagt wird. Erst viel später analysiert ihr Gehirn, dass es sich um zwei ___46___ unabhängige Wörter handelt.

0	☒	an
	b	aus
	c	bei
	d	zu

36	a	Ausdruck
	b	Eindruck
	c	Einfluss
	d	Zufluss

25	a	persönlich
	b	persönliche
	c	persönlichen
	d	persönlicher

37	a	mit Ausdrücken
	b	mit diesem Ausdruck
	c	mit einem Ausdruck
	d	mit welchem Ausdruck

26	a	außer
	b	über
	c	unter
	d	wegen

38	a	antizipieren
	b	differenzieren
	c	experimentieren
	d	präzisieren

27	a	beherrschen
	b	belegen
	c	fokussieren
	d	realisieren

39	a	in denen
	b	in der
	c	in deren
	d	in dessen

28	a	Nachdem
	b	Obwohl
	c	Solange
	d	Weil

40	a	ausnahmsweise
	b	grundsätzlich
	c	nie
	d	notfalls

29	a	ist
	b	seien
	c	sind
	d	waren

41	a	dennoch
	b	deshalb
	c	nämlich
	d	trotzdem

30	a	behalten
	b	bevorzugen
	c	erlernen
	d	erzielen

42	a	aber
	b	jedoch
	c	sondern
	d	sonst

31	a	als
	b	denn
	c	ob
	d	wie

43	a	die Art des Lernens
	b	diese Art des Lernens
	c	jede Art des Lernens
	d	keine Art des Lernens

32	a	so genante
	b	so genannten
	c	so genanntes
	d	sogenannte

44	a	Kinder-
	b	kindhaften
	c	kindischen
	d	kindlichen

33	a	der
	b	die
	c	viele
	d	–

45	a	anschließend
	b	demnächst
	c	schließlich
	d	zunächst

34	a	auf
	b	ein
	c	zu
	d	–

46	a	auseinander
	b	durcheinander
	c	untereinander
	d	voneinander

35	a	liegt an der Hand
	b	liegt auf der Hand
	c	liegt unter der Hand
	d	liegt vor der Hand

Hörverstehen, Teil 1

7 Sie hören die Meinungen von acht Personen. Sie hören die Meinungen nur einmal. Entscheiden Sie beim Hören, welche Aussage (a–j), zu welcher Person passt. Zwei Aussagen passen nicht. Markieren Sie Ihre Lösungen für die Aufgaben 47–54 auf dem Antwortbogen.
Lesen Sie jetzt die Aussagen a–j. Sie haben dazu eine Minute Zeit.

Ältere Studierende an der Universität

a Ältere Studierende können ein extra Angebot nutzen, da für sie ein normaler Studienabschluss meist nicht mehr so wichtig ist.

b Die Universität muss sich verändern und die neue Altersstruktur stärker berücksichtigen.

c Die Vergabe von Studienplätzen sollte nach Leistungstests und Noten erfolgen.

d Es kann ab und zu Probleme aufgrund des Altersunterschieds geben, meist klappt die Zusammenarbeit aber gut.

e Jüngere Studierende erwarten an der Uni eher ein verschultes System.

f Nur junge Leute sollten studieren dürfen, weil es sonst zu wenig Platz in den Hörsälen gibt.

g Studierende unterschiedlichen Alters können von den Perspektiven der anderen profitieren.

h Wenn alle Studierenden etwa gleich alt sind, können die Dozenten ihre Vorlesungen besser an der Zielgruppe orientieren.

i Wenn zu viele Rentner studieren, fehlt es an Studienplätzen für die Jüngeren.

j Wer studieren will, muss beweisen, dass ihn das Fach wirklich interessiert, das Alter spielt dabei keine Rolle.

Hörverstehen, Teil 2

🎧 8 Sie hören eine Radiosendung. Sie hören die Sendung nur einmal. Entscheiden Sie beim Hören, welche Aussage (a, b oder c) am besten passt. Markieren Sie Ihre Lösungen für die Aufgaben 55–64 auf dem Antwortbogen.
Lesen Sie jetzt die Aufgaben 55–64. Sie haben dazu drei Minuten Zeit.

55 Private Geldgeber spenden,
   a da ihnen die Entwicklung der Gesellschaft wichtig ist.
   b damit das Bundesland Hessen sparen kann.
   c um ihr Verantwortungsbewusstsein auszudrücken.

56 Die Goethe-Universität
   a hat für hohe Spenden noch keine eigenen Regeln.
   b nimmt keine Spenden über 50.000 Euro an.
   c wendet bei Spenden über 50.000 Euro eigene Stiftungsregeln an.

57 Mehr demokratische Strukturen an den Hochschulen
   a gibt es nicht ohne Mitarbeit.
   b machen die Organisation einfacher.
   c müssen erst hergestellt werden.

58 Um unbefristete Stellen zu schaffen,
   a braucht die Universität die Zustimmung des Personalrats.
   b einigt sich die Universität mit den Gewerkschaften.
   c überprüft die Universität, in welchen Positionen Mitarbeiter benötigt werden.

59 Der Haustarifvertrag der Goethe-Universität bietet die Möglichkeit,
   a ansprechende und Erfolg versprechende Arbeitsplätze anzubieten.
   b die Bedingungen der Arbeit günstiger zu gestalten.
   c flexibel auf dem Arbeitsmarkt agieren zu können.

60 Wodurch soll die Universität familienfreundlicher werden?
   a Mitarbeitende bekommen mehr Arbeitsmöglichkeiten.
   b Mitarbeitende bestimmen ihre Arbeitszeiten selbst.
   c Mitarbeitende mit Kind bekommen verbesserte Verträge.

61 Die Rektorin wünscht sich, dass an ihrer Universität
   a der Unterricht im Vordergrund stehen soll.
   b Forschung und Lehre im Gleichgewicht stehen sollen.
   c viel mehr in die Forschung investiert werden soll.

62 Wie steht die Rektorin zum Thema Studiengebühren?
   a Die Hochschulen haben damit die Möglichkeit, finanzielle Lücken zu schließen.
   b Die Hochschulen können im Moment auf Studiengebühren verzichten.
   c Die Hochschulen sollen selbst entscheiden, ob sie Studiengebühren erheben.

63 Der Übergang vom Bachelor zum Master
   a birgt für einige Studierende finanzielle Probleme.
   b ist bei vielen schlecht organisiert.
   c ist organisatorisch vereinfacht worden.

64 Gute Studienberatung sollte
   a die Veranlagung der jungen Menschen beachten.
   b Kindern nicht vom Studium abraten.
   c zukünftige Karrierewege nach dem Studium aufzeigen.

Hörverstehen, Teil 3

🎧 9 Sie hören einen Vortrag. Sie hören den Vortrag nur einmal. Sie haben Handzettel mit den Folien der Präsentation erhalten. Schreiben Sie die fehlenden Informationen stichwortartig in die freien Zeilen 65–74 in der rechten Spalte. Die Lösung 0 ist ein Beispiel.
Lesen Sie jetzt die Stichworte. Sie haben dazu eine Minute Zeit.

Präsentation	Ihre Lösungen

Präsentation

Vorlesungsreihe

(0) ▢

65 Thema:

(65) ▢

Ursprungsland der Kaffeebohne:

(66) ▢

Erster Beleg für Kaffee als Genussmittel:

(67) ▢ Jahrhundert

▢ Land

Kaffeewirkung bei Mensch und Tier

Bei Bienen führt Koffein zu

(68) ▢

Mensch und Bienen haben unterschiedliche Gehirne, trotzdem …

(69) ▢

Ihre Lösungen

0 *Chemie im Alltag* _____

_____

_____

65 _____

_____

66 _____

_____

67 _____

_____

68 _____

_____

_____

69 _____

_____

_____

Präsentation	**Ihre Lösungen**

Kaffee als Wachmacher
Gelegentlicher Kaffeekonsum:
Kaffee macht munter

Bei regelmäßigem Kaffeekonsum:

(70)

70 _____

_____

_____

_____

Kaffeeanbau

Kaffee wächst eigentlich:

(71)

Plantagen sind jedoch ertragreicher.

Kaffeewälder bieten eine Heimat für:

(72)

71 _____

_____

_____

72 _____

_____

_____

Wirkung von Kaffee auf den Körper

Süßstoffe verändern das Getränk.

Zusammenhang zwischen Kaffee und Harndrang:

(73)

Koffein zu entfernen ist:

(74)

73 _____

_____

_____

74 _____

_____

_____

Sie haben jetzt fünf Minuten Zeit, Ihre Antworten zu den Aufgaben 65–74 auf den Antwortbogen zu übertragen.

Schriftlicher Ausdruck

Wählen Sie eines der folgenden zwei Themen. Schreiben Sie einen Text, in dem Sie Ihren eigenen Standpunkt dazu erarbeiten und argumentativ darlegen. Ihr Text soll mindestens 350 Wörter umfassen. Sie haben 70 Minuten Zeit.

Thema 1

In einem sozialwissenschaftlichen Seminar sollen Sie darüber reflektieren, ob das Angebot der Studiengänge und die Anzahl der Studienplätze den Bedürfnissen des Marktes angepasst werden sollten.
Greifen Sie die unten genannten Zitate auf, berücksichtigen Sie auch Ihre eigenen Erfahrungen und legen Sie Vor- und Nachteile verschiedener Positionen dar. Fassen Sie Ihre Ergebnisse zusammen.

> „Die Nachfrage am Arbeitsmarkt ändert sich zu schnell und lässt sich manchmal nur schlecht voraussagen."
>
> „Wenn sich die Angebote der Universitäten und Hochschulen mehr nach dem Markt richten, gibt es für die Absolventen mehr berufliche Chancen und weniger arbeitssuchende Akademiker."

oder

Thema 2

In einem Seminar über Umweltpolitik und Stadtplanung sollen Sie Ihre Haltung zum Thema „Mehr Grünflächen statt Parkplätze in der Stadt" reflektieren.
Greifen Sie die unten genannten Zitate auf, berücksichtigen Sie auch Ihre eigenen Erfahrungen und legen Sie Vor- und Nachteile verschiedener Positionen dar. Fassen Sie Ihre Ergebnisse zusammen.

> „In Städten werden immer mehr Wohnungen gebaut. Dadurch steigt auch der Bedarf an Parkplätzen."
>
> „Gerade weil Städte immer größer werden, sollte man mehr Grünflächen innerhalb der Stadt schaffen."

Mündlicher Ausdruck, Teil 1

Teilnehmer/in A

Teil 1A Präsentation (3 Minuten)

Aufgabe

Sie sollen ein Kurzreferat (ca. 3 Minuten) halten. Wählen Sie eines der Themen aus. Sie können sich Notizen machen (Stichworte, keinen zusammenhängenden Text). Denken Sie auch an eine Einleitung (Beispiel, eigene Erfahrung, …) und an einen Schluss bzw. ein Fazit. Ihr Vortrag soll gut gegliedert sein und das Thema klar und detailliert darstellen. Im Anschluss werden Ihnen Fragen gestellt.

Themen

- Was sollte man Ihrer Meinung nach mit Essensresten in der Mensa machen? Bitte begründen Sie Ihre Meinung.

- Manche Studierende nehmen zum Lernen und vor Prüfungen Medikamente ein. Was halten Sie davon?

Teil 1B Zusammenfassung und Anschlussfragen (2 Minuten)

Aufgabe

- Machen Sie sich Notizen, während Ihre Partnerin oder Ihr Partner ihre bzw. seine Präsentation vorträgt. Im Anschluss an die Präsentation sagen Sie dann zusammenfassend, was Ihre Partnerin oder Ihr Partner vorgetragen hat.

- Stellen Sie dann Ihrer Partnerin oder Ihrem Partner Anschlussfragen.

Modelltest

3

Teilnehmer/in B

Teil 1A Präsentation (3 Minuten)

Aufgabe

Sie sollen ein Kurzreferat (ca. 3 Minuten) halten. Wählen Sie eines der Themen aus. Sie können sich Notizen machen (Stichworte, keinen zusammenhängenden Text). Denken Sie auch an eine Einleitung (Beispiel, eigene Erfahrung, …) und an einen Schluss bzw. ein Fazit. Ihr Vortrag soll gut gegliedert sein und das Thema klar und detailliert darstellen. Im Anschluss werden Ihnen Fragen gestellt.

Themen

- Was ist Ihrer Meinung nach für einen potentiellen Arbeitgeber wichtiger: gute Noten im Studium oder Berufserfahrung durch Praktika und Ferienjobs? Begründen Sie Ihre Meinung.

- „Work and Travel" – ins Ausland reisen und dort arbeiten – ist vor oder nach dem Studium sehr beliebt. Stellen Sie Ihre Haltung zum Thema dar und vergleichen Sie die Situation in Deutschland und Ihrem Heimatland.

Teil 1B Zusammenfassung und Anschlussfragen (2 Minuten)

Aufgabe

- Machen Sie sich Notizen, während Ihre Partnerin oder Ihr Partner ihre bzw. seine Präsentation vorträgt. Im Anschluss an die Präsentation sagen Sie dann zusammenfassend, was Ihre Partnerin oder Ihr Partner vorgetragen hat.

- Stellen Sie dann Ihrer Partnerin oder Ihrem Partner Anschlussfragen.

Teilnehmer/in C

Teil 1A Präsentation (3 Minuten)

Aufgabe

Sie sollen ein Kurzreferat (ca. 3 Minuten) halten. Wählen Sie eines der Themen aus. Sie können sich Notizen machen (Stichworte, keinen zusammenhängenden Text). Denken Sie auch an eine Einleitung (Beispiel, eigene Erfahrung, …) und an einen Schluss bzw. ein Fazit. Ihr Vortrag soll gut gegliedert sein und das Thema klar und detailliert darstellen. Im Anschluss werden Ihnen Fragen gestellt.

Themen

* Welche Freizeitangebote sollte eine Universität Ihrer Meinung nach für Studierende anbieten? Begründen Sie Ihre Meinung. Welche Angebote gibt es an Universitäten in Ihrem Heimatland?

* Wie sollte man Ihrer Meinung nach mit Prüfungsstress umgehen? Welche Tipps können Sie geben? Berichten Sie auch von eigenen Erfahrungen.

Teil 1B Zusammenfassung und Anschlussfragen (2 Minuten)

Aufgabe

* Machen Sie sich Notizen, während Ihre Partnerin oder Ihr Partner ihre bzw. seine Präsentation vorträgt. Im Anschluss an die Präsentation sagen Sie dann zusammenfassend, was Ihre Partnerin oder Ihr Partner vorgetragen hat.

* Stellen Sie dann Ihrer Partnerin oder Ihrem Partner Anschlussfragen.

Mündlicher Ausdruck, Teil 2

Diskussion (6 Minuten)

Diskutieren Sie mit Ihrem/r Partner/in das folgende Thema:

Teilnehmer/in A

„Wenn das ganze Jahr Urlaub wäre, wäre das Vergnügen so langweilig wie die Arbeit."

William Shakespeare

Teilnehmer/in B

„Der Mensch hat dreierlei Wege klug zu handeln: erstens durch Nachdenken, das ist der edelste, zweitens durch Nachahmen, das ist der leichteste, und drittens durch Erfahrung, das ist der bitterste."

Konfuzius

Teilnehmer/in C

„Viele Menschen wissen, dass sie unglücklich sind. Aber noch mehr Menschen wissen nicht, dass sie glücklich sind."

Albert Schweitzer

Aufgabe

- Wie verstehen Sie diese Aussage?

- Inwiefern teilen Sie diese Ansicht?

- Geben Sie dazu Gründe und Beispiele an.

- Gehen Sie auch auf die Argumente Ihrer Partnerin oder Ihres Partners ein.

Lösungen und Kommentare

Leseverstehen, Teil 1
Antwortbogen

	a	b	c	d	e	f	g	h
1	X							
2								X
3		X						
4				X				
5						X		
6			X					

Die Antwortoptionen e und g konnten nicht zugeordnet werden.

Kommentare

1 a *Dabei konnten sie vier grundlegende Typen von Persönlichkeiten identifizieren:*
→ Im Satz davor geht es allgemein um eine Untersuchung, die Muster im Spielverhalten analysiert hat. Im Satz danach werden die vier Persönlichkeitstypen aufgezählt, ein Hinweis ist auch der Doppelpunkt am Ende des Satzes: Hier folgt eine Aufzählung. Die vier Typen werden alle genannt.

2 h *In einem anderen Spiel gewann hingegen nur der Spieler, der sich für sein Eigeninteresse entschieden hatte.*
→ Hier wird im Satz zuvor ein Beispiel genannt, ein Hinweis ist auch der Ausdruck „in einem Fall". Im Lösungssatz findet sich „in einem anderen Spiel", was das Gegenstück anzeigt. Außerdem geht es hier um einen Spieler mit Eigeninteressen. Im Satz danach wird auf den Spieler eingegangen, der kooperiert.

3 b *Das sollte eine anschließende statistische Auswertung der insgesamt 8366 Entscheidungen aller 541 Versuchspersonen zeigen.*
→ Zuvor steht eine Frage im Text. Im Lösungssatz gibt zum einen der Teil „Das sollte … zeigen" einen Hinweis auf die richtige Lösung. Zum anderen geht es um eine statistische Auswertung, im Satz danach wird von einer Analyse gesprochen. Diese beiden Begriffe können auch synonym verwendet werden und geben daher einen Hinweis auf die Lösung.

4 d *Der „Optimist" setzt immer auf die Option mit dem höchsten Gewinn, egal wie hoch das Risiko ist.*
→ Für diese Lösung haben wir zum einen wieder den Hinweis im Satz zuvor, in dem von „vier Basisstrategien" gesprochen wird, die nachfolgend aufgezählt werden. Im nachfolgenden Satz wird über den „Pessimisten" gesprochen – als Gegenstück zum „Optimisten" im Lösungssatz.

5 f *Dies traf auf 30 Prozent der Teilnehmer zu, während sich jeweils 20 Prozent der Versuchspersonen jeweils den anderen Typen zuordnen ließen.*
→ Im Absatz zuvor wurden die vier Strategien aufgezählt, zuletzt die „Neider". Ein Hinweiswort in der Lösung ist „dies" (= diese Strategie traf auf … zu). Außerdem werden hier Prozentzahlen genannt, und im nachfolgenden Satz geht es ebenfalls um Prozentzahlen, nämlich die fehlenden 10 Prozent.

6 c *Denn im echten Leben sind soziale Konfliktsituationen zumeist deutlich komplexer.*
→ Für diese Lösung findet sich im Satz zuvor das Hinweiswort „Alltag". Im Lösungssatz wird vom „echten Leben" gesprochen, also einem Synonym für Alltag. Die kausale Konjunktion „denn" zeigt ebenfalls, dass hier eine Begründung für den Satz davor folgt.

Leseverstehen, Teil 2
Antwortbogen

	a	b	c	d	e
7	X				
8		X			
9		X			
10			X		
11					X
12					X

Kommentare

7 a *… stellt der Autor einen allgemeinen Überblick über das Angebot an Hochschulen vor?*
„Nach dem Abitur haben Studenten in Deutschland die Qual der Wahl: Mehr als 9200 Studienmöglichkeiten an Universitäten und Fachhochschulen gibt es laut Hochschulrektorenkonferenz (HRK), wenn alle Studiengänge und verschiedenen Abschlussmöglichkeiten berücksichtigt werden. Fast immer gebe es an den Hochschulen auch eine breite Palette ganz unterschiedlich großer Fächer, sagt HRK-Sprecherin Susanne Schilden."

8 b *… warnt der Autor des Textes vor falschen Hoffnungen bezüglich der beruflichen Perspektiven?*
„Viele Fächer lassen sich fast überall studieren. Andere dagegen sind so selten, dass es bundesweit nur wenige Dutzend Studenten gibt. Orchideenfächer werden sie landläufig genannt, weil sie so exotisch sind. Die Berufsperspektiven für Absolventen solcher Studiengänge sind nicht immer leicht einzuschätzen. Im besten Fall wird gerade die Entscheidung für die extreme Spezialisierung zum Karrieresprungbrett – aber mitunter müssen die Absolventen auch mühsam nach einer Berufsperspektive suchen.

9 b *… wird der Begriff der Orchideenfächer kurz definiert?*
„Viele Fächer lassen sich fast überall studieren. Andere dagegen sind so selten, dass es bundesweit nur wenige Dutzend Studenten gibt. Orchideenfächer werden sie landläufig genannt, weil sie so exotisch sind. Die Berufsperspektiven für Absolventen solcher Studiengänge sind nicht immer leicht einzuschätzen."

10 c *… wird ein bedeutender Vorteil von kleinen Studiengängen genannt?*
„Das ist in Greifswald zwar noch nicht der kleinste Studiengang: ‚Ukrainistik zum Beispiel hat weniger Studenten.' Aber das Fach ist doch überschaubar: ‚Die meisten Studenten kennen sich', sagt Kessler. Daher geht es in der Regel in den Veranstaltungen auch familiärer zu als in den Riesenhörsälen typischer Massenstudiengänge: ‚Man wird nicht einfach in irgendeine Vorlesung gepackt', sagt Axel Posluschny, wissenschaftlicher Mitarbeiter am Institut für Vor- und Frühgeschichte der Universität Marburg. Rund 100

Studenten sind in diesem Fach eingeschrieben, faktisch sind es noch weniger ..."

11 e *... wird ein wichtiger Ratschlag für die Entscheidung für ein solches Studienfach gegeben?*

„Posluschnys Empfehlung gilt daher nicht nur für das Studium der Vorgeschichte: ‚Man muss solche Fächer schon aus Überzeugung studieren.'"

12 e *... wird gezeigt, dass sich je nach Studienfach eine große Bandbreite an Zukunftsperspektiven eröffnen kann?*

„Der Japanologie-Professor attestiert seinen Absolventen daher gar keine schlechten Perspektiven. Auch gute Chancen bei Unternehmen mit Kontakten ins Baltikum sieht Stephan Kessler für die Studenten seines Faches Baltistik: ‚Taxifahrer muss von denen keiner werden.' Wenn Lettland und Litauen der EU beitreten, sei Personal gefragt, das sich dort auskennt."

Leseverstehen, Teil 3
Antwortbogen

	+	–	x			a	b	c
13	X				24	X		
14		X						
15			X					
16	X							
17		X						
18	X							
19	X							
20			X					
21		X						
22		X						
23		X						

Kommentare

13 richtig *Jedes technische Gerät soll ans Internet angeschlossen werden.*

„Als Teil des ‚Internets der Dinge' sollen alle möglichen Geräte mit dem Netz verbunden werden, vom Radio bis zum Thermostat, mit dem sich die Heizung im Haus regulieren lässt."

14 falsch *Sicherheitsforscher sagen, dass sich die Menschen falsche Hoffnungen zum Thema Vernetzung machen.*

„Darüber, was die Menschen künftig erwartet, sollte man sich laut Sicherheitsforschern keine falschen Hoffnungen machen: ..."

→ Sich keine falschen Hoffnungen machen bedeutet, man soll nicht auf etwas hoffen, das sehr unwahrscheinlich ist. In Satz 14 machen sich die Menschen falsche Hoffnungen.

15 – *Grundlegende Hackerkenntnisse kann man sich bereits im Internet aneignen.*

„Wie das Jahr 2016 immer wieder gezeigt hat, sind viele ‚Internet der Dinge'-Geräte so schlecht gesichert, dass sie sich sogar ohne Kenntnisse von Hackern manipulieren lassen. Einige Webcams, Drucker und Fernseher können mit Standardprogrammen übernommen werden – mit Schadsoftware, die im Internet zu bekommen ist."

→ Die Schadsoftware ist im Internet zu bekommen, nicht die Hackerkenntnisse. Ob man auch Hackerkenntnisse im Internet erwerben kann, wird im Text nicht gesagt.

16 richtig *In einem sogenannten Botnetz werden elektronische Geräte zu kriminellen Zwecken miteinander verbunden.*

„Die Geräte werden zum Beispiel mit dem Ziel attackiert, sie zum Teil eines ferngesteuerten Rechner-Netzwerks zu machen, zu einem Botnetz."

17 falsch *Vor allem große Unternehmen werden von Hackern erpresst.*

„Besonders klein- und mittelständische Firmen sind betroffen."

18 richtig *Bisher tragen Hersteller von Elektrogeräten keine Verantwortung dafür, wenn es zu Problemen durch Sicherheitsmängel kommt.*

„Da die Wartung von Geräten zudem aufwendig und teuer sei, würden viele Billighersteller direkt darauf verzichten – zumal sie für mangelnde Sicherheit bisher nicht haften müssen."

19 richtig *Die Sozialen Medien und ungesicherte Überwachungssysteme versorgen Kriminelle mit wichtigen Informationen.*

„So können Einbrecher nicht nur dank Beiträgen in sozialen Medien erfahren, wann potenzielle Opfer nicht zu Hause sind. Manche Menschen geben Einbrechern auch unfreiwillig Tipps, indem sie nicht oder kaum geschützte Überwachungskameras benutzen."

20 – *Auf der Hackermesse geben Sicherheitsexperten den Kunden Tipps für sichere Passwörter.*

„Auf der Hackermesse Defcon zeigten Sicherheitsexperten, dass man sich nicht allzu sehr auf Bluetooth-Türschlösser verlassen sollte. Sie fanden heraus, dass von 16 getesteten Schlössern zwölf unzureichend gesichert waren."

21 falsch *In einer Fernsehserie wird gezeigt, wie jemand das Haus verlässt, weil er vergessen hat, wie er seine elektrischen Geräte abschalten kann.*

„Um eine Person aus dem Haus zu vertreiben, greifen Hacker dann auf den Fernseher zu, den sie unvermittelt anstellen. Die Lautstärke wird aufs Maximum gedreht, und die Angreifer stellen die Heizung aus. Auch eine kleine Lichtshow mit flackernden Lampen darf nicht fehlen. Als dann noch die Alarmanlage unvermittelt mit schrillen Pieptönen losgeht, hat die Bewohnerin die Nase voll. Nachdem sie keinen Schalter zum Ausmachen der Geräte findet und der Technik-Support auch nicht hilft, verlässt sie die Wohnung."

22 falsch *Mittlerweile können Hacker Autos von fremden Personen schon über eine große Distanz öffnen.*

„Die Täter müssen sich in der Nähe des Opfers befinden, wenn es den Wagen abschließt. Aus der Ferne funktionieren die Angriffe meistens nicht."

23 falsch *Hacker haben eine erfolgreiche Technik entwickelt, um Geld von Autofahrern zu erpressen.*

„Linus Neumann vom CCC gibt dazu zu bedenken, dass Kriminellen, die es auf Autos abgesehen haben, noch eine sichere Methode fehlt, um an das erpresste Geld zu kommen: ..."

24 a *Bedrohungen durch Cyberangriffe*

→ Diese Überschrift passt am besten, weil es im Text um Angriffe auf technische Geräte mithilfe des Internets geht. „Möglichkeiten im Smart Home" ist zu allgemein formuliert und passt nicht zu den negativen Aspekten, die im Text aufgezählt werden, da „Möglichkeiten" eher positiv konnotiert ist. „Terror im Internet" ist wiederum zu stark. Außerdem finden die negativen Aspekte des Smart Homes nicht nur im Internet sondern auch bei den Menschen zu Hause statt. „Bedrohungen" passt hier also am besten.

Sprachbausteine
Antwortbogen

	a	b	c	d
25	X			
26			X	
27	X			
28		X		
29			X	
30				X
31	X			
32				X
33		X		
34		X		
35		X		
36			X	
37			X	
38			X	
39	X			
40		X		
41			X	
42			X	
43		X		
44				X
45				X
46				X

Kommentare

25 a *persönlich*
→ Hier muss das Adjektiv „persönlich" unflektiert stehen, da dahinter noch das als Adjektiv verwendete Partizip „entwickelt" folgt, welches direkt vor dem Nomen steht und daher flektiert wird.

26 c *unter*
→ Hier muss die Präposition „unter" stehen, da es ein feststehender Ausdruck ist, dass „etwas unter Menschen die Runde macht". Die anderen Präpositionen machen in diesem Zusammenhang keinen Sinn.

27 a *beherrschen*
→ Hier passt nur das Verb „beherrschen", da man eine Fremdsprache beherrscht, das heißt verwenden, verstehen und benutzen kann.

28 b *Obwohl*
→ Hier passt nur der Konnektor „obwohl", da mit dem nachfolgenden Hauptsatz „steht jetzt schon fest" ein Gegensatz angezeigt wird.

29 c *sind*
→ Hier passt nur „sind", weil Fragen im Plural steht („viele Fragen"), „ist" fällt somit weg. „Seien" passt ebenfalls nicht, weil man den Konjunktiv I nur bei indirekter Redewiedergabe verwendet, was hier nicht der Fall ist. Satz und Kontext stehen zudem im Präsens, also fällt „waren" auch weg.

30 d *erzielen*
→ Hier muss man die feste Wortkombination „Erfolge erzielen" kennen. Das ist von den Verben das einzige, das in dieser Verbindung verwendet werden kann.

31 a *als*
→ „Als" passt hier als einziges Wort, da es sich bei diesem Satz um einen Vergleich handelt: „Anders als …" Bei Vergleichen, in denen die beiden verglichenen Teile verschieden sind, benutzt man „als". Nur bei Vergleichen, bei denen beide Teile gleich sind („genauso wie") benutzt man „wie". „Denn" und „ob" als Konnektoren passen beide nicht.

32 d *sogenannte*
→ Hier sind Rechtschreibkenntnisse gefragt. Man schreibt „sogenannt" zusammen und mit Doppel-n. Lösung a fällt somit weg, genauso wie b und c. Bei diesen beiden Lösungen passt zudem die Endung nicht, weil das Nomen im Neutrum steht und das Adjektiv somit die Endung „-e" haben muss.

33 b *die*
→ „Die" ist richtig, weil das nachfolgende Nomen im Plural steht und man den Satzteil im Nominativ braucht. „Der" wäre zwar Plural aber Genitiv, „viele" und „–" passt nicht, weil wir einen Artikel brauchen.

34 b *ein*
→ Hier ist im Kontext das Verb „einfallen" (= darauf kommen, eine Idee haben) gesucht. „Zu" macht keinen Sinn, weil es das Verb „zufallen" nur in Verbindung, z.B. mit einer Tür, die zufällt, gibt. „Auf" bzw. „auffallen" passt ebenfalls nicht. Lässt man die Lücke leer, klingt der Satz zwar erst einmal richtig: „… desto leichter fällt es uns im Ernstfall", er macht aber von der Bedeutung im Ganzen keinen Sinn: ein Wort kann einem nicht leichtfallen; hier ist eindeutig „einfallen" gemeint.

35 b *liegt auf der Hand*
→ Hier passt nur b weil es eine feste Wortverbindung ist: „etwas liegt auf der Hand". Solche Ausdrücke muss man lernen.

36 c *Einfluss*
→ „Einfluss auf etwas haben" bedeutet so viel wie „einen Effekt haben", das passt hier von der Bedeutung am besten. Ein „Zufluss" hat etwas mit Wasser zu tun, passt hier also nicht. „Eindruck" kann man nur mit „machen" verwenden: „Eindruck machen". „Ausdruck" passt inhaltlich nicht in den Satz.

37 c *mit einem Ausdruck*
→ c ist hier richtig, weil wir einen unbestimmten Artikel im Singular brauchen (wir wissen nicht, welcher Ausdruck genau gemeint ist).

38 c *experimentieren*
→ „Experimentieren" ist hier das einzige Verb, dessen Bedeutung im Satz Sinn macht. „Antizipieren" bedeutet

Modelltest 3

„vorwegnehmen", „differenzieren" bedeutet „unterscheiden" und „präzisieren" bedeutet „etwas genau sagen".

39 a *in denen*

→ Hier passt nur a, weil es um „Situationen" geht, die Lösung muss also im Plural stehen. Außerdem brauchen wir wegen der Präposition den Akkusativ.

40 b *grundsätzlich*

→ Hier passt nur „grundsätzlich", weil die Sprachforscher dazu raten, Vokabeln immer in Wortkombination zu lernen. Es ist also etwas Positives. Deshalb machen „nie", „notfalls" und „ausnahmsweise" keinen Sinn.

41 c *nämlich*

→ „Nämlich" passt hier, weil ein zusätzlicher Vorteil aufgezählt wird. „Deshalb" wäre eine Erklärung für etwas. „Trotzdem" und „dennoch" würden voraussetzen, dass im Satz zuvor etwas genannt wird, das gegensätzlich zu dem ist, was in diesem Satz steht.

42 c *sondern*

→ Hier passt nur „sondern", weil es in der Wortkombination „nicht nur …, sondern auch" steht. Die anderen Wörter passen in dieser Konstruktion nicht.

43 b *diese Art des Lernens*

→ Hier braucht man den Demonstrativartikel „diese", weil man sich rückbezieht auf die Art des Lernens, die im Satz zuvor beschrieben wird. Alle anderen Optionen passen daher nicht.

44 d *kindlichen*

→ Hier benötigen wir ein Adjektiv, deshalb fällt Antwort a weg. Das Adjektiv „kindhaft" bedeutet „in Art und Wesen wie ein Kind", deshalb ist b ebenfalls falsch. „Kindisch" benutzt man als Adjektiv, wenn man etwas albern („für kleine Kinder") findet. „Kindlich" beschreibt, dass etwas in seiner Art zu einem Kind gehört, zu einem Kind passt. „Kindlichen" passt somit als Lösung.

45 d *zunächst*

→ „Zunächst" hat die Bedeutung von „erst einmal", was in diesem Satz am besten passt. „Demnächst" referiert auf die Zukunft, „schließlich" ist eine Konsequenz, und „anschließend" beschreibt eine Handlung nach einer anderen Handlung.

46 d *voneinander*

→ Hier passt „voneinander", weil von zwei Sachen gesprochen wird, die „voneinander unabhängig sind". Dies ist eine feste Verbindung.

Hörverstehen, Teil 1
Antwortbogen

	a	b	c	d	e	f	g	h	i	j
47 (Sprecher 1)								X		
48 (Sprecher 2)							X			
49 (Sprecher 3)				X						
50 (Sprecher 4)						X				
51 (Sprecher 5)					X					
52 (Sprecher 6)										X
53 (Sprecher 7)		X								
54 (Sprecher 8)	X									

Die Aussagen c und i konnten nicht zugeordnet werden.

Kommentare

47 h *Wenn alle Studierenden etwa gleich alt sind, können die Dozenten ihre Vorlesungen besser an der Zielgruppe orientieren.*
Sie hören:
„Ich finde es gut, dass alle etwa gleichaltrig sind; so können sich die Dozierenden darauf einstellen, wie sie ihre Vorlesungen halten."

48 g *Studierende unterschiedlichen Alters können von den Perspektiven der anderen profitieren.*
Sie hören:
„Mir gefällt dieser Alters-Mix ziemlich gut, weil man dadurch mehr Möglichkeiten zum Austausch über verschiedene Themen bekommt." und: „Auch in den Politik-Vorlesungen bekommt man durch die verschiedenen Generationen eine ganz andere Sicht auf die Dinge, als wenn alle so jung wären wie ich."

49 d *Es kann ab und zu Probleme aufgrund des Altersunterschieds geben, meist klappt die Zusammenarbeit aber gut.*
Sie hören:
„Die jungen Leute nehmen uns sehr nett auf; schwierig wird es manchmal nur bei Gruppenarbeiten …"

50 f *Nur junge Leute sollten studieren dürfen, weil es sonst zu wenig Platz in den Hörsälen gibt.*
Sie hören:
„Zusätzlich gibt es bei uns oft ein Platzproblem. Wenn ich nach einem Seminar kurz vor Beginn der Vorlesung in den Hörsaal komme, sind meist schon jede Menge Plätze von Senioren belegt." und: „Ich finde deshalb, dass jüngere Menschen bei der Studienplatzvergabe bevorzugt werden müssten …"

51 e *Jüngere Studierende erwarten an der Uni eher ein verschultes System.*
Sie hören:
„Ich habe dann häufig das Gefühl, dass sie einen Unterricht und eine Betreuung wie an der Schule erwarten."

52 j *Wer studieren will, muss beweisen, dass ihn das Fach wirklich interessiert, das Alter spielt dabei keine Rolle.*
Sie hören:
„Nur diejenigen, die wirklich Interesse an diesem Fach haben, sollten studieren dürfen."

53 b *Die Universität muss sich verändern und die neue Altersstruktur stärker berücksichtigen.*
Sie hören:
„Für mich sind Altersunterschiede kein Problem, ich denke eher, dass manche Studiengänge reformiert werden sollten, damit man sich mehr an die Studierenden anpassen kann."

54 a *Ältere Studierende können ein extra Angebot nutzen, da für sie ein normaler Studienabschluss meist nicht mehr so wichtig ist.*
Sie hören:
„Ich brauche keine Zeugnisse mehr …"

Hörverstehen, Teil 2
Antwortbogen

	a	b	c
55			X
56			X
57	X		
58			X
59			X
60		X	
61		X	
62		X	
63		X	
64	X		

Kommentare

55 c ... *um ihr Verantwortungsbewusstsein auszudrücken.*
Sie hören:
„Kommt doch darin zum Ausdruck, dass Menschen und Institutionen bereit sind, Verantwortung für die Gesellschaft zu übernehmen und positive gesellschaftliche Veränderungen zu unterstützen."

56 c ... *wendet bei Spenden über 50.000 Euro eigene Stiftungsregeln an.*
Sie hören:
„Als erste deutsche Hochschule hat sie einen Stifterkodex erlassen, den sie seitdem bei allen Zuwendungen über 50.000 Euro konsequent anwendet."

57 a ... *gibt es nicht ohne Mitarbeit.*
Sie hören:
„... dass die Forderung nach mehr Demokratie immer auch begleitet sein muss von der Bereitschaft, echte Verantwortung zu übernehmen. Jeder muss seinen Teil dazu beitragen."

58 c ... *überprüft die Universität, in welchen Positionen Mitarbeiter benötigt werden.*
Sie hören:
„Wir sind dabei, gerade eine inneruniversitäre Bestandsaufnahme zu machen, welche Aufgaben als wirklich zentral und dauerhaft anzusehen sind."

59 c ... *flexibel auf dem Arbeitsmarkt agieren zu können.*
Sie hören:
„Mit dem eigenen Tarifvertrag als Gestaltungsinstrument können wir die Beschäftigungsverhältnisse an unserer Universität in kompetitiven Arbeitsmärkten attraktiver machen."

60 b ... *Mitarbeitende bestimmen ihre Arbeitszeiten selbst.*
Sie hören:
„... bei der unsere Mitarbeiter und Mitarbeiterinnen ihre Arbeitszeit flexibel und eigenverantwortlich selbst festlegen können."

61 b ... *Forschung und Lehre im Gleichgewicht stehen sollen.*
Sie hören:
„Ich plädiere für eine Ausgewogenheit. Hier sollten wir darauf achten, dass wir unsere universitären Alleinstellungsmerkmale – Stichwort forschende Lehre – auch gegenüber den Hochschulen für angewandte Wissenschaften nicht verwässern."

62 b *Die Hochschulen können im Moment auf Studiengebühren verzichten.*
Sie hören:
„Eine neue Debatte zur Einführung von Studiengebühren sehe ich zurzeit nicht."

63 b ... *ist bei vielen schlecht organisiert.*
Sie hören:
„Die Übergänge können zum Teil vielleicht wirklich noch strukturell verbessert werden ..."

64 a ... *die Veranlagung der jungen Menschen beachten.*
Sie hören:
„Ehrliche Beratung nimmt die Interessen und Neigungen des Einzelnen in den Blick und nicht nur die Interessen der Universität, möglichst viele Studierende anzulocken."

Hörverstehen, Teil 3
Antwortbogen

65	Kaffee
66	Äthiopien
67	Mitte des 15. Jahrhunderts, Jemen
68	erhöhter/verbesserter Gedächtnisleistung
69	dieselbe Wirkung im Zusammenhang mit Koffein/ dieselbe Wirkung bei Koffein
70	Gewöhnungseffekt/Gewöhnung
71	im Schatten/im Unterholz
72	Vögel, Fledermäuse, Bäume
73	nicht vorhanden/es gibt keinen
74	eine große Herausforderung/sehr schwer

Kommentare

65 *Kaffee*
Sie hören:
„Hören Sie nun einen Vortrag zu einem Genussmittel, das die meisten Menschen schon früh am Morgen zu sich nehmen und das den Ruf hat, ein ‚Muntermacher' zu sein: der Kaffee."

66 *Äthiopien*
Sie hören:
„Tatsächlich ist das Ursprungsland der Kaffeebohne jedoch Äthiopien ..."

67 *Mitte des 15. Jahrhunderts, Jemen*
Sie hören:
„Sicher belegt ist der Kaffeegenuss erst in Erzählungen aus dem Jemen Mitte des 15. Jahrhunderts."

68 *erhöhter/verbesserter Gedächtnisleitung*
Sie hören:
„Womöglich verbessert das Koffein die Gedächtnisleistung der Insekten, denn sie finden schneller und besser zu den Blüten zurück als zu Vergleichspflanzen."

69 *dieselbe Wirkung im Zusammenhang mit Koffein/dieselbe Wirkung bei Koffein*
Sie hören:
„Übrigens: Auch wenn sich das Gehirn von Insekten und Menschen deutlich unterscheidet, hat man bei uns dieselbe Wirkung in Zusammenhang mit Koffein nachgewiesen."

Modelltest 3

70 *Gewöhnungseffekt/Gewöhnung*
Sie hören:
„Allerdings tritt bei Dauerkonsumenten irgendwann ein Gewöhnungseffekt ein …"

71 *im Schatten/im Unterholz*
Sie hören:
„Doch das müsste gar nicht sein, denn ursprünglich stammen die hochwertigsten Bohnen von Coffea arabica, einem Schattengewächs: Der Strauch gedeiht am besten im Schatten hoher Bäume in Bergwäldern."

72 *Vögel, Fledermäuse, Bäume*
Sie hören:
„Sie bieten einer großen Zahl an Vogel-, Fledermaus- und Baumspezies eine Ersatzheimat."

73 *nicht vorhanden/es gibt keinen*
Sie hören:
„Entgegen der weitverbreiteten Annahme regt Kaffee den Harndrang, also das Bedürfnis, häufiger auf die Toilette zu müssen, nicht an."

74 *eine große Herausforderung/sehr schwer*
Sie hören:
„Das Koffein zu entfernen, ohne die anderen Geschmacksstoffe zu beeinträchtigen, ist allerdings eine große Herausforderung."

Schriftlicher Ausdruck

Thema 1:
In diesem Text möchte ich zu der Frage Stellung beziehen, ob das Angebot der Studiengänge und die Anzahl der Studienplätze an die Bedürfnisse des Marktes angepasst werden sollten. Ich werde zunächst Vorteile für diese Überlegung nennen, im Anschluss werde ich einige Nachteile aufführen. Danach werde ich kurz meine eigenen Erfahrungen einfließen lassen, bevor ich meine Überlegungen zusammenfasse und zu einem Schluss komme.
Ein großes Problem für junge Studienabsolventen ist häufig die lange Suche nach einem passenden Arbeitsplatz. Viele junge Leute haben ihr Studium teilweise sogar sehr gut abgeschlossen, finden aber keinen Arbeitsplatz. Häufig suchen diese Personen sehr lange oder nehmen berufliche oder persönliche Nachteile in Kauf. Damit meine ich beispielsweise unbezahlte Praktika oder einen Umzug in eine andere Stadt, weil es in der gewünschten Stadt keinen Arbeitsplatz gibt. Teilweise arbeiten die Absolventen sogar in anderen Branchen, weil sie auf ihrem Gebiet keine Stelle finden. Das ist meiner Meinung nach nicht gut, weil man keine Berufserfahrung sammeln kann und man zudem ja sicherlich gerne in seinem gelernten Berufsfeld arbeiten möchte. Diese Argumente sprechen dafür, dass der Markt die Studienplatzanzahl und die Auswahl der Studienfächer regulieren sollte, um den jungen Menschen bessere Chancen auf dem Arbeitsmarkt zu ermöglichen.
Nachteile für diese Überlegung sind, dass sich die Situation auf dem Arbeitsmarkt sehr schnell ändern kann. Da ein Studium meist mindestens drei Jahre dauert, kann man schlecht sagen, ob ein bestimmtes Berufsfeld in drei Jahren noch gebraucht wird. Die Voraussagen für den Arbeitsmarkt lassen sich aufgrund der wirtschaftlichen und weltpolitischen sowie innenpolitischen Lage nur schwer

treffen, und man kann daher schlecht sagen, ob ein bestimmter Beruf in den nächsten Jahren verstärkt gebraucht wird oder nicht. Des Weiteren gibt es sogenannte kleine Berufe oder Nischenberufe, die zwar nicht stark nachgefragt werden, aber trotzdem immer wieder gebraucht werden. Auch hier ist es sinnvoll, wenn es in diesen Bereichen Akademiker gibt.
Meine eigene Erfahrung zeigt mir, dass es wichtig ist, sich seinen Studiengang aus einer breiten Palette an Fächern selbst aussuchen zu können. Ich kenne einige Personen, die sehr glücklich mit ihrem Studienfach waren, da es genau zu ihren Interessen gepasst hat. Sie haben zwar teilweise länger nach einem Job gesucht, sind aber jetzt sehr glücklich in ihrem Beruf und deswegen auch besonders motiviert. Solche Menschen kann sich jeder Arbeitgeber nur wünschen. Ich selbst hätte ebenfalls nicht etwas studieren wollen, was nicht meinen Interessen entspricht, nur weil es gerade auf dem Arbeitsmarkt gebraucht wird.
Abschließend bin ich der Meinung, dass trotz einiger Argumente, die dafür sprechen, der Markt nicht die Studiensituation an Hochschulen und Universitäten steuern sollte. Jeder sollte selbst entscheiden, was er studieren möchte. Eine umfassende Studienberatung, die auch mögliche Berufsaussichten aufzeigt, ist hierbei natürlich hilfreich und kann durchaus dazu führen, dass gefragte Berufsfelder einen größeren Zulauf finden.

Thema 2:
Im folgenden Text möchte ich mich zu der Aussage „Mehr Grünflächen statt Parkplätze in der Stadt" äußern. Ich möchte zunächst ein paar Pro-Argumente nennen, anschließend ein paar Contra-Argumente. Am Ende werde ich zu einer Konklusion kommen, in die ich auch meine eigene Meinung mit einfließen lassen werde.
Zunächst einige Argumente, die für die Schaffung von Grünflächen in Städten sprechen. Grünflächen steigern die Attraktivität von Städten enorm. Sowohl Touristen und Besucher als auch Menschen, die in Erwägung ziehen, in eine neue Stadt zu ziehen, werden von einem attraktiven Stadtbild angesprochen, und dazu zählen unter anderem die Grünflächen. Die Attraktivität für potentielle neue Bewohner einer Stadt steigt ja auch durch Freizeitmöglichkeiten, Platz für Kinder und beispielsweise Orte, zu denen ich mit einem Hund gehen kann. All diese Dinge lassen sich auf Grünflächen und in Parks realisieren. Dabei muss ein einzelner Park nicht einmal sehr groß sein. Städte können somit durch ihre Attraktivität ihre Einwohnerzahl, Touristenzahl und ihre wirtschaftlichen Einnahmen steigern. Außerdem werden die Städte immer größer, weswegen den Einwohnern und den Besuchern der Stadt Orte geboten werden müssen, an denen sie ein bisschen Natur genießen können. Der Stadtkern entfernt sich durch das Stadtwachstum immer mehr von der umliegenden freien Natur. Nicht zuletzt spielt der Umweltfaktor eine entscheidende Rolle. Die Umweltbelastungen sind in großen Städten wesentlich höher, beispielsweise durch Feinstaub. Daher sollten ausreichend Grünflächen erhalten beziehungsweise geschaffen werden.
Ich möchte nun noch einige Argumente gegen diese Aussagen nennen. Immer mehr Leute müssen aus beruflichen,

aber auch aus persönlichen Gründen, wie die bessere Anbindung an kulturelle Angebote und Bildungseinrichtungen, in die Stadt ziehen. Es wird immer mehr neuer Wohnraum in den Innenstädten geschaffen. Für diesen Wohnraum benötigt man natürlich auch zusätzliche Parkplätze. Daher sollte man freie Flächen nicht ausschließlich für neue Grünflächen einplanen, sondern auch die Wohnraum- und somit Parkplatzsituation bedenken. Heutzutage braucht man oft auch in der Stadt ein Auto. Zudem sind öffentliche Verkehrsmittel zum Teil überteuert, sodass es sich für Familien manchmal eher lohnt, sich mit dem Auto fortzubewegen; das ist oft schneller und bequemer. Abschließend kann ich sagen, dass ich, wie man meiner Anzahl an Pro- und Contra-Argumenten entnehmen kann, für mehr Grünflächen anstelle von Parkplätzen in den Städten bin. Ich persönlich finde, dass die Natur vor allem für Kinder in Städten ein wichtiger Teil ist. Außerdem finde ich den Umweltschutzaspekt sehr ausschlaggebend. Die Parkplatzsituation lässt sich beispielsweise durch Tiefgaragen etwas mildern, zudem könnten sich die Städte Verbesserungen für die öffentlichen Verkehrsmittel überlegen, sodass es für die Menschen in den Städten einfacher wird, auf das Auto zu verzichten.

Transkription der Hörtexte

Modelltest 1
Hörverstehen, Teil 1  1
Thema: Müllvermeidung an der Universität

Sprecher 1: Ja, also ich finde, dass in der heutigen Zeit sehr wichtig ist, umweltbewusst zu leben. Und dazu gehört natürlich auch, so wenig Müll wie möglich zu produzieren. Einige Studierende finden die Bemühungen der Universität zwar übertrieben, beispielsweise wenn es um Pfand auf Kaffeebecher oder Gläser in der Cafeteria geht, aber ehrlich gesagt, kann ich den Gedanken dahinter verstehen. Es entspricht einfach auch meiner Erfahrung, dass solche Regeln dazu beitragen, Müll zu vermeiden. Für viele wäre es vielleicht bequemer, den Kaffee in einem Pappbecher mitzunehmen und den dann später wegzuwerfen, anstatt irgendwann die Tasse wieder zurückbringen zu müssen. Aber das finde ich doch ein eher egoistisches Denken.

Sprecher 2: Müllvermeidung, ja … Was soll ich davon halten? Klar, wir können unsere Erde nicht einfach zumüllen, und das gilt natürlich auch hier für die Uni. Wir können ja nicht so tun, als wären wir kein Teil dieses Planeten. Aber ich muss sagen, in der Praxis ist das doch relativ mühsam. Überall wird man neuerdings angehalten, eigenes Besteck und Geschirr mitzubringen; das kann ich doch nicht ständig mit mir herumschleppen. Demnächst kommt es vielleicht noch so weit, dass es in der Mensa nicht einmal mehr Servietten gibt und ich die von zu Hause mitbringen soll. Oder noch schlimmer, dass Papierservietten generell verboten werden und ich mir von zu Hause ein Handtuch mitbringen muss. Also, Umweltbewusstsein in allen Ehren, aber ich finde, es sollte den Alltag nicht beeinträchtigen.

Sprecher 3: Wir haben das Thema in unserem Seminar neulich mal von einer ganz anderen Seite beleuchtet: Und zwar haben wir einen Fragebogen entworfen, den wir dann an Studierende verteilt haben. Darin haben wir unterschiedliche Aussagen aufgeführt, allesamt zum Umweltschutz und zur Müllvermeidung. Die Studierenden konnten den Aussagen zustimmen oder sie ablehnen, auf einer Skala abgestuft. Das Ergebnis war wirklich interessant: Viele sind zwar für Umweltschutz, wollen dann selbst aber konkret nicht allzu viel dazu beitragen. Wichtiger ist ihnen dann doch, im Alltag möglichst bequem hier an der Uni durchzukommen. Das ist natürlich mal wieder typisch: Sobald es unangenehm wird, sollen vor allen Dingen die anderen etwas machen, nicht man selbst. Ich bin gespannt, wie die Reaktionen ausfallen, wenn wir diese Ergebnisse veröffentlichen werden.

Sprecher 4: Natürlich ist es wichtig, dass man sich so verhält, dass man in seinem Alltag möglichst wenig Müll verursacht. Das gilt natürlich auch und ganz besonders für die Uni. Wenn ich daran denke, was früher so alles an Müll zusammenkam: nicht nur das ganze Einweggeschirr, vor allem die Pappbecher in der Cafeteria, sondern auch der Müll, den die Studierenden auf dem Campus zurückgelassen haben, Verpackungen, teilweise sogar Tüten, die sie nicht mehr gebraucht haben – da kam einiges zusammen. Ich lehre jetzt seit über 15 Jahren an dieser Universität, und

ich finde es wirklich gut, dass dieses Thema nicht nur theoretisch diskutiert, sondern auch ganz praktisch umgesetzt wird. Man kann doch nicht immer so tun, als wären nur die anderen schuld.

Sprecher 5: Ich bin Austauschstudentin, und als ich die ersten Tage und auch Wochen hier an der Uni war, war ich einerseits ganz begeistert, weil hier alles so sauber ist. Andererseits war es für mich aber auch total neu, dass ich mir meine eigene Tasse mitbringen muss, wenn ich einen Kaffee aus der Cafeteria holen und mit ins Seminar nehmen will. Klar, es gibt auch die Möglichkeit, in der Cafeteria Pfand für eine Tasse zu zahlen, aber das ist erst mal ganz schön teuer. Und wenn man die Tasse dann irgendwo vergisst, ist das schon ärgerlich. Von meiner Heimatuniversität kenne ich das gar nicht; da gibt es tatsächlich Pappbecher. Aber ich muss sagen, nachdem ich mich nun daran gewöhnt habe, unterstütze ich dieses System. Ich denke, damit kann man schon etwas erreichen.

Sprecher 6: Ganz ehrlich: Ich sehe es überhaupt nicht ein, dass ich mich in meinem Alltag einschränken soll, wenn es nicht einmal die Professoren machen. Klar, Einzelne waren schon immer etwas öko und anders als die anderen; die haben wahrscheinlich auch schon vor 30 Jahren ihr eigenes Geschirr mitgebracht und darauf geachtet, Bücher ja nicht eingeschweißt zu kaufen, sondern nur ohne Folie. Falls das überhaupt möglich war. Aber die große Mehrheit? Wenn ich mich in meinem Fach so umschaue, dann habe ich eher den Eindruck, dass dort Bequemlichkeit viel wichtiger ist als Umweltschutz. Und ehrlich gesagt, tue ich mich schwer damit, mein Verhalten zu ändern, wenn das selbst Leute nicht schaffen, die für mich doch eigentlich ein gutes Beispiel geben sollten.

Sprecher 7: Viele denken bei Müllvermeidung ja nur an Alltagsgegenstände wie Pappbecher oder Tüten. Aber gerade an der Uni gibt es ja auch Elektromüll, zum Beispiel alte Beamer, alte Laptops, Bildschirme. Ich bin für die Neuanschaffung in den Computerräumen zuständig, und eine Zeit lang war es so, dass dort – sobald Geld übrig war – die neueste Technologie stehen musste, weil sonst sowohl Lehrende als auch Studierende das Gefühl hatten, nicht auf der Höhe der Zeit lernen und arbeiten zu können. Ich persönlich sehe das anders: Solange die Sachen, die man benutzen muss, auf den Rechnern laufen, ist doch alles gut. Dazu reicht es aber, dass man die Geräte gut wartet und ab und zu mal einzelne Komponenten austauscht. Die Geräte sehen dann vielleicht alt aus, sind aber technisch auf dem aktuellen Stand.

Sprecher 8: Ich forsche seit vielen Jahren über dieses Thema und schaue mir auch an, wie deutsche Universitäten im internationalen Vergleich dastehen. Überwiegend ist es so, dass deutsche Unis eine Vorreiterrolle einnehmen. Insbesondere bei der Ausstattung von Seminarräumen oder Hörsälen greifen immer mehr Universitäten auf Leihgeräte zurück, vor allem bei technischen Geräten. Auf diese Weise können diese nach der Ausmusterung entweder fachgerecht entsorgt oder noch einem anderen Zweck zugeführt werden. Ähnliches gilt für Büromaterialien und Möbel. Auch hier achten Universitäten inzwischen sehr darauf, nicht im Übermaß zu kaufen und damit gegebenenfalls Müll zu produzieren. Büroschränke oder Schreibtische und Bürostühle werden nicht mehr bei jedem Mitarbeiterwechsel neu angeschafft, man druckt nicht mehr alles sofort aus, sondern spart Papier. Das war früher ganz anders.

Hörverstehen, Teil 2, Radiointerview 🎧 2
„Ich bin Mitglied einer großen internationalen Familie."

Moderator: Hallo und herzlich willkommen am heutigen Vormittag. Heute dreht sich bei uns ja alles um die Themen Schule und Studium, und ich freue mich wirklich, jetzt einen sehr interessanten Gast hier bei mir im Studio zu haben: Silyana Dimitrova. Schön, dass Sie bei uns sind!

Silyana Dimitrova: Hallo, ich freue mich auch sehr, hier zu sein!

Moderator: Frau Dimitrova, Sie sind 23 Jahre alt und Studentin, richtig?

Silyana Dimitrova: Ja, ganz genau. Ich studiere in Magdeburg Medienbildung im Masterstudium.

Moderator: Aber Sie haben zunächst in Bulgarien die Schule besucht, wenn ich mich richtig erinnere.

Silyana Dimitrova: Das stimmt, ich habe das Fremdsprachengymnasium „Petar Bogdan" besucht, das ist in Bulgarien, genauer gesagt, in der Stadt Montana. Für mich ist es extrem wichtig, dort zur Schule gegangen zu sein.

Moderator: Inwiefern?

Silyana Dimitrova: Nun, an diesem Gymnasium hat man die Möglichkeit, als erste Fremdsprache nicht nur Englisch, sondern alternativ auch Deutsch zu lernen. Da ich schon recht früh wusste, dass ich eines Tages nach Deutschland möchte – egal ob zum Studium oder um hier zu arbeiten oder einfach nur, um Erfahrungen zu sammeln –, war das für mich natürlich eine tolle Chance. Es gibt ja das geflügelte Wort „deutsche Sprache, schwere Sprache" …

Moderator: Ja, das sagt man auch unter Deutschen oft.

Silyana Dimitrova: Stimmt, das habe ich selbst oft mitgekriegt. Aber als Fremdsprache ist es vielleicht doch noch schwieriger, deshalb war es für mich wichtig, so früh wie möglich damit beginnen zu können, Deutsch zu lernen.

Moderator: An Ihrer ehemaligen Schule haben Sie aber auch eine ganz besondere Initiative. Können Sie uns darüber mehr erzählen?

Silyana Dimitrova: Ja, natürlich. Wobei die Initiative ja eher ein Netzwerk ist, in das viele Schulen eingebunden sind. Und zwar gibt es seit einigen Jahren die Initiative „Schulen: Partner der Zukunft" – oder auch kurz „PASCH".

Moderator: Die Abkürzung kann man sich wirklich leichter merken …

Silyana Dimitrova: Stimmt. Jedenfalls werden über diese Initiative Schülerinnen und Schüler für Deutschland interessiert, natürlich auch mit dem Ziel, dass man später mal in Deutschland studiert oder sogar länger in Deutschland bleibt und hier lebt und arbeitet.

Moderator: Und in dieser Initiative – PASCH – gibt es auch einen Kreis ehemaliger Schüler dieser Schule, die soge-

nannten Alumni. Wie sind Ihre Erfahrungen als Alumna im PASCH-Netzwerk?

Silyana Dimitrova: Ich fühle mich sehr eng mit Deutschland und auch mit dem deutschen Auslandsschulwesen verbunden, weil ich durch die PASCH-Initiative und deren Partner in Bulgarien die Möglichkeit bekommen habe, mich schon während der Schulzeit, aber vor allem auch danach persönlich und beruflich in Deutschland weiterzuentwickeln. Egal wo ich bin und was ich mache, ich sage immer, dass ich Deutsch an einem Fremdsprachengymnasium gelernt habe und dass das nicht nur reiner Sprachunterricht, sondern auch eine Annäherung an die deutsche Kultur war. Ich bin nicht einfach Mitglied eines Netzwerks, ich bin Mitglied einer großen internationalen Familie. Dank der vielen Gelegenheiten in letzter Zeit, mich als Alumna für die deutsche schulische Arbeit im Ausland zu engagieren, ist meine Verbundenheit mit diesem Netzwerk noch gewachsen. Auch für die anderen – ich nenne sie mal „Familienmitglieder" – nützlich zu sein und so etwas zurückgeben zu können, finde ich einfach toll. Und eine PASCH-Schule besucht zu haben, ist in meinen Augen natürlich auch ein echtes Alleinstellungsmerkmal bei der Arbeitssuche.

Moderator: Was bedeutet Ihnen dieses Netzwerk?

Silyana Dimitrova: Beim ersten internationalen Ehemaligentreffen in Berlin habe ich Alumni aus der ganzen Welt kennengelernt. Menschen, die alle etwas im positiven Sinne bewegen wollen. Es ist sehr schön zu wissen, dass du zu einem Netzwerk von sehr motivierten und ehrgeizigen Menschen aus der ganzen Welt gehörst, die dieselben Ziele haben wie du: sich in Deutschland weiterzuentwickeln, zu der Entwicklung dieses Landes beizutragen oder sich in der Heimat mit Deutschland weiter auseinanderzusetzen. Das gibt uns allen ständig die Motivation, uns zu engagieren. Der Kontakt mit Mitarbeitern der PASCH-Initiative hilft enorm dabei, die Eigeninitiative und das Interesse der Alumni am Netzwerk zu stärken. Der Kontakt zu den Alumni wird durch regelmäßige Treffen oder Projekte gepflegt.

Moderator: Warum funktioniert das Netzwerk aus Ihrer Sicht?

Silyana Dimitrova: Weil jeder von uns mit seinen Erfahrungen anderen behilflich sein möchte. Ein Großteil der PASCH-Absolventen studiert und lebt in Deutschland. Dadurch haben wir viele Eindrücke vor Ort gewonnen, die wir sehr gern mitteilen würden, sodass andere davon profitieren. Und jeder von uns möchte etwas an Deutschland zurückgeben, auf welche Art auch immer. Jeder hat einige Freunde, die in unterschiedlichen Ländern eine PASCH-Schule besucht haben. Damit hat man Freunde in fast jeder deutschen Stadt, und das gibt uns allen ein Gemeinschaftsgefühl.

Moderator: Wo liegen die Grenzen dieser Vernetzung?

Silyana Dimitrova: Die Vernetzung zwischen den Alumni in Deutschland funktioniert gut, allerdings vor allem zwischen Alumni aus derselben PASCH-Schule. Es sollte auf jeden Fall intensiver daran gearbeitet werden, dass Alumni aus unterschiedlichen Ländern in unterschiedlichen Studiengängen in Kontakt treten. Das allgemeine Alumni-Portal Deutschland ist eine Möglichkeit, weitere PASCH-Alumni zu finden. Aber es wäre auch hilfreich, wenn weitere Räume für Austausch und Begegnung geschaffen werden, sodass sich Alumni in ihren Regionen in Deutschland sowie weltweit besser vernetzen können. Ein ähnliches Ziel verfolgt das Projekt „Couchsurfing für PASCH-Alumni", das 2016 beim ersten PASCH-Alumni-Wettbewerb ausgezeichnet wurde.

Moderator: Was fehlt Ihnen noch?

Silyana Dimitrova: Ich wünsche mir mehr Möglichkeiten für Alumni, sich zu engagieren und Projekte zu organisieren. Das erste internationale PASCH-Alumni-Treffen war ein guter Anfang. Um die Vernetzung weiter zu fördern, sollten die Netzwerkmitglieder aber besser über Unterstützungsmöglichkeiten seitens der PASCH-Initiative informiert werden. Es gibt bestimmt viele kreative Ideen, die mithilfe von Ansprechpartnern realisiert werden könnten. Außerdem sollten die PASCH-Schüler bereits in ihren jeweiligen Heimatländern früh dafür sensibilisiert werden, dass sie zu einem weltweiten Netzwerk gehören – was vielen nach dem Schulabschluss noch gar nicht bewusst ist. In Bulgarien existiert beispielsweise eine PASCH-Alumni-Datenbank, deren Mitglieder regelmäßig Informationen über das Netzwerk, mögliche Einsatzbereiche als Alumni etc. bekommen. Das erfährt man bereits in der Schule.

Moderator: Inwiefern engagieren Sie sich persönlich für dieses Netzwerk?

Silyana Dimitrova: Die PASCH-Initiative ist auch heute noch Teil meines Lebens: Im Rahmen meiner Bachelor-Arbeit habe ich beispielsweise eine Alumni-Videoreihe entwickelt. In einer Serie berichten ehemalige PASCH-Schüler über ihr Studium und ihr Leben in Deutschland – und liefern Interessenten damit wichtige Informationen aus erster Hand. Für mich sind diese Alumni auch eine große Motivation, weil PASCH-Schüler weltweit diese Vorbilder sehen können und so erfahren, was ihre Vorgänger erreicht haben und was Deutschland zu bieten hat.

Moderator: Sie haben sich zudem beim Wettbewerb „PASCH-Alumni-Projekt des Jahres" beworben.

Silyana Dimitrova: Ja, zusammen mit zwei anderen Alumni habe ich das Projekt „Deutschland-Woche" entwickelt, das unter 51 Arbeitsgruppen aus 27 Ländern von der Jury ausgezeichnet wurde. Im April haben wir dann an unserer ehemaligen Schule eine interaktive Deutschland-Woche durchgeführt. Fünf Tage lang haben wir mit Schülern über die PASCH-Initiative diskutiert, über das Studium und über das Leben in Deutschland gesprochen, Lebenslauf und Motivationsschreiben auf Deutsch verfasst und sie persönlich beraten. Für die Schüler war es eine einmalige Erfahrung, und wir bekommen immer noch Nachrichten von ihnen. Sie bedanken sich bei uns für den Austausch, die Ratschläge und Informationen.

Moderator: Ein gutes Stichwort, auch ich bedanke mich herzlich bei Ihnen für Ihren Besuch und das interessante Gespräch, denn leider ist unsere Zeit schon um. Wer aber mehr Informationen haben möchte, kann sich auf unserer Website unter dem Menüpunkt „Schule & Studium" …

Hörverstehen, Teil 3, Vortrag 🎧 3
„Wo die Geister der Wissenschaft hausen"

Moderator: Ich begrüße Sie ganz herzlich zu unserer interdisziplinären Vortragsreihe zur Wissenschaftsgeschichte. Zu Gast ist heute Frau Professor Engel, die sich seit vielen Jahren mit verlassenen Forschungsstationen befasst – einem vielleicht nicht ganz alltäglichen Thema für uns Wissenschaftler. Der Titel ihres Vortrags lautet: „Wo die Geister der Wissenschaft hausen". Bitte, Frau Professor Engel.

Frau Professor Engel: Schlummernde Vulkane, verbotene Inseln und Abenteuerspielplätze aus dem Kalten Krieg: Wenn Wissenschaftler ihre Forschungsstationen räumen, hinterlassen sie oft exotische Überbleibsel.

In der Antarktis stehen verwaiste und verfallene Gebäude, im ausgetrockneten Aralsee liegt eine kontaminierte Insel, und mitten in der Wüste New Mexicos ragt eine der größten Holzkonstruktionen der Welt empor. Die einstigen wissenschaftlichen Einrichtungen sind heute verlassen. Entweder weil sich ein besserer Ort ergab oder weil die Besatzung die Flucht ergriff. Oft blieben Gebäude, Geräte und manchmal sogar Lebensmittel zurück und erinnern als stumme Zeitzeugen an die wissenschaftliche Vergangenheit.

Beginnen möchte ich mit der sogenannten „East Base" auf einer Insel in der Antarktis. Die East Base war einer der ersten Außenposten amerikanischer Antarktisforschung. 1939 gebaut, musste sie bereits zwei Jahre später wieder evakuiert werden. Das technische Equipment ließen die Forscher zurück, wohl in der Hoffnung, später erneut auf die Insel zu kommen. Doch niemand kehrte zu der Forschungsstation zurück, und die Ausrüstung fror ein. 1947 machte sich eine private Expedition auf den Weg dorthin und nutzte die Hinterlassenschaften – jedoch verließen auch diese Forscher nach nur einem Jahr ebenfalls die Insel. Sie ließen aber Gebrauchsgegenstände auf der Insel zurück, und so ist die historische Stätte gewissermaßen zu einem Freilichtmuseum über Antarktisforschung geworden.

Für Touristen ist der Zugang zur Insel allerdings beschränkt. Laut der für die Insel zuständigen Organisation dürfen nicht mehr als 100 Besucher gleichzeitig an Land gehen. In jedem Gebäude dürfen sich nur zwölf Personen gleichzeitig aufhalten. Dennoch ist der ehemalige Außenposten der Zivilisation heute – zumindest für antarktische Verhältnisse – ein beliebtes Reiseziel, denn er ist zu einem Freilichtmuseum über Antarktisforschung geworden: Neben Forschungsausrüstung, zurückgelassener Kleidung und leeren Trinkgefäßen aus einem vergangenen Jahrhundert verrosten unweit der Gebäude auch antarktische Raupenfahrzeuge.

Ebenfalls in der Antarktis liegt eine weitere Insel, auf der sich eine ehemalige Forschungsstation befindet: Deception Island. Genauer gesagt ist diese Insel eigentlich ein Vulkan. In der Mitte der Insel befindet sich ein mit Wasser gefüllter Krater, der über einen kleinen Kanal mit dem Atlantik verbunden ist. Man kann also vom Atlantik aus mit dem Boot in die Mitte der Insel fahren und liegt dort geschützt vor Wellen und anderen Widrigkeiten des Wetters.

Daher nutzten Forscher und Walfänger schon früh die geschützte Bucht. In der ersten Hälfte des 20. Jahrhunderts bauten Wissenschaftler aus Chile, Argentinien und Großbritannien hier Forschungseinrichtungen. Walfänger hatten hier ihre Stützpunkte. Sie blieben bis in die 1960er-Jahre. Zwei Eruptionen zwangen die damaligen Bewohner zur Flucht. Von den ehemaligen Forschungsstationen stehen nur noch leere Hülsen. Zerbrochenes Baumaterial liegt verstreut umher, ein rostiges Flugzeug ohne Nase und halb verfallene Öltanks zeugen von einem früheren Dasein als Walfang- und Forschungsbasis.

Heute besuchen Touristen die Insel und baden in den heißen Quellen, eine einmalige Gelegenheit in der sonst so unangenehmen Witterung. Auch für Tiere ist die Insel offenbar attraktiv. So hat sich an der Westseite eine Kolonie Pinguine niedergelassen. Auch Wissenschaftler arbeiten inzwischen wieder auf der Insel und untersuchen vulkanische Aktivitäten. Zumindest bis zum nächsten Ausbruch.

Auch das folgende Beispiel für eine verlassene Forschungsstation befindet sich auf einer Insel, der „Insel der Wiedergeburt", gelegen in einem wüstenartigen Gebiet, das teils zu Usbekistan und Kasachstan gehört. Wer bei dem Namen an eine Oase mit einem sanft plätschernden Bach denkt, irrt sich jedoch. Diese Insel war einst ein Testgelände für biologische Waffen unter freiem Himmel. Sie lag inmitten des Aralsees, und aufgrund der geografischen Isolation baute die Sowjetunion dort zur Zeit des Kalten Krieges ein Forschungslabor für biologische Waffen, wo mit gefährlichen Krankheitserregern experimentiert wurde. Durch die Insellage sollte das Übergreifen dieser Erreger auf das Festland verhindert werden.

Inzwischen ist die Insel jedoch durch den stetigen Rückgang der Wasseroberfläche und die daraus resultierende Austrocknung mit dem Festland verbunden. Mit dem Ende des Kalten Krieges verließen die Forscher die „Insel der Wiedergeburt" und beseitigten die Hinterlassenschaften ihrer Forschung. Angeblich ist der Boden des Areals jedoch dauerhaft verseucht. Der Hauptort ist eine Geisterstadt.

Ebenfalls verlassen ist die ATLAS, eine Forschungsstation oder vielmehr ein Simulator der US-amerikanischen Luftwaffe. Errichtet wurde der Simulator zwischen 1972 und 1980 in einer Vertiefung bei Albuquerque, New Mexico. Markant ist das 40 Meter hohe Gerüst aus Holz. Elf Jahre lang wurden hier die Auswirkungen von Elektromagnetischem Puls, kurz: EMP, auf militärische Großflugzeuge getestet.

EMP kann die Bordelektronik eines Flugzeuges lahmlegen und auch physischen Schaden anrichten. Damit der EMP ohne Einflüsse bzw. Störfaktoren wie Metall getestet werden konnte, verwendeten die Konstrukteure beim Bau von ATLAS ausschließlich Holz, also auch keine Nägel. Der Simulator ist damit eine der größten Holzkonstruktionen der Welt, und selbst die Flugzeuge fuhren über eine Holzrampe auf die Plattform.

Als in den 1980er-Jahren derartige Tests durch Computersimulationen sowohl billiger als auch sicherer wurden, legten die Amerikaner die Anlage still. Die Konstruktion steht nach wie vor, ist aber verlassen.

Die Blütezeit einer Forschungsstation in Mexiko, die ich als abschließendes Beispiel vorstellen möchte, liegt schon etwas länger zurück. Rund 1000 Jahre lang war die Maya-Stadt Chichén Itzá ein überregionales Zentrum auf der mexikanischen Halbinsel Yucatán. Auf dem weitläufigen Gelände bauten die Maya neben der weltbekannten Pyramide auch ein Observatorium. Der sogenannte Schneckenturm hat erstaunliche Ähnlichkeit mit heutigen Sternwarten, und tatsächlich diente er den Maya als Ausblick in den Himmel. Von hier aus beobachteten sie Sonnenwenden, Tagundnachtgleichen und den Verlauf von Sonne, Mond und Planeten. Das Studium des Himmels hatte für die Maya eine herausragende Bedeutung. In ihrem Glauben verkörperten die Himmelskörper Götter, die Venus war beispielsweise der Gott des Krieges.

Die Himmelsbeobachtung diente allerdings auch praktischen Zwecken. Die Maya planten beispielsweise die Aussaat nach der yucatánischen Regenzeit, die kurz nach dem Zenit der Sonne am 20. Mai beginnt. Diesen Zeitpunkt konnten die Astronomen vom Schneckenturm aus genau beobachten, denn alle Plattformen, auf denen der Schneckenturm steht, sowie alle Fenster des Turms haben eine besondere Relevanz für Astronomen: Sie sind allesamt so ausgerichtet, dass man den Verlauf der Sonne übers Jahr genau beobachten und danach die Zeit bestimmen kann. Auch der Verlauf der Venus scheint vom Schneckenturm aus besonders gut beobachtbar gewesen zu sein, wenngleich man heute nicht mit Sicherheit sagen kann, ob dies die Absicht der damaligen Astronomen war und was genau damit bezweckt wurde.

Im 15. Jahrhundert verließen die Maya Chichén Itzá, und erst im 19. Jahrhundert wurde die Stadt von Forschern wiederentdeckt. Heute ist die Stadt UNESCO-Weltkulturerbe, und auch der Schneckenturm ist dementsprechend gut zu erreichen.

Ich persönlich habe fast alle dieser ehemaligen Forschungsstätten besucht und kann auch Ihnen nur empfehlen, sich mit der Forschungsgeschichte zu befassen. Nicht nur ist es ausgesprochen spannend, sondern natürlich auch sehr lehrreich – ganz egal, welches Fach Sie studieren. Vielen Dank für Ihre Aufmerksamkeit!

Moderator: Vielen Dank, Frau Professor Engel. Ein extrem spannender Einblick in die Historie, und ich bin sicher, dass es nun auch viele Fragen geben wird.

Transkription der Hörtexte

Modelltest 2
Hörverstehen, Teil 1 🎧 4
Thema: Semesterticket

Sprecher 1: Ich bin seit letztem Semester Studentin, und ich finde es super, dass es an unserer Universität dieses Semesterticket gibt. Damit kann ich fast überall hinfahren. Es reicht sogar, um am Wochenende nach Hause zu meinen Eltern zu fahren, ohne dass ich extra bezahlen muss. Zusammen mit meinen Freunden habe ich sogar schon ein paar Orte in der Umgebung besucht. Wir fahren dann manchmal gemeinsam an den See oder zu einem Stadtfest. Als Studenten verdienen wir nicht so viel Geld, da ist es gut, wenn man trotzdem etwas unternehmen kann, ohne sich teure Fahrkarten kaufen zu müssen.

Sprecher 2: Ich finde es gut, dass es das Semesterticket für Studierende gibt. Meine drei Kinder haben alle studiert, und je nach Studienfach hat man einfach nicht so viel Zeit, nebenher zu arbeiten. Ein normales Monatsticket wäre einfach zu teuer, zumal ja auch noch ein WG-Zimmer und andere Dinge bezahlt werden müssen. Dabei unterstützen wir Eltern sie sowieso schon. Meine Frau und ich, wir wohnen ja auch etwas außerhalb, da ist die Strecke von der Stadt, in der unsere Kinder studieren, bis zu uns ziemlich lang. Ein normales Ticket zu kaufen wäre für die Kinder relativ teuer, vor allem wenn sie häufiger am Wochenende zu Besuch kommen. Und die Kinder mit dem Auto abzuholen würde zwar Zeit sparen, ist aber für uns trotzdem sehr umständlich.

Sprecher 3: Ich habe nach dem Abitur eine Ausbildung angefangen, und meine beste Freundin studiert jetzt. Ich bin schon ab und zu neidisch auf ihr Semesterticket. Sie kann das ganze Jahr in einem sehr großen Gebiet fahren und zahlt nur 300 Euro pro Semester. Ich bekomme zwar auch ein vergünstigtes Ticket, weil ich Auszubildende bin, aber das gilt nur von meinem Heimatort bis in die Stadt, wo ich die Ausbildung mache. Wenn wir also am Wochenende mal mit der Bahn irgendwo hinfahren wollen, muss ich mir immer ein extra Ticket kaufen. Meine Freundin sagt dann immer, ich würde ja auch schon Geld verdienen. Aber mein Ausbildungsgehalt ist nicht sehr hoch, und ich arbeite 40 Stunden die Woche. Sie kann nebenher und in den Semesterferien auch etwas arbeiten, und manchmal verdient sie sogar mehr als ich.

Sprecher 4: Ich habe gerade mein Studium beendet und muss sagen, ich weiß das Studiticket jetzt erst im Nachhinein richtig zu schätzen. Ich konnte immer überall hinfahren, zumindest in einem relativ großen Umkreis, und musste nie daran denken, ein Ticket zu kaufen. Jetzt muss ich mir zur Arbeit immer eine Monatskarte kaufen, und die kostet wirklich viel Geld. 140 Euro bezahle ich dafür. Und ich darf nur von meinem Wohnort zu meinem Arbeitsort fahren. Dort darf ich noch die öffentlichen Verkehrsmittel innerhalb der Stadt benutzen, aber für alle anderen Strecken muss ich mir ein extra Ticket kaufen. Dafür muss ich natürlich mehr Zeit einplanen. Man kann dann nicht mehr erst kurz vor der Abfahrt des Zuges am Bahnhof sein.

Sprecher 5: Für mich persönlich hat sich das Semesterticket nicht gelohnt. Ich wohne sehr nahe an der Universität und kann schnell zu Fuß dorthin laufen. Und ich besitze ein Auto. Damit fahre ich die weiteren Strecken. Ich finde es einfach gemütlicher, in meinem Auto zu sitzen und direkt dahin zu fahren, wo ich hinmöchte. Ich muss nicht umsteigen, kann meine Musik hören und habe immer einen Sitzplatz. Manchmal nehme ich auch Freunde mit, und wir teilen uns die Benzinkosten. Und ich habe keine Probleme mit Verspätungen. Klar stehe ich auch mal im Stau, aber das passiert nicht so oft. Das Semesterticket muss ich trotzdem komplett bezahlen. Ich habe schon gefragt, ob ich das Geld zurückbekommen kann, aber das geht leider nicht. Schade, das Geld könnte ich für etwas anderes verwenden.

Sprecher 6: Also in meinen Augen ist das ungerecht. Auch für mich sind die Preise für Monats- und Jahreskarten einfach zu hoch. Ich bin alleinerziehend und habe kein Auto. Ich muss mit dem Bus zur Arbeit fahren, und meine Kinder brauchen Fahrkarten, um in die Schule zu kommen. Immerhin gibt es jetzt eine neue Fahrkarte für Schüler, die in einem großen Bereich gilt und auch günstiger ist als die alte Fahrkarte. Trotzdem kommt da mit meiner Fahrkarte eine ganz schön hohe Summe zusammen. Meiner Meinung nach sollte das Semesterticket nicht nur für Studierende gelten. Ich finde, dass alle Personen einen Anspruch auf ein günstiges Ticket haben sollten. Aber ich weiß auch nicht, ob meine Idee von der Politik umgesetzt werden kann.

Sprecher 7: Ich bin froh, dass es für die jungen Leute ein solches Ticket gibt. Meine Enkel nutzen das auch und können dadurch viel von der Gegend sehen und mich oft besuchen. So ein Ticket hilft den Studenten, unabhängiger zu leben. Ich sehe es bei meiner Enkelin; sie studiert Jura, und nebenbei muss sie noch etwas Geld verdienen. Ohne das Ticket wäre es für sie schwer, weil sie wegen der Universität und der Arbeit Fahrkarten in zwei unterschiedliche Richtungen bräuchte. Durch so ein Studententicket kann sie sich ganz frei entscheiden, wenn sie z. B. in den Semesterferien ein Praktikum in der Umgebung machen will. Und sie muss sich keine Gedanken um die Fahrtkosten machen. Studenten heutzutage müssen einfach mobil sein; das Semesterticket hilft dabei.

Sprecher 8: Studenten genießen meiner Meinung nach zu viele Vorteile. Für manche jungen Leute ist das ja vielleicht wirklich nötig. Sie studieren und müssen nebenbei noch arbeiten, und die Eltern können sie vielleicht finanziell nicht unterstützen. Aber ich sehe täglich so viele Studenten, die im Café sitzen, im Park auf der Wiese liegen oder andere Freizeitangebote nutzen. Was machen die denn eigentlich? Die wollen bestimmt nur Geld sparen und erst später arbeiten! Wer finanziert denn meine Rente, wenn alle bis 30 studieren? Ich finde, die Studentinnen und Studenten sollten sich ein normales Ticket kaufen müssen. Dann sind sie vielleicht auch schneller mit dem Studium fertig und unterstützen den Staat, weil sie arbeiten und Steuern zahlen.

Hörverstehen, Teil 2, Radiointerview 5
„Die Vermessung der Kunst"

Moderatorin: Herzlich willkommen bei Antenne K, dem Sender für Kunst und Kultur. Am heutigen Nachmittag habe ich einen Gast bei mir im Studio, der uns einiges zu einem sehr spannenden und noch weitgehend unerforschten Gebiet berichten wird: Herr Krüger, ich begrüße Sie zunächst einmal herzlich!

Herr Krüger: Guten Tag und vielen Dank für die Einladung.

Moderatorin: Herr Krüger, wir haben uns im Vorfeld ja bereits darüber ausgetauscht, wie man das Thema, zu dem Sie forschen, prägnant zusammenfassen kann, und da hatten Sie als Titel „Die Vermessung der Kunst" vorgeschlagen. Vielleicht können Sie unseren Hörerinnen und Hörern erläutern, was Sie damit meinen.

Herr Krüger: Gerne. Sicher haben alle, die uns jetzt gerade zuhören, die eine oder andere Erfahrung mit Kunst gemacht. Oft werden das emotionale Erfahrungen gewesen sein, zumindest dann, wenn sie jetzt noch im Gedächtnis sind. Kunst ist nun mal ein Bereich, in dem wir oft ganz emotional auf etwas reagieren – sei es ein Lied, ein Gedicht oder ein Gemälde. Diese Reaktionen finde ich ausgesprochen spannend, und ich habe bereits vor langer Zeit, noch während meines Studiums der Psychologie, damit begonnen, mich näher damit zu befassen. Letztlich bin ich dann bei dem angelangt, was ich nun mache – ich erfasse die physiologischen Reaktionen von Museumsbesuchern, die sich Kunstwerke anschauen.

Moderatorin: Das heißt, Sie erheben wirklich konkrete Daten?

Herr Krüger: Ja, genau. Stellen Sie sich vor, Sie wären beim Arzt, und der Arzt führt einige Untersuchungen durch. Die meisten sind ganz harmlos, zum Beispiel ein EKG, also umgangssprachlich gesagt, eine Untersuchung der Herzfunktion. Oder ein Atemtest, bei dem geprüft wird, wie viel Luft Sie ein- und ausatmen. So ähnlich werden auch die Museumsbesucher an Geräte angeschlossen und ihre körperlichen Reaktionen gemessen.

Moderatorin: Das klingt ja so, als wäre es im Museum wie in einer Klinik …

Herr Krüger: Ja, es könnte im Museum auch zugehen wie beim Arzt. Der Mensch wird verkabelt, vermessen, und alle möglichen körperlichen Reaktionen werden erfasst. Bilder von Dalí machen Sie nervös; deshalb verschreibt der Arzt Ihnen lieber einen anderen Maler, der Sie beruhigt. Einige Kunstwerke lassen die Körpertemperatur fallen; die sollten Sie sich dann bei Fieber anschauen. Bei Kopfschmerzen bekommen Sie Landschaftsbilder auf Rezept, und zur Behandlung von Allergien muss man sich regelmäßig Fotocollagen eines weiteren Künstlers anschauen.

Moderatorin: Na ja, das klingt dann doch etwas übertrieben. Aber dass Kunst bestimmte körperliche Reaktionen hervorruft sowie auch zahlreiche damit verbundene Empfindungen bis hin zu echten Schmerzen, das ist ja sowohl Künstlern als auch den Kritikern und Kunsttheoretikern schon immer bekannt gewesen. Allerdings waren diese Reaktionen bislang gewissermaßen eine private Angelegenheit derjenigen, die die Kunst sehen oder hören. Das ist bei Ihnen nun anders, oder?

Herr Krüger: Genau. Wir diagnostizieren in unserem Projekt – ich arbeite ja nicht alleine, es ist ein interdisziplinäres Projekt – den Museumsbesucher bei jedem Schritt. Besucher werden beispielsweise gebeten, einen Handschuh anzuziehen. Über diesen Handschuh werden Signale an ein Kontrollzentrum gesendet – dort sammeln wir auch alle Daten –, unter anderem wird erfasst, wie lange ein Besucher vor welchem Bild stehen bleibt.

Moderatorin: Das ist ja faszinierend. Und wird tatsächlich auch ein EKG abgenommen?

Herr Krüger: Ja, das wird auch gemacht. Wir messen, wie das Herz reagiert, und nicht nur das: Sie kennen ja vielleicht den sogenannten Lügendetektor, mit dessen Hilfe vor allem in den USA versucht wird, Verbrecher zu überführen?

Moderatorin: Ja, wobei mir die Funktionsweise nicht bekannt ist. Man wird doch an ein Gerät angeschlossen, oder?

Herr Krüger: Ja, genau, man wird an mehreren Fingern verkabelt. Das Gerät misst in erster Linie, ob die Finger feucht werden. Das ist eine typische Stressreaktion; daher auch der Ausdruck „feuchte Hände haben", wenn man nervös ist.

Moderatorin: Ach, daher kommt das!

Herr Krüger: Genau daher. Ich gehe nicht auf den genauen Mechanismus ein, aber im Prinzip wird mit einem Lügendetektor also gemessen, ob man bei bestimmten Antworten besonders nervös wird beziehungsweise unter Stress steht. Das ist bei den meisten von uns der Fall, wenn sie bewusst lügen, und dann schlägt der Lügendetektor an.

Moderatorin: Und Sie haben jetzt den Lügendetektor erwähnt, weil Sie solch ein Gerät auch im Museum einsetzen?

Herr Krüger: Richtig! Wir messen, ob die Besucher beim Anschauen bestimmter Bilder feuchte Hände bekommen. Allerdings muss man sagen, dass eine solche Reaktion nicht bedeutet, dass ein Besucher ein Bild überhaupt nicht mag. Die feuchten Hände sind ja allgemein ein Zeichen von Stress, das kann also auch positiv sein.

Moderatorin: Als Laie muss ich jetzt eine Frage stellen, die vielleicht albern ist: Wenn man von den Besuchern wissen möchte, wie sie die Kunst finden, die im Museum ausgestellt ist – warum fragt man sie nicht einfach nach ihrer Meinung?

Herr Krüger: Das ist keine alberne, sondern eine gute Frage! Und was soll ich sagen: Wir machen das sogar! Die Besucher werden vor ihrem Gang durchs Museum nach ihren Erwartungen befragt und im Anschluss an ihren Besuch, warum sie vor einem bestimmten Kunstwerk weniger oder mehr Zeit verbracht haben. Die bisherigen Ergebnisse zeigen, dass ein bestimmtes Bild aus ganz unterschiedlichen Gründen die Aufmerksamkeit der Besucher auf sich zieht: Einige bleiben stehen, weil sie das Bild schön finden, andere wiederum, weil es sie verstört oder Fragen aufwirft.

Moderatorin: Das ist spannend. Ich habe aber gelesen, dass Sie auch noch andere Tests planen. Können Sie uns verraten, welche das sind?

Herr Krüger: Ja, es sind noch weitere Tests mit Museumsbesuchern vorgesehen, beispielsweise wollen wir bei manchen Bildern ein Original gegen eine Kopie austauschen, Künstlernamen abdecken und Werke umhängen, um herauszufinden, ob dies einen Einfluss darauf hat, wie die Besucher auf die Kunstwerke reagieren. Es wäre ja zumindest denkbar, dass manche nur deshalb vor einem Bild lange stehen bleiben, weil es von einem bedeutenden Maler stammt.

Moderatorin: Wagen wir nun einen Blick in die Zukunft: Wohin könnte es führen, wenn jede Körperregung der Museumsbesucher durchleuchtet wird? Wenn ich mich nicht täusche, wurde eine solche Methode einst für Warenhäuser und Supermärkte erfunden. Heißt das dann, dass auch Museen sich nach den Reaktionen der Besucher richten müssten?

Herr Krüger: Das heißt es aus meiner Sicht überhaupt nicht. Dieser Befürchtung begegne ich zwar oft, aber das scheint mir eher aus einer Unkenntnis heraus zu entstehen – und zwar der Unkenntnis darüber, was man mit solchen Versuchen erreichen will und kann. Für mich als Forscher ist es einfach interessant zu sehen, wie die Menschen reagieren. Sie reagieren ja übrigens auch höchst unterschiedlich. Da gibt es vielleicht statistische Häufungen, aber da sage ich als Forscher nur: Das ist das Ergebnis – völlig wertfrei. Die Frage, wie Besucher reagieren sollen, ist ja eine völlig andere, und da muss man die grundsätzliche Frage stellen, was Kunst bezwecken oder auslösen soll.

Moderatorin: Das ist natürlich ein sehr weites Feld, über das auch seit, ja, eigentlich immer schon diskutiert und sogar gestritten wird.

Herr Krüger: Genau, und das ist auch richtig so, denn das ist ja eben genau etwas, was man nicht objektiv erfassen kann. Was ich aber versuchen kann, objektiv zu erfassen, sind die körperlichen Reaktionen. Und als Wissenschaftler möchte ich möglichst alles erfassen, was man erfassen kann – ohne Ziel und Zweck, nur aus wissenschaftlicher Neugier. Und vielleicht entdeckt man dabei ja doch etwas, was neu ist und uns in eine andere Richtung denken lässt als bisher.

Moderatorin: Das ist doch ein schönes Schlusswort. Herr Krüger, ich danke Ihnen ganz herzlich für dieses sehr spannende Gespräch! Und nun, liebe Hörerinnen und Hörer, gebe ich ab an meinen Kollegen Eduard Sommer, der vom diesjährigen Theaterfestival in …

Hörverstehen, Teil 3, Vortrag 6
„Säuglinge lernen die Bedeutung der Wörter im Schlaf"

Moderator: Willkommen, meine Damen und Herren, liebe Studierende, verehrte Kollegen, zu unserer öffentlichen Vortragsreihe zu neusten Erkenntnissen aus der Lehr- und Lernforschung. Heute begrüße ich mit Frau Dr. Jung eine Wissenschaftlerin, die sich seit vielen Jahren mit dem Spracherwerb beschäftigt, genauer gesagt mit der Frage, wie der Spracherwerb bei Kleinkindern abläuft. Frau Dr. Jung spricht heute zum Thema „Wann beginnt der menschliche Spracherwerb?" – bitte, Frau Dr. Jung.

Frau Dr. Jung: Vielen Dank! Ja, meine Damen und Herren, liebe Kolleginnen und Kollegen, liebe Studierende, das Thema „Spracherwerb" beschäftigt ja nicht nur uns Wissenschaftler. Dass Kinder innerhalb recht kurzer Zeit eine komplexe Sprache lernen können, ist einfach faszinierend. Doch trotz aller Forschung in diesem Bereich ist nach wie vor vieles nicht geklärt, unter anderem die Frage, wann genau der Spracherwerb eigentlich beginnt. Genau zu diesem Punkt haben Wissenschaftler in Untersuchungen nun Erstaunliches herausgefunden: Bereits Säuglinge lernen die Bedeutung von Wörtern. Wie genau läuft dieser Prozess ab?

Nun, Babys sind ja einer Vielzahl von Reizen ausgesetzt: Farben, Geräuschen, Gerüchen, Geschmäckern, Berührungen. Stellen Sie sich vor, Sie betreten einen anderen Planeten, auf dem nichts so ist wie auf der Erde – alles ist neu für sie. Und genauso ist es für Babys nach der Geburt: Buchstäblich alles ist neu. Weil keine Situation der anderen gleicht, ist jeder Moment für sie eine völlig neue Erfahrung – so lange, bis das kindliche Gehirn Ordnung in die Flut der Reize bringt. Es muss die neuen Informationen verarbeiten und im Langzeitgedächtnis speichern, ähnliche Erfahrungen zusammenfassen und in Form von Kategorien verallgemeinern. Forscher des Max-Planck-Instituts für Kognitions- und Neurowissenschaften in Leipzig haben nun gemeinsam mit Wissenschaftlern anderer Forschungseinrichtungen herausgefunden, dass Babys dies im wahrsten Sinne des Wortes im Schlaf machen.

Man muss wissen, dass es einen bestimmten Bereich des Gedächtnisses gibt, der gewissermaßen für die Bedeutung von Wörtern zuständig ist. Genau dieser Bereich entwickelt sich schon bei ganz kleinen Babys, und zwar während sie schlafen. Schon im Alter von sechs bis acht Monaten gelingt es Babys im Schlaf, Wörtern eine Bedeutung zuzuordnen – eine Fähigkeit, die man bisher von so kleinen Babys nicht kannte. Dabei durchlaufen Babys im Schlaf die gleichen Schritte, die wir aus der frühen Sprachentwicklung kennen: Das Gehirn verbindet zunächst visuelle und akustische Reize, also zum Beispiel das Aussehen eines speziellen Apfels mit dem Klang des Wortes „Apfel". Daraus entstehen dann echte Wörter, die bereits mit Bedeutung versehen sind – in dem Fall also dem allgemeinen Aussehen eines Apfels. Die verschiedenen Äpfel werden im Gehirn also in die Kategorie „Apfel" zusammengefasst. Der Fachbegriff für die Verbindung von Wörtern mit ihren Bedeutungen im Gehirn lautet übrigens „lexikalisches Gedächtnis".

Untersucht haben die Wissenschaftler diese Zusammenhänge, indem sie Babys im Alter zwischen sechs und acht Monaten Fantasieobjekte lernen ließen, welche mit Fantasiewörtern benannt wurden, zum Beispiel „Bofel" oder „Zuser". Dabei wurden Objekte, die sich jeweils nur leicht in Form und Farbe unterschieden, mit dem gleichen Namen benannt. Ganz so wie alle Katzen als „Katze" bezeichnet werden, auch wenn sie sich im Detail unterscheiden, also zum Beispiel längeres oder kürzeres Fell haben, größere oder kleinere Ohren und so weiter. Diese erfundenen Objekte und Namen wählten die Forscher, um sicherzugehen, dass die kleinen Studienteilnehmer nicht auf bereits vorhandenes Wissen zurückgreifen konnten.

Anhand der kindlichen Hirnreaktion zeigte sich, dass die Babys in dieser Lernphase neue Objekte der gleichen Kategorie noch nicht mit den entsprechenden Namen verbanden. Sie sahen also einen neuen Bofel nicht als Bofel an, obwohl er den bisherigen Bofel-Objekten sehr ähnlich sah. Für die Babys war jedes neue Paar aus Objekt und Wort noch unbekannt und einzigartig. Sie erkannten die allgemeine Beziehung der ähnlichen Paare nicht.

Das änderte sich jedoch nach einem Mittagsschlaf. Bei Babys, die nach der Lernphase geschlafen hatten, konnte das Gehirn in der anschließenden Testphase zwischen den richtigen und falschen Benennungen neuer Objekte unterscheiden. Sie hatten also während des Schlafes Wissen verallgemeinert. Babys, die wach geblieben waren, gelang das nicht.

Das Interessante dabei: Die Kinder entwickelten zwei verschiedene Arten von Wissen. Welche Form sie dabei bildeten, hing von der Dauer des Schlafes ab.

Nach einem nur kurzen, etwa halbstündigen Mittagsschlaf zeigten die Babys eine Hirnreaktion, die bereits von drei Monate alten Säuglingen bekannt ist, nachdem diese visuelle und akustische Reize von Objekt-Wort-Paaren assoziiert hatten. In ihrem kurzen Schlaf hatten sie also die ähnlichen Merkmale der Objekte herausgefiltert und mit dem Klang der dazugehörigen Laute verbunden. Aber so wie drei Monate alte Babys hatten sie das Wort nur als ein zu einem Bild gehörenden Geräusch wahrgenommen, nicht als ein Wort mit einer Bedeutung.

Anders bei den Langschläfern: Bei Babys, die etwa 50 Minuten geschlafen hatten, zeigte sich eine Hirnreaktion, die bisher nur von älteren Kindern und Erwachsenen bekannt war und die auftritt, wenn nicht passende Bedeutungen verarbeitet werden – sei es in Sätzen, Wortpaaren, Bildergeschichten oder Paaren aus Bildern und Worten. Anhand dieser Hirnreaktion konnten die Forscher erkennen, dass die Babys tatsächlich die Bedeutung der Wörter gelernt hatten.

Diese Ergebnisse zeigen, dass die Kinder bereits deutlich früher als bisher angenommen über echte Wortbedeutungen in ihrem Langzeitgedächtnis verfügen. Auch wenn die für diese Gedächtnisform relevanten Hirnstrukturen noch nicht vollständig ausgereift sind, können sie schon in gewissem Umfang genutzt werden.

Dabei könnte eine bestimmte Schlafphase von besonderer Bedeutung sein: Man unterscheidet beim menschlichen Schlaf vier Phasen, und die zweite dieser vier Phasen ist eine sogenannte „leichte" Phase. Das heißt, man schläft nicht sehr tief, sondern ist gewissermaßen erst auf dem Weg in den Tiefschlaf. In dieser leichten Schlafphase findet vermutlich der Übergang von einer einfachen Form des lexikalischen Gedächtnisses zu einer höheren Form statt. Eigentlich entwickelt sich diese höhere Form des lexikalischen Gedächtnisses erst um das erste Lebensjahr herum und verläuft dann über einen längeren Zeitraum, typischerweise über mehrere Monate. Im Schlaf liegen jedoch nur einige Minuten zwischen der einfacheren und der höheren Form des lexikalischen Gedächtnisses, sodass man sagen kann, dass die Sprachentwicklung bei schlafenden Babys wie im Zeitraffer verläuft.

In der Studie haben die Babys allerdings auch eine große Menge an Informationen vor dem Schlaf aufgenommen, solch eine Menge ist normalerweise über einen längeren Zeitraum verteilt. Aber erst im Schlaf, wenn das kindliche Gehirn von der Außenwelt abgekoppelt ist, kann es die wesentlichen Zusammenhänge herausfiltern und speichern. Nur im Zusammenspiel aus wachem Erleben und den ordnenden Prozessen während des Schlafes können sich die frühen kognitiven und sprachlichen Fähigkeiten entwickeln.

Man darf wirklich auf weitere Forschungsergebnisse zu diesem Thema gespannt sein.

Vielen Dank für Ihre Aufmerksamkeit!

Moderator: Vielen Dank, Frau Dr. Jung. Erstaunlich, wozu das menschliche Gehirn in der Lage ist. Sie stehen jetzt für Fragen zur Verfügung, und ich bitte alle, die Mikrofone zu benutzen, die unsere Mitarbeiter im Plenum herumreichen.

Transkription der Hörtexte

Modelltest 3
Hörverstehen, Teil 1 🎧 7
Thema: Ältere Studierende an der Universität

Sprecher 1: Was ich zum Alter der Studierenden auf dem Campus sagen kann? Na ja, die meisten Kommilitoninnen und Kommilitonen sind schon so alt wie ich. Viele haben direkt nach dem Abitur mit dem Studium begonnen. Die Wehrpflicht in Deutschland ist ja mittlerweile abgeschafft, und die meisten Studierenden, die ich kenne, wollen möglichst schnell mit dem Studium fertig werden. Einige machen vorher noch ein freiwilliges soziales Jahr. Ältere Kommilitonen habe ich eigentlich nicht, zumindest kenne ich keine. Ich finde es gut, dass alle etwa gleichaltrig sind; so können sich die Dozierenden darauf einstellen, wie sie ihre Vorlesungen halten.

Sprecher 2: Ich studiere Geschichte und Politik, und bei uns ist so ziemlich jedes Alter vertreten. Die meisten sind natürlich jünger, also Anfang bis Mitte 20, aber es gibt auch einige, die 30 bis 40 Jahre alt sind oder Rentner, die unsere Vorlesungen besuchen. Mir gefällt dieser Alters-Mix ziemlich gut, weil man dadurch mehr Möglichkeiten zum Austausch über verschiedene Themen bekommt. Durch die älteren Studierenden haben wir ja für bestimmte Ereignisse in der Geschichte sogar Zeitzeugen im Hörsaal. Und ich finde es dann besonders spannend, persönliche Geschichten zu hören. Auch in den Politik-Vorlesungen bekommt man durch die verschiedenen Generationen eine ganz andere Sicht auf die Dinge, als wenn alle so jung wären wie ich. Und für mich wäre es wirklich schade, wenn ältere Leute nicht mehr an unseren Veranstaltungen teilnehmen dürften.

Sprecher 3: Wie Sie sehen, gehöre ich ja selbst zu den älteren Semestern an der Universität. Ich habe letztes Jahr, nachdem ich in Rente gegangen bin, beschlossen, noch einmal zu studieren. Als junge Frau habe ich direkt eine Ausbildung gemacht und den Betrieb meines Vaters übernommen. Ich habe mich aber schon immer sehr für Biologie interessiert, und jetzt nutze ich meine freie Zeit, um Biologie zu studieren. Mir gefällt es hier gut an der Uni. Natürlich sind die meisten Studierenden deutlich jünger als ich. Aber ich kenne auch ein paar ältere Menschen, die an der Uni studieren. Die jungen Leute nehmen uns sehr nett auf; schwierig wird es manchmal nur bei Gruppenarbeiten, da merkt man einfach, dass die Jüngeren flexibler sind und die Technik ganz anders einsetzen als wir Älteren.

Sprecher 4: Für mich persönlich sind ältere Leute in den Seminaren und Vorlesungen störend. Es sind alles sehr nette Menschen, aber sie nehmen uns Jungen, die das Studium für ihr Berufsleben brauchen, die Studienplätze weg. Das finde ich nicht okay. Zusätzlich gibt es bei uns oft ein Platzproblem. Wenn ich nach einem Seminar kurz vor Beginn der Vorlesung in den Hörsaal komme, sind meist schon jede Menge Plätze von Senioren belegt. Und viele von uns müssen dann auf der Treppe sitzen oder stehen. Da können wir nicht so gut mitschreiben. Ich finde deshalb, dass jüngere Menschen bei der Studienplatzver-gabe bevorzugt werden müssten und dass Leute, die sich einfach so eine Vorlesung anhören wollen, den richtigen Studierenden den Vortritt lassen sollten. Wenn dann noch Plätze frei sind, ist das ja in Ordnung.

Sprecher 5: In meinem Studiengang – ich studiere Lehramt – sind nur wenige ältere Studierende. Da gibt es ein paar ältere Kommilitoninnen und Kommilitonen, die eine Umschulung machen oder beschlossen haben, dass sie in Zukunft gerne an einer Schule unterrichten möchten. Ich komme mit ihnen sehr gut klar. Ich finde, es ist eher ein Problem, dass die meisten Studierenden immer jünger werden. Oft kommen Sie schon mit gerade mal 18 Jahren an die Uni. Ich habe dann häufig das Gefühl, dass sie einen Unterricht und eine Betreuung wie an der Schule erwarten. Das selbstbestimmte Lernen und die Freiheiten, die man meiner Meinung nach an der Uni haben sollte, gehen dann verloren.

Sprecher 6: Meiner Meinung nach sollte jeder studieren können, egal wie alt er ist. Ich kann verstehen, wenn sich Studierende aufregen, weil ihnen zum Beispiel Rentner die Plätze wegnehmen. Aber ich finde, das sollte Aufgabe der Politik sein, sich darum zu bemühen, dass es an jeder Hochschule genug Plätze für alle gibt, unabhängig von Altersgrenzen und egal, für welches Studienfach. Wichtig ist ja der Schulabschluss. Vielleicht sollte man in jedem Fach einen Numerus clausus einführen, sodass das Niveau des Studiengangs auf einer gewissen Höhe bleibt. Nur diejenigen, die wirklich Interesse an diesem Fach haben, sollten studieren dürfen.

Sprecher 7: Ich bin Englisch-Dozent an dieser Uni, und ich merke durchaus Unterschiede zu früher. Früher waren die meisten Studentinnen und Studenten zwischen 20 und 30 Jahre alt. Heute gibt es einige, die älter sind, und auch einige, die schon sehr jung an die Uni kommen. Ich denke, das liegt an den Schulen, die noch das Abitur in acht statt neun Jahren anbieten. Für mich sind Altersunterschiede kein Problem, ich denke eher, dass manche Studiengänge reformiert werden sollten, damit man sich mehr an die Studierenden anpassen kann. Außerdem sollten die Gymnasien die Lernenden besser auf die Universität vorbereiten. Damit meine ich, dass das selbstständige Lernen mehr geübt werden sollte und die Fähigkeit zur eigenständigen Organisation verbessert werden könnte.

Sprecher 8: Ich bin Rentnerin und nutze schon seit vielen Jahren die Angebote für Senioren an der Universität. Ein richtiges Studium kam für mich nicht in Frage, das überlasse ich den jungen Leuten. Ich brauche keine Zeugnisse mehr, und Referate und Seminararbeiten sind auch nichts für mich. Das Seniorenprogramm an dieser Uni ist wirklich gut, und die Themen sind vielfältig und interessant. So kann ich mich in unterschiedlichen Bereichen noch weiterbilden und habe trotzdem genug Freizeit für meine Enkelkinder. Und die Professoren machen ihre Vorlesungen ganz anders als für die Jugend. Hier werden die Inhalte altersgerecht präsentiert. Trotzdem freue ich mich, dass unsere

Räume auf dem Campus sind und ich die vielen jungen Leute dort treffe. Ein bisschen fühlt man sich dann schon dazugehörig. So, jetzt muss ich aber weiter, sonst komme ich zu spät zu meiner Vorlesung in Kunstgeschichte.

Hörverstehen, Teil 2, Interview 🎧 8
Interview mit Prof. Wolff, Präsidentin der Goethe-Universität Frankfurt/Main
Moderator: Guten Tag, meine Damen und Herren. Unser Thema heute sind die deutschen Universitäten. Wie unabhängig sind sie? Wie unabhängig sind die an den Universitäten Lehrenden? Der ehemalige Rektor der University of California Berkley sagte während eines Besuches an der Universität Erfurt: „Die verstärkten Verbindungen mit der Privatwirtschaft haben aber substantielle Konsequenzen, nicht nur in Bezug auf die Universitätsfinanzierung, sondern auch in Bezug auf das, was an den Universitäten gelehrt wird, wie es gelehrt wird und wem es gelehrt wird." Die Strategie der Stiftungsuniversität Frankfurt, mehr private Geldgeber zu gewinnen, hat in den letzten Jahren zu zahlreichen Zustiftungen inklusive Stiftungsprofessuren, aber auch zu großer Kritik an den zunehmenden Vernetzungen der Hochschulen mit fremden Geldgebern geführt. Hier im Studio ist heute die Präsidentin der Goethe-Universität in Frankfurt am Main, Frau Prof. Wolff. Frau Professor Wolff, wie sehen Sie diese Entwicklung?
Prof. Wolff: Grundsätzlich ist es wünschenswert, dass sich private Förderer auch für Wissenschaft und Lehre einsetzen. In anderen Bereichen des gesellschaftlichen Lebens sind Spenden ja ebenfalls hochwillkommen. Kommt doch darin zum Ausdruck, dass Menschen und Institutionen bereit sind, Verantwortung für die Gesellschaft zu übernehmen und positive gesellschaftliche Veränderungen zu unterstützen. Warum sollte das bei Bildung und Forschung als zentrale gesellschaftliche Felder anders sein? Wichtig ist, dass die Spielregeln klar sind. Weder dürfen private Zuwendungen dem Land Hessen als Vorwand dienen, sich aus Aufgaben zurückzuziehen, noch dürfen private Förderer – zum Beispiel im Fall von Universitäten – Einfluss nehmen auf die Inhalte von Forschung und Lehre.
Moderator: Sehen Sie die mögliche private Einflussnahme auf Forschung und Lehre als Problem?
Prof. Wolff: Nur dann, wenn es keine Spielregeln gibt, nach denen diese Mittel gegeben und verwendet werden. Die Goethe-Universität hat bereits seit 2008 eine klare Position dazu. Als erste deutsche Hochschule hat sie einen Stifterkodex erlassen, den sie seitdem bei allen Zuwendungen über 50.000 Euro konsequent anwendet.
Moderator: Wie stehen Sie zu der Forderung nach mehr Demokratie an den Hochschulen?
Prof. Wolff: Grundsätzlich bin ich der Auffassung, dass die Forderung nach mehr Demokratie immer auch begleitet sein muss von der Bereitschaft, echte Verantwortung zu übernehmen. Jeder muss seinen Teil dazu beitragen. Echte Verantwortung muss dazu dienen, die betreffende Organisation für alle besser zu machen. Ich habe schon an anderer Stelle betont: Universität ist keine Torte, die verteilt wird, sondern ein Kuchen, den man erst einmal gemeinsam backen muss.
Moderator: Zurzeit wird auch auf Bundesebene über die Forderung nach Dauerstellen für Daueraufgaben diskutiert, wie es von verschiedenen Gewerkschaften schon lange gefordert wird. Wie wollen Sie diese Forderung in den nächsten Jahren konkret umsetzen?
Prof. Wolff: Wir sind dabei, gerade eine inneruniversitäre Bestandsaufnahme zu machen, welche Aufgaben als wirklich zentral und dauerhaft anzusehen sind. Das hängt natürlich auch mit den organisatorischen und thematischen Entwicklungszielen zusammen, die die Goethe-Universität sich selbst gibt. Insofern kommt hier der Diskussion um den Hochschulentwicklungsplan auch eine wichtige Rolle zu. Ganz pragmatisch: In allen Entfristungsfragen, die seit meinem Amtsantritt im Präsidium zur Entscheidung anstanden, haben wir so entschieden, dass auch der Personalrat damit zufrieden sein müsste.
Moderator: Haben Sie dabei auch unbefristete Beschäftigungsverhältnisse für den gestiegenen Bedarf in der Lehre unterhalb der Professur im Auge?
Prof. Wolff: Ja, vor allem!
Moderator: Die Goethe-Universität hat kürzlich in einer Pressemitteilung hervorgehoben, in den letzten Jahren 600 befristete, drittmittelfinanzierte Beschäftigungsverhältnisse geschaffen zu haben. Wie beurteilen Sie diese Entwicklung?
Prof. Wolff: Die gute Nachricht ist doch zunächst, dass die Universität zunächst 600 neue Jobs schaffen konnte, die ohne Drittmittel nie entstanden wären. Unser Ziel sollte es allerdings sein, dort wo es geboten ist, wieder mehr dauerhafte Arbeitsverhältnisse zu schaffen. Doch dafür brauchen wir auch eine verlässliche Finanzierungsgrundlage.
Moderator: Die Goethe-Universität hat einen Haustarifvertrag. Welche Bedeutung messen Sie diesem Umstand für die Ausgestaltung der Beschäftigungsverhältnisse an der GU zu?
Prof. Wolff: Hier gibt es vielleicht Spielräume, die wir möglicherweise noch besser nutzen können. Mit einem eigenen Tarifvertrag sind wir anpassungsfähiger. Mit dem eigenen Tarifvertrag als Gestaltungsinstrument können wir die Beschäftigungsverhältnisse an unserer Universität in kompetitiven Arbeitsmärkten attraktiver machen.
Moderator: Halten Sie die bestehende familienpolitische Regelung an der Goethe-Universität für ausreichend? Oder beabsichtigen Sie eine verbindliche Ausschöpfung für alle wissenschaftlichen Mitarbeiter und Mitarbeiterinnen von zwei Jahren Vertragsverlängerung pro Kind zu ermöglichen?
Prof. Wolff: Ich persönlich finde solche Überlegungen richtig.
Moderator: Durch welche anderen Maßnahmen wollen Sie die Familienfreundlichkeit der Universität verbessern?
Prof. Wolff: Zum Beispiel durch flexiblere Arbeitszeitmodelle. Hier haben wir unsere Möglichkeiten noch nicht ausgeschöpft, arbeiten aber beispielsweise an Modellen einer Vertrauensarbeitszeit, bei der unsere Mitarbeiter und Mitarbeiterinnen ihre Arbeitszeit flexibel und eigenverantwortlich selbst festlegen können.

Transkription der Hörtexte

Moderator: Wie wollen Sie die Personalpolitik gestalten, damit die Einheit von Forschung und Lehre gewahrt bleibt?

Prof. Wolff: Die Personalpolitik wird nicht nur im Präsidium gemacht, sondern gerade auch in den Fachbereichen, die im Rahmen von Globalbudgets ihre Mittel nach eigenen Kriterien verteilen. Da mischen wir uns als Präsidium nicht ein. Was die Rahmenbedingungen für Beschäftigung angeht, so sind reine Lehrprofessuren grundsätzlich wohl nicht das Gelbe vom Ei. Ich plädiere für eine Ausgewogenheit. Hier sollten wir darauf achten, dass wir unsere universitären Alleinstellungsmerkmale – Stichwort forschende Lehre – auch gegenüber den Hochschulen für angewandte Wissenschaften nicht verwässern.

Moderator: Neben Drittmitteln und Projektgeldern als Ausgleich zur Grundfinanzierung wurde kürzlich im Rahmen der letzten Hochschulrektorenkonferenz von Ihrem Vorgänger zur Sprache gebracht, dass den Hochschulen die Entscheidung überlassen werden sollte, in einem gewissen Rahmen Studiengebühren zu erheben, die nicht gebunden verwendet werden können. Welche Entwicklung sehen Sie hier für die Goethe-Universität?

Prof. Wolff: Ich habe mir die Präsentation von Herrn Müller-Esterl noch mal angeschaut. Er fordert keine neuen Studiengebühren; er stellt nur fest, dass den Hochschulen – auch der Goethe-Universität – große Summen fehlen, seit Studienbeiträge nicht mehr erhoben werden. Im Fall der Goethe-Uni sind dies ca. 24 Mio. Euro pro Jahr, die durch andere Mittel nicht kompensiert werden. Das halte auch ich für ein ernstes Problem. Glücklicherweise gibt es Gelder im Rahmen des Hessischen Hochschulpakts HSP2020, die diese Lücke derzeit noch in etwa ausgleichen. Eine neue Debatte zur Einführung von Studiengebühren sehe ich zurzeit nicht.

Moderator: Der Übergang zwischen den einzelnen Studienabschnitten ist oft problematisch, da zeitliche und finanzielle Lücken überbrückt werden müssen. Welche Handlungsspielräume sehen Sie, um besonders finanziell benachteiligte Studierende im Übergang von Bachelor und Master zu unterstützen?

Prof. Wolff: Die Übergänge können zum Teil vielleicht wirklich noch strukturell verbessert werden, und für finanziell benachteiligte Studierende gibt es Unterstützung unter anderem durch das Deutschlandstipendium, um das sich jeder bewerben kann. Im letzten Jahr haben wir allein dafür 2,2 Mio. Euro aufgewandt. Daneben unterstützen zahlreiche kirchliche und politische Stiftungen Studenten bei der Finanzierung ihres Studiums.

Moderator: Im Gespräch mit Journalisten haben Sie erwähnt, dass bei der Studienberatung jungen Leuten auch vom Studium abgeraten werden sollte. Würde ein solches Vorgehen nicht besonders stark Kinder aus sogenannten bildungsfernen Familien vom Studium abhalten?

Prof. Wolff: Das ist nicht meine Intention. Es geht um Talente und Fähigkeiten. Es könnte ja auch ein Akademikerkind einen Handwerksberuf ergreifen. Leider ist das nicht von allen gleich angesehen! Wir sollten die Maxime verfolgen, dass Karrierewege nicht zwingend über ein Studium laufen müssen. Auch wenn das viele Leute heute anders sehen. Ehrliche Beratung nimmt die Interessen und Neigungen des Einzelnen in den Blick und nicht nur die Interessen der Universität, möglichst viele Studierende anzulocken.

Moderator: Frau Professor Wolff, ich bedanke mich für dieses informative Gespräch.

Hörverstehen, Teil 3, Vortrag 🎧 9
„10 überraschende Fakten zum Kaffee"

Moderator: Herzlich willkommen zu unserer Vortragsreihe „Chemie im Alltag". Für viele ist das Fach Chemie verbunden mit Fachwörtern und komplizierten Formeln. Dass es auch um alltägliche Dinge gehen kann, möchten wir mit dieser Vortragsreihe im Studium generale zeigen. Hören Sie nun einen Vortrag zu einem Genussmittel, das die meisten Menschen schon früh am Morgen zu sich nehmen und das den Ruf hat, ein „Muntermacher" zu sein: der Kaffee.

Vortragende: Ja, herzlich willkommen zum heutigen Vortrag. Die meisten von Ihnen trinken Kaffee fast täglich. Und das ein oder andere wissen Sie sicher auch über dieses belebende Getränk. Ich möchte Ihnen heute neun überraschende Fakten zum Thema Kaffee präsentieren. Zunächst einige Worte zur Herkunft des Kaffees: Woher stammt die Kaffeebohne überhaupt? – Erwarten würde man einen der großen Kaffeeproduzenten Brasilien oder Kolumbien. Tatsächlich ist das Ursprungsland der Kaffeebohne jedoch Äthiopien, die Nummer fünf auf dem internationalen Markt.

Der Legende nach bemerkten Hirten in der Provinz Kaffa vor mehr als 1100 Jahren, dass ihr Vieh nach dem Genuss bestimmter Früchte länger aktiv war als Artgenossen, die nicht von dieser Pflanze gefressen hatten. Nachdem einer der Hirten davon gekostet und selbst die stimulierende Wirkung verspürt hatte, brachte er die roten Beeren zu einem Kloster. Ein Mönch lehnte sie jedoch als „Teufelszeug" ab und warf sie ins Feuer, wo sie geröstet wurden und ihren typischen Duft verströmten. Aus diesen im Feuer gerösteten Bohnen wurde dann doch noch die erste Tasse Kaffee gebraut.

Der erste Hinweis auf diese Geschichte findet sich jedoch erst in einer Schrift aus dem Jahr 1671 – weshalb viele Forscher ihren Wahrheitsgehalt anzweifeln. Unstrittig ist dagegen, dass die wilden Vorfahren der Arabica-Sorte aus den Bergwäldern des Landes stammen: Noch heute wachsen sie hier und liefern die Grundlage für einen besonderen Wildkaffee.

Sicher belegt ist der Kaffeegenuss erst in Erzählungen aus dem Jemen Mitte des 15. Jahrhunderts. Händler hatten die Bohnen von Äthiopien auf die Arabische Halbinsel gebracht; der genaue Weg ist allerdings noch nicht geklärt. Hier wurden sie dann geröstet und aufgebrüht. Vom Jemen aus verbreitete sich der Kaffee im Vorderen und Mittleren Orient und in Nordafrika; im Jahr 1670 wurden die ersten Bohnen nach Indien geschmuggelt. Europäischen Boden erreichte das Heißgetränk dann über die Handelsroute zwischen Ägypten und Venedig.

Nachdem wir nun etwas über die Geschichte des Kaffees gehört haben, wenden wir uns dem Tierreich zu. Hätten Sie gedacht, dass nicht nur wir Menschen Kaffee mögen? Auch Bienen schwören auf Koffein: Haben sie die Wahl zwischen einer Blüte, die ihnen mit dem Nektar auch Koffein bietet, bevorzugen sie diese – und kehren häufiger zu ihr zurück. Und sie führen ihre Artgenossen öfter zu dieser Nahrungsquelle. Womöglich verbessert das Koffein die Gedächtnisleistung der Insekten, denn sie finden schneller und besser zu den Blüten zurück als zu Vergleichspflanzen. Übrigens: Auch wenn sich das Gehirn von Insekten und Menschen deutlich unterscheidet, hat man bei uns dieselbe Wirkung in Zusammenhang mit Koffein nachgewiesen. Auf viele andere Tierarten hat die Substanz jedoch eher eine abschreckende Wirkung. Nicht nur Kaffeesträucher produzieren Koffein, sondern auch andere Gewächse. Diese lagern ihn unter anderem in ihren Blättern ein. Damit wollen sie Pflanzenfresser fernhalten, denn der Bitterstoff in den Blättern warnt die Tiere vor ungenießbarer Nahrung.

Ob Kaffee nun müde oder wach macht, hängt von unterschiedlichen Faktoren ab. Der morgendliche Kaffee gilt als Muntermacher, was auf den ersten Blick auch völlig zutrifft. Denn Koffein bindet sich an Rezeptoren von Nervenzellen im Gehirn und verhindert, dass sich dort Adenosin anlagert. Dieses Adenosin bremst wiederum die Aktivität der Neuronen und macht dadurch müde. Solange das Koffein das Adenosin behindert, regt der Kaffee das Gemüt also an. Allerdings tritt bei Dauerkonsumenten irgendwann ein Gewöhnungseffekt ein, denn ihr Gehirn bildet mehr Rezeptoren aus, sodass das Adenosin nun mehr Stellen hat, an denen es sich anlagern kann. Gelegentliche Kaffeekonsumenten bemerken daher die stärkste Hallo-wach-Wirkung. Warum dennoch auch regelmäßige Kaffeegenießer sich morgens nach ihrer Tasse wacher fühlen, hängt dagegen mit den Entzugserscheinungen zusammen, die sich nachts einstellen. Lässt die Wirkung des Koffeins nach, bildet sich verstärkt Adenosin. Dadurch fühlen sie sich viel matter. Das Koffein wirkt also nur ausgleichend gegen die Symptome, die durch die Gewöhnung entstehen.

Kommen wir nun zur nächsten interessanten Frage: Kann Kaffee die Artenvielfalt erhalten? Kaffee gehört zu den wichtigsten Exportgütern von Staaten aus den Tropen, sein Anbau gilt daher auch als eine der treibenden Kräfte für die Umwandlung von Wäldern in eher umweltschädigende Plantagen. Doch das müsste gar nicht sein, denn ursprünglich stammen die hochwertigsten Bohnen von Coffea arabica, einem Schattengewächs: Der Strauch gedeiht am besten im Schatten hoher Bäume in Bergwäldern. Bei der Wildform ist das noch heute der Fall. Die Pflanze kann daher naturschonend angebaut werden, indem nur das Unterholz entfernt und dort Kaffee gepflanzt wird, während die Schattenbäume stehen bleiben. Studien aus Chiapas beispielsweise zeigen, dass derartige Kaffeewälder eine Artenvielfalt aufweisen, die jener ursprünglicher Bergregenwälder kaum nachsteht: Sie bieten einer großen Zahl an Vogel-, Fledermaus- und Baumspezies eine Ersatzheimat. Leider sind Kaffeesträucher im Schatten pilzanfälliger; zudem sind die Erträge niedriger. Deshalb haben viele Kaffeepflanzer die Schattenbäume abgeholzt und sind, wo klimatisch möglich, auf die ertragreicheren Sorten umgestiegen.

Viele Menschen schätzen Kaffee gerade wegen seines bitteren Geschmacks, andere können ihn nur mit großen Mengen Zucker trinken. Dabei überdeckt das Süßungsmittel nicht einfach nur die Bitterstoffe, es verändert das Getränk auch auf molekularer Ebene. Zucker- und Wasserteilchen, auch Moleküle genannt, verbinden sich aus chemischen Gründen besonders gern. Umgekehrt versuchen die Koffeinmoleküle die Zuckerlösung zu „meiden", weshalb sie sich zusammenlagern. Dadurch verringert sich ihre Oberfläche, und sie bedecken in geringerem Maß die Bitterrezeptoren auf der Zunge: Der Kaffee verliert seine Bitterkeit.

Bei besonders starkem, bitterem oder schlecht geröstetem Kaffee wird manchmal die Zunge im Mund pelzig – ähnlich wie nach dem Genuss von unreifer Ananas oder besonders trockenem Rotwein. Schuld daran ist allerdings nicht das Koffein, sondern es sind die ebenfalls im Kaffee enthaltenen Gerbstoffe. Diese Stoffe verhindern, dass bestimmte Proteine im Mund Wasser anlagern. Wenn nun Kaffee in den Mund gelangt, heftet sich die Gerbsäure an diese Proteine, und der Mund fühlt sich trocken und pelzig an. Entgegen der weitverbreiteten Annahme regt Kaffee den Harndrang, also das Bedürfnis, häufiger auf die Toilette zu müssen, nicht an. Kurzfristig erhöht Koffein zwar die Filterfunktion der Nieren und damit die Urinmenge, doch spielt dies über den gesamten Tag hinweg selbst bei starkem Kaffeekonsum eine vernachlässigbare Rolle – zumal sich ein Gewöhnungseffekt einstellt.

Die meisten Menschen trinken den Kaffee unter anderem wegen des enthaltenen Koffeins, dennoch entfällt ein nicht zu vernachlässigender Anteil am Handel auch auf koffeinfreie Sorten. Das Koffein zu entfernen, ohne die anderen Geschmacksstoffe zu beeinträchtigen, ist allerdings eine große Herausforderung. Kaffeeröster greifen dazu im Allgemeinen auf chemische Mittel zurück. Inzwischen können Unternehmen die noch rohen, grünen Kaffeebohnen aber ebenso unter Hochdruck in flüssiges Kohlendioxid tauchen oder sie mehrere Stunden lang in heißem Wasser einweichen, um das Koffein vor dem Rösten zu entfernen. Noch besser wäre es, koffeinfreie Sorten zu züchten, sodass die Bohne gleich ohne das Stimulans geerntet werden kann. Dabei gibt es sogar Coffea-Arten, deren Bohnen von Natur aus koffeinfrei sind. Allerdings bilden sie nur wenige Früchte aus, sodass ihr Anbau nicht lohnt. Selbst die Gentechnik konnte noch keine Lösung anbieten. Neue Hoffnungen weckt eine erst 2007 in Kamerun entdeckte Art namens Coffea charrieriana, die zu den wenigen afrikanischen Kaffeespezies gehört, die den Bitterstoff nicht bilden. Ob sie jedoch den Durchbruch für den kommerziellen Anbau darstellt, muss sich noch zeigen.

Das waren einige Fakten zum Kaffee, genießen Sie jetzt Ihre Kaffeepause. Vielen Dank für Ihre Aufmerksamkeit!

Antwortbogen

Leseverstehen, Teil 1

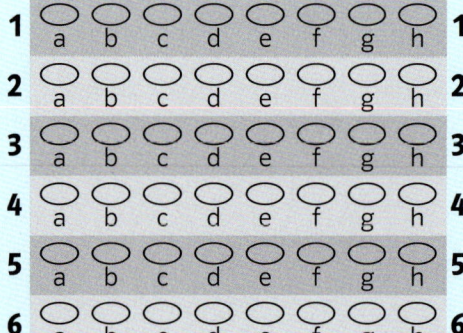

1 a b c d e f g h 1
2 a b c d e f g h 2
3 a b c d e f g h 3
4 a b c d e f g h 4
5 a b c d e f g h 5
6 a b c d e f g h 6

Leseverstehen, Teil 2

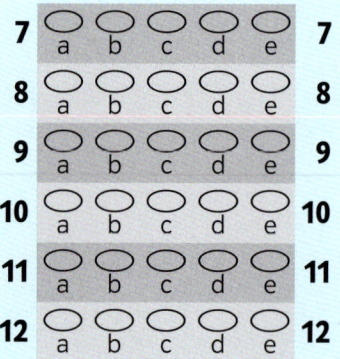

7 a b c d e 7
8 a b c d e 8
9 a b c d e 9
10 a b c d e 10
11 a b c d e 11
12 a b c d e 12

Leseverstehen, Teil 3

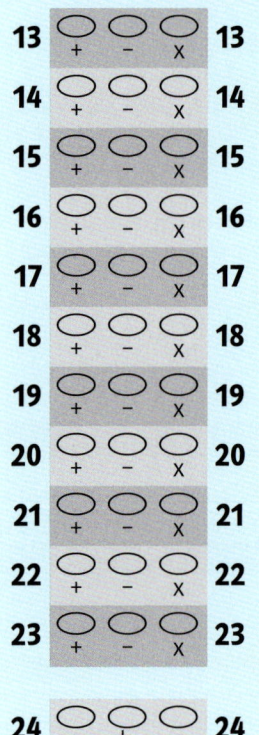

13 + - x 13
14 + - x 14
15 + - x 15
16 + - x 16
17 + - x 17
18 + - x 18
19 + - x 19
20 + - x 20
21 + - x 21
22 + - x 22
23 + - x 23

24 a b c 24

Sprachbausteine

25 a b c d 25
26 a b c d 26
27 a b c d 27
28 a b c d 28
29 a b c d 29
30 a b c d 30
31 a b c d 31
32 a b c d 32
33 a b c d 33
34 a b c d 34
35 a b c d 35

36 a b c d 36
37 a b c d 37
38 a b c d 38
39 a b c d 39
40 a b c d 40
41 a b c d 41
42 a b c d 42
43 a b c d 43
44 a b c d 44
45 a b c d 45
46 a b c d 46

Antwortbogen

Hörverstehen, Teil 1

47	a b c d e f g h i j	47	Sprecher/in 1
48	a b c d e f g h i j	48	Sprecher/in 2
49	a b c d e f g h i j	49	Sprecher/in 3
50	a b c d e f g h i j	50	Sprecher/in 4
51	a b c d e f g h i j	51	Sprecher/in 5
52	a b c d e f g h i j	52	Sprecher/in 6
53	a b c d e f g h i j	53	Sprecher/in 7
54	a b c d e f g h i j	54	Sprecher/in 8

Hörverstehen, Teil 2

55	a b c	55
56	a b c	56
57	a b c	57
58	a b c	58
59	a b c	59
60	a b c	60
61	a b c	61
62	a b c	62
63	a b c	63
64	a b c	64

Antwortbogen

Hörverstehen, Teil 3

65

66

67

68

69

70

71

72

73

74

Antwortbogen

Schriftlicher Ausdruck

Antwortbogen

Schriftlicher Ausdruck

Schriftlicher Ausdruck

Antwortbogen

Schriftlicher Ausdruck

Trackliste

Alle Audios zu diesem Buch finden Sie auf allango.

Track	Name	Dauer
1	Modelltest 1, Hörverstehen, Teil 1	08:49
2	Modelltest 1, Hörverstehen, Teil 2	11:05
3	Modelltest 1, Hörverstehen, Teil 3	17:00
4	Modelltest 2, Hörverstehen, Teil 1	08:31
5	Modelltest 2, Hörverstehen, Teil 2	12:18
6	Modelltest 2, Hörverstehen, Teil 3	14:48
7	Modelltest 3, Hörverstehen, Teil 1	08:35
8	Modelltest 3, Hörverstehen, Teil 2	12:56
9	Modelltest 3, Hörverstehen, Teil 3	17:05
10	Modelltest 1, Mündlicher Ausdruck, Teil 1.1	04:35
11	Modelltest 1, Mündlicher Ausdruck, Teil 1.2	03:24
12	Modelltest 1, Mündlicher Ausdruck, Teil 2	06:46

Gesamtdauer:	02 h 05 min 52 s

Impressum

Redaktion: Katrin Wilhelm
Produktion: custom music, Stuttgart
Aufnahmeleitung: Ernst Klett Sprachen GmbH
Sprecher und Sprecherinnen: Robert Atzlinger, Andrea Kleen, Johannes Lange, Elisa Taggert, Jenny Ulbricht
Gabrjiel Cabraja, Theresa Denzel, Andreas Drabarek, Jasmin Fäth, Alexander Fiedler, Thorsten Gerber, Greta Göttrup,
Carina Janas, Susanne Klaschka, Claudia Kreuzer, Katharina Nagel, Paul Newcomb, Nicole Nolte, Ingrid Promnitz,
Sarah Ravizza, Isabel Rieger, Dieter Scholz, Annika Starke, Lisa Stephan, Simone Thaidigsmann, Steffi Plisch de Vega,
Sebastian Weber, Katrin Wilhelm
Besonderer Dank an Larysa Kay-Kulakowski und Victor Vega!
Tontechnik: Andreas Nesic, custom music sowie TOP10 Tonstudio (Viernheim)

Textquellen:

Folgende Originalvorlagen wurden von den Autorinnen und dem Autor sprachlich leicht angepasst, bearbeitet und
teilweise gekürzt.
S. 20: „Alter schützt vor Kühnheit nicht" © Thorsten Pachur, Max-Planck-Gesellschaft, 8. März 2017
S. 22 f.: „Auch fleischfressende Pflanzen können rechnen" © Anne Kostrzewa, Sueddeutsche (online) vom 22. Januar 2016
S. 24 ff.: „Was wurde aus dem Waldsterben?" © Kerstin Viering, Spektrum der Wissenschaft (online) vom 11. März 2016
S. 28: „Warum Bäume Abstand halten" © Peter Carstens, geo-online vom 16. August 2017
S. 54: „Anwesenheit in Uni-Seminaren wackelt" © Philipp Nowotny, Sueddeutsche Zeitung (online) vom 29. März 2016
S. 56 f.: „Singen in der Einflugschneise" © Henrik Brumm, Max-Planck-Institut für Ornithologie, 8. September 2016
S. 58 ff.: „Wenn leise Rebellen um Bildung kämpfen" © Nadja Kwapil, ZEIT (online) vom 10. Juli 2014
S. 62: „Doping im Schach ist möglich" © Werner Bartens, Sueddeutsche Zeitung (online) vom 28. Januar 2017
S. 84: „Spieltheorie: Viele ,Neider' und weniger ,Optimisten'" © Katharina Schmitz, Spektrum der Wissenschaft (online) vom
18. Oktober 2016
S. 86 f.: „Studiengänge für Spezialisten. Orchideenfächer sind nicht ohne Risiko" © Andreas Heimann, Spiegel online
24. August 2003
S. 88 ff.: „Cyberangriffe. Welche Bedrohungen es gibt – und was noch auf uns zukommt" © Andreas Albert, Spiegel online
23. Dezember 2016
S. 92: „Fremdsprachen: So lernt das Gehirn am besten" © Alexandra Mankarios, www.wissen.de
S. 111 f.: „Ich bin Mitglied einer großen internationalen Familie." © Zeitschrift Begegnung 3-2017, S. 30–31
Mit freundlicher Genehmigung der Zentralstelle für das Auslandsschulwesen
S. 112 f.: „Wo die Geister der Wissenschaft hausen" © Sueddeutsche Zeitung vom 14. August 2017
S. 116: „Säuglinge lernen die Bedeutung von Wörtern im Schlaf" © Manuela Friedrich
Max-Planck-Institut für Kognitions- und Neurowissenschaften, 3. August 2017
S. 119 „Prof. Wolff, Interview mit der Präsidentin der Goethe-Universität Frankfurt." https://www.uni-frankfurt.de/55366475/
Interview-mit-der-Praesidentin. Mit freundlicher Genehmigung von Prof. Wolff und GU Frankfurt
S. 120: „10 überraschende Fakten zum Kaffee" © Daniel Lingenhöhl, spektrum, 01. Januar 2017